Patricia Rüesch

Das Weiterleben der Seele

Patricia Rüesch

Das Weiterleben der Seele

Was innere Reisen über das Leben
nach dem Tod verraten, wie wir Sterbende
hilfreich begleiten und wie wir selbstbestimmt
und in Frieden hinübergehen

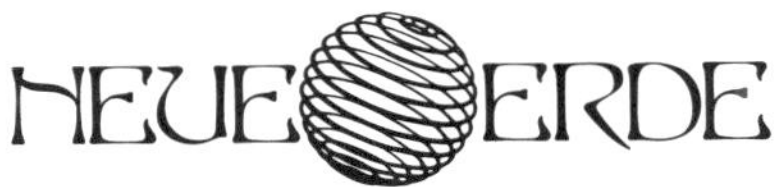

Bücher haben feste Preise.
1. Auflage 2019

Patricia Rüesch
Das Weiterleben der Seele

Titelseite:
Illustration: Johanna Lentz
Gestaltung: Dragon Design, GB

Lektorat: Andreas Lentz

Satz und Gestaltung:
Dragon Design, GB
Eulenfoto: Kaido Karner/iStockphoto.com
Gesetzt aus der ITC Garamond und der Geometria

Gesamtherstellung: Appel & Klinger, Schneckenlohe
Printed in Germany

ISBN 978-3-89060-746-7

Neue Erde GmbH
Cecilienstr. 29 · 66111 Saarbrücken
Deutschland · Planet Erde
www.neue-erde.de

Inhalt

5 Heilung für die Hinterbliebenen – Was Verstorbene uns lehren 241

Einführung

Wie meine Erkenntnisse zustande kamen – Ein Wort über die Tiefenimagination

Wir leben schon lange mit unserer Seele zusammen, und doch wissen wir nicht viel über sie. Wir haben vergessen, woher wir kommen und wohin wir nach unserem Tod immer wieder gehen. Man sagt, die Seele sei unsterblich. Unsterblich würde ewig heißen. »Eine Ewigkeit kann nicht beginnen. Sie ist immer oder nie«, sagte ein Quantenphysiker. Unsere Seele muss also schon eine ganze Menge erlebt haben…

Es gibt ein Bewusstsein, das uns über die Seele klare und in sich logische Bilder darbietet. Es ist die tiefe Imagination, auch Tiefenimagination genannt. Sie ist ein überaus aufschlussreiches Phänomen und eine ganz natürliche Fähigkeit des Menschen. Und: Sie weiß viel über unsere Seele und damit auch über das Leben und den Tod.

Die Tiefenimagination ist mein Universal-Lexikon für alle Fragen, auf die ich keine Antworten weiß. Die tiefe Imagination antwortet – wie das Wort schon sagt – in inneren geistigen Bildern, die auf der »Leinwand unserer Vorstellungskraft« erscheinen. Die Tiefenimagination ist meine Lehrerin, was den Tod und das Leben danach anbelangt. Sie ist meine Ärztin, was meine Gesundheit betrifft; sie weiß Rat und führt mich, wenn ich unsicher bin. Kurzum: Die Tiefenimagination besitzt ein immenses Wissen, eine tiefe Weisheit, die mein Denken weit hinter sich lässt. Ihre Logik selbst für übersinnliche Belange ist unschlagbar. In diesem Buch gibt sie nicht nur ihr Wissen über das Leben nach dem Tode preis, sondern hält auch viele Lösungen bereit, die den Verstorbenen und den Hinterbliebenen weiterbringen.

Die Grenzen sind für uns Menschen dort, wo wir die bildhaften Aussagen der Tiefenimagination noch nicht verstehen oder sie falsch interpretieren. Die Tiefenimagination wehrt sich nicht gegen Falschaussagen, sie fährt stattdessen unbeirrt und geduldig fort, uns ihre Bilder zu zeigen. Vielleicht im tiefen Vertrauen darauf, dass wir uns weiterentwickeln und ihre wahren Aussagen eines Tages richtig verstehen werden.

Viele Menschen haben durch Reisen nach innen mit Hilfe der Tiefenimagination zu diesem Buch beigetragen. Viele Parallelen über das Leben nach dem Tod wurden sichtbar. Auch die Hellsichtigkeit spielt eine Rolle. Sie ist mir eine wertvolle und dienliche Stütze, die sich durch das tägliche Training während meiner über fünfundzwanzig-jährigen Heilarbeit mit der Tiefenimagination entwickelt hat.

In diesem Buch beschreibe ich, wenn immer möglich, Ereignisse, die durch mindestens eine andere Person bestätigt wurden, so dass sich die Wahrnehmungen mehrerer Personen in irgendeiner Form decken.

Das Leben nach dem Tod ist komplex. Um es besser verstehen zu können, müsste ich mehrere Erklärungen gleichzeitig abgeben, was nicht möglich ist. Mein Verständnis und die Fälle linear wiederzugeben, war eine der Hauptherausforderungen. Dies ist der Grund, weshalb Fragen, die in diesem Buch gestellt werden, manchmal erst später beantwortet und gewisse Themen nochmals aufgegriffen und weiter ausgeführt werden. Doch mit dem Beantworten aller Fragen ist es so eine Sache – je mehr man weiß, um so mehr Fragen tauchen auf. Da diese Forschungsarbeit nie ein Ende nähme, kam ich nicht darum herum, auch mal einen Punkt zu setzen.

Noch eine letzte Bemerkung, bevor es losgeht: In meinem ersten Sachbuch »Frage dein Krafttier« nannte ich die Tiefenimagination kurz Imagination. Die Erfahrung allerdings zeigte, dass das Wort »Imagination« die Menschen verunsicherte. Sie setzten Imagination mit Fantasie gleich. Die Tiefenimagination ist zwar fantasievoll, doch sie ist kein zufälliges Gedankengebilde, das von unserem Einfallsreichtum abhängt. Bei der Tiefenimagination handelt es sich um eine hintergründige, autonome, geistige Dimension, mit der man kommunizieren kann.

Damit kein falscher Eindruck der beschriebenen Fälle entsteht: Ihr Inhalt ist stark kompensiert. Zwischen den einzelnen Botschaften bestanden manchmal Zeiträume von bis zu zwanzig Minuten Stille.

Gründer dieser Methode ist der jungianische Psychologie-Professor Dr. Eligio Stephen Gallegos, Santa Fe, New Mexico (USA). Weitere wichtige Lehrer auf meinem Weg waren Christian Lerch, Luzern, der mich ausbildete und ursprünglich im Experimentieren unterstützte, und Stefan Weiß, Gründer und Ausbilder von Pranic Healing Schweiz. Ihnen und all den rund hundert Menschenseelen, die zu diesem Buch beigetragen haben, danke ich an dieser Stelle nochmals herzlich und mit Respekt.

Was uns die frühzeitige Auseinandersetzung mit dem Tod nützt

Was nützt uns die Auseinandersetzung mit dem Tod? Wenn wir die Natur des Lebens besser verstehen, fällt es uns leichter, es zu akzeptieren und uns sinnvoll zu verhalten. Wenn wir den Verlauf der Jahreszeiten nicht verstünden, würden wir im Herbst, wenn die ersten kalten Tage uns frösteln lassen, panisch versuchen, den Sommer zurückzuholen. Die welkenden und fallenden Blätter würden uns entsetzen, weil wir nicht wüssten, dass nach der Kältestarre des Winters alles von neuem beginnt. Immer und immer wieder. Wenn wir Wachsen nicht kennen, werden wir im Frühjahr an den Sprösslingen der Tulpen zerren, damit sie schneller aus dem Boden schössen. Weil wir nicht verstehen, dass Wachsen und Werden etwas Organisches ist und dass alles seinen Rhythmus hat und seine Zeit braucht. Diesen Kreislauf kennen wir längst, und wir vertrauen darauf, dass er sich wiederholt. Auch die Seele ist ein Teil der Natur, universeller Natur.

Was es heißt, sich im Leben sinnvoll zu verhalten, erfahren Sie in diesem Buch.

Wollen wir ein fremdes Land bereisen, bereiten wir uns mehr oder weniger ernsthaft vor. Je nachdem mit dem Studium der Landeskarten oder eines Wörterbuchs oder zumindest mit der Hotelbuchung für die erste Nacht. Für die geistige Welt gibt es kein Google Earth, kein Navigationsgerät, und Unterkünfte kann man »drüben« auch nicht reservieren. »All inclusiv« gibt es nach dem Tod zwar nach wie vor, doch auf ganz andere Art. Besser also, sich vorzeitig über den Tod und das Leben danach zu informieren und besonders sich mit dem eigenen Tod auseinanderzusetzen. Diese lösungsorientierte Forschungsarbeit hilft Ihnen dabei wesentlich.

1
Prägende Erlebnisse, Fragen, Analysen und erste Antworten

»**Vertraue der Wahrheit!**«
Ermahnung der Tiefenimagination

Das Leben nach dem Tod – reine Glaubenssache?

Für die einen ist der Tod das Ende des Seins, andere glauben an das Weiterleben der Seele. Gibt es Möglichkeiten, der Wahrheit näherzukommen? Gibt es vielleicht gar Tatsachen?

Spätestens nach den folgenden Erlebnissen, Grundsteine meiner Forschungsarbeit, wurde mir klar, dass das Leben nach dem Tod keine Glaubensangelegenheit, sondern eine Tatsache ist. Die im gleich folgenden Kapitel dargestellten Ereignisse prägten und veränderten meine Vorstellung wohl am stärksten.

Tauchen wir also in unser tiefstes und vermutlich höchstentwickeltes Bewusstsein ein – in die tiefe Imagination, unser Lebensgedächtnis. Als Erinnerungsspeicher sämtlicher Erfahrungen und Zustände des Lebens reicht sie bis tief in unsere Wurzeln zurück. Und verlassen wir uns auf unsere sensiblen Wahrnehmungsfähigkeiten wie Hellsehen, Hellfühlen, Hellhören und Hellschmecken. Was sagen uns diese Anlagen über ein Weiterleben der Seele nach dem Tod?

Hoppla, was geschieht denn da? Kurt verlässt seinen Körper!

Beim folgenden Fall handelt es sich noch nicht um die Seele eines Verstorbenen. Doch mit einem Schlag wurde mir mit dem gleich folgenden Ereignis klar, dass die Seele durchaus etwas Handfestes ist; nichts, das nur abstrakt, spekulativ oder nicht wirklich vorstellbar wäre, sondern ganz im Gegenteil, etwas sehr Konkretes, Lebendiges und vor allem etwas Autonomes. Es lehrte mich viel über das geistige, feinstoffliche System des Menschen. Dieser Vorfall war für mich ein einschneidendes Schlüsselerlebnis und ein riesiger Glücksfall. Ich werde in diesem Buch immer wieder darauf zurückkommen.

Es geschah vor etlichen Jahren an einem gewöhnlichen Praxistag. Ich werde ihn nie mehr vergessen…

Was die Seele ohne Körper alles kann

Der Klient, ich nenne ihn *Kurt*, war etwa dreißig Jahre alt und besuchte mich wegen stetig abnehmenden Selbstvertrauens durch Mobbing an seinem Arbeitsplatz. Er war kaum mehr fähig, richtig zu denken, und machte folglich bei der Arbeit viele Fehler.

Wie immer arbeitete ich in meiner Praxis mit der Tiefenimagination, in der sich die Lösung in Form geistiger Bilder zeigt. Oft erblicken die Menschen dabei Tiere – auch Krafttiere genannt –, mit denen man sprechen und deren Botschaften man vernehmen kann.

In Kurts innerer Reise erschien irgendwann ein Adler. Seine Flügel waren zusammengebunden, so dass es ihm unmöglich war, zu fliegen.

Intuitiv war mir klar, dass dieser Adler mit seinem Intellekt und dem Vertrauen in sein Denken zu tun hatte. Daraus, dass die Flügel des Adlers gebunden waren, schloss ich, dass – aus welchem Grund auch immer – sich Kurts klares Denken nicht mehr frei entfalten konnte.

Ich begleitete Kurt, indem ich in einem größeren Abstand neben ihm saß, seiner inneren Reise zuhörte und ihm ab und zu einen Impuls gab, wenn die Reise ins Stocken geriet. Das ist meine tägliche Arbeit in der Praxis, in der ich schon Tausende solcher Reisen begleitet habe.

Im Sinne einer Unterstützung schlug ich Kurt, der mit geschlossenen Augen auf der Liege lag, vor, den Adler zu fragen, was geschehen soll, damit der Vogel wieder frei fliegen könne. Dabei passierte Folgendes:

Ich sah, wie ein heller Körper, der genauso aussah wie Kurt, sich aufrichtete, als wolle er sich aufsetzen. Der helle Körper kam buchstäblich aus Kurt heraus. Bei den Hüften, Beinen und Füßen waren sie noch deckungsgleich.

Ich dachte: »Das kann doch nicht sein!«

Doch gewohnt, dem zu vertrauen, was ich sehe, musste ich mir eingestehen, dass sich da tatsächlich eine Art »geistiges Doppel« aufsetzte.

Ruhig verfolgte ich, was geschah. Während sich Kurts physischer Körper noch immer liegend auf der Couch befand, sah ich, wie das Doppel herunterstieg und sich auf die Tür zubewegte. Es wollte die Praxis verlassen!

Mit einer Autorität, die ich von mir sonst nicht kannte, rief ich dem Doppel gedanklich scharf zu: »Stopp!« Das Doppel reagierte sofort. Ich entschied mich, Kurt mit einzubeziehen und konfrontierte ihn: »Kurt, ein Teil von dir ist eben dabei, sich zu verabschieden. Ist es okay für dich, wenn ich mit ihm kommuniziere?« Währenddessen sah ich, wie das Doppel in der Ecke hinter der Tür wie ein Häufchen Elend zu Boden sank. Ich fragte das Doppel wiederum im Geist, weshalb es denn gehen wolle.

»Er will mich nicht!« hörte ich es antworten.

Mir wurde klar, dass Kurt auf meine Frage nach den freien Flügeln des Adlers in einen Konflikt geraten sein musste. Etwas in ihm hatte diesen freien Flug nicht zulassen können. Er hatte ihn abgelehnt.

Während meiner nächsten Frage an Kurt verschob das Doppel seinen Platz nach oben in die Ecke der Zimmerdecke. Es verkleinerte sich dabei etwas. Ich entschied mich, Kurt zu fragen, ob er bereit sei, *all seine Teile* von sich anzunehmen. Kurt, ohne lange zu überlegen, bejahte sofort. Es war kein Ja aus tiefster Überzeugung, es war ein Ja, wie man es so schnell nebenbei sagt. Ich hatte auch den Eindruck, dass Kurt keine Ahnung hatte, worum es gerade ging. Aber sein leicht dahingesagtes Ja reichte aus. Denn was nun geschah, verlief in einer Geschwindigkeit, wie wenn ein Magnet auf Metall stößt. Auf Kurts *Ja* schoss das Doppel regelrecht von der Zimmerdecke auf Kurt zu. Das Geschehen hatte ein Ende.

Es dauerte lange, bis Kurt, noch immer liegend, von sich aus zu sprechen begann. Er beschrieb mir, was er gerade erlebt hatte. Er sagte, die ganze Zeit über sei er eiskalt, starr und bewegungsunfähig gewesen. Irgendwann mal hätte er die Türklinke in der Hand gehabt. Am Schlimmsten aber sei der Moment davor gewesen, als er voller Angst in der Ecke gesessen sei. Und mit einem Mal sei er brutal von der Decke heruntergeknallt...

Es war für ihn ein Erlebnis der »besonderen Art« – wie er es nannte –, und es verunsicherte ihn. Zum Glück hatte er daraufhin weitere Male gewagt, sich auf innere Reisen zu begeben, brachten sie ihm doch sein gesundes Selbstvertrauen und seine Wahrnehmungsfähigkeit wieder zurück. Das also kann geschehen, wenn man Aspekte seiner Seele ablehnt. Um *ganz* zu sein, muss man die Seele in allen ihren Teilen annehmen!

Mich selbst beschäftigte diese Erfahrung zutiefst. Was wäre geschehen, wenn ich den Ablauf nicht erkannt hätte? Das Doppel wäre für eine bestimmte Zeit als eigenständiges Geistwesen aus meiner Praxis auf die Straße gegangen. Wie viele irren dort wohl herum? Wie hätte es dort überleben können? Wo hätte es geschlafen, wo gewohnt...?

So unangenehm diese Erfahrung für Kurt gewesen war, so hilfreich ist mir sein Beispiel für das Verständnis des geistigen, feinstofflichen Wesens des Menschen allgemein und seiner Seele bis heute.

Was lernen wir daraus?

- Feinstoffliche Teile können sich von unserem physischen Körper trennen; dies schon vor dem Tod.
- Im Falle einer Trennung können wir uns mit unserem Bewusstsein an beiden Orten aufhalten: im liegenden physischen und im davongehenden feinstofflichen Körper. Kurt hatte die Türklinke in seiner Hand gespürt. Er saß voller Angst in der Ecke. Gleichzeitig lag er starr und kalt auf der Liege.

  Es stellt sich die Frage: Wie lange besteht diese spürbare Verbindung zwischen dem abgespaltenen Teil und dem eigentlichen

Selbst, wenn sich der feinstoffliche Teil (weit) entfernt? Verliert er sich mit der Zeit? Wie fänden die beiden wieder zusammen? Fänden sie während des irdischen Lebens überhaupt wieder zusammen? Oder erst nach dem Tod?

- Das zeigt uns der Fall außerdem: Das, was ging, war ein eigenständiges, vom physischen Körper unabhängiges feinstoffliches Wesen mit eigenem Willen. Es ist eine autonome Person.
- Man kann sich mit diesem abgetrennten selbstständigen Teil verständigen. Er kann sprechen, er hört, hat Emotionen, trifft Entscheidungen, er reagiert. Er hält sich, obwohl er feinstofflich ist, an die baulichen Gegebenheiten wie Tür und Ecke. Er bewegt sich unabhängig von unserem irdischen Gesetz der Schwerkraft (er verharrte an der Zimmerdecke), unterliegt jedoch dem Gesetz der Anziehung (und Abstoßung) und hat für Hellsichtige eine klar erkennbare Form. Diese Form kann sich in Größe und Gestalt verändern. Es ist eine autonome Person. Von genau diesen Erfahrungen erzählen auch klinisch Tote nach Rückkehr in ihren Körper.
- Diese autonome feinstoffliche Person kann den Menschen zwar verlassen, aber eigentlich möchte sie nichts sehnlicher, als zur Stammseele zurückzukehren, also (von Kurt) angenommen zu werden, respektive dort ihre Heimat zu haben. Auf sein »Ja, (ich nehme dich an)« sauste sie magnetisch schnell zu Kurt zurück.
- Die Kommunikation fand gedanklich statt. Man kann also gedanklich mit den feinstofflichen Seelenteilen sprechen.
- Das heißt umgekehrt, dass unsere Seele die Gedanken der anderen hören kann. Achten wir also auf unsere Gedanken! Sie werden unbewusst vom Gegenüber wahrgenommen! Unser System ist die ganze Zeit »online« und hört alles mit, was andere denken; vor allem wenn es gezielt an uns gerichtet ist!
- Unsere Gedanken haben einen sofortigen Effekt auf den betroffenen Aspekt. Das Doppel reagierte blitzschnell auf meine an es gerichteten Gedanken.
- Der Adler und diese feinstoffliche Person sind direkt miteinander verbunden. Der gebundene Adler zeigte Kurt, wie es um die Fähigkeit seines Denkens steht – nicht frei; der Adler (ein Krafttier)

ist hier Anzeiger oder Spiegel seines mentalen Zustands. Krafttiere zeigen sich oft verletzt, zerzaust oder behindert, wenn ein beeinträchtigter Zustand des Menschen verdeutlicht werden soll.

- Diese feinstoffliche Person hatte Kurt verlassen. Sie wollte sich aus meiner Praxis entfernen. Wohin wäre sie gegangen? Nach welchen Kriterien hätte sie ihr Exil gewählt?

Nachdem wir gesehen haben, dass feinstoffliche Personen – Teile der Seele – eigenständig umherwandeln können, begreifen wir, dass Geistwesen oder Geister auch verlorene Seelenaspekte sein können. Solche Geistwesen möchten nichts lieber als in ihr »Heimatland«, die Stammseele, zurückkehren. Somit kann es sein, dass sich ein solches Geistwesen in der Nähe des Menschen aufhält, der ihn einst unbewusst fortgeschickt hat oder von dem es einst flüchten musste. Nehmen Menschen in ihrer Nähe Geister wahr, können diese also durchaus Aspekte ihrer selbst sein. Ein gedankliches Gespräch mit dem Geist könnte helfen, diese abgetrennten Geistaspekte wieder in sich aufzunehmen. Die entscheidende Frage könnte lauten: »Geist, was brauchst du von mir?« Hören Sie daraufhin innerlich hin. Nehmen Sie den Impuls, den Sie vernehmen, ernst und erfüllen Sie den Wunsch, falls dies für Sie möglich ist. Ansonsten verhandeln und diskutieren Sie mit dem Geistwesen. Wir haben bei Kurt gesehen, dass ein beiläufiges ausgesprochenes »Ja« ausreicht, damit sich der Geistaspekt magnetisch schnell wieder mit der Stammseele verbinden kann.

Und nun noch eine gute Nachricht zum Schluss: Kurts Adler flog am Ende der inneren Reise und begleitete ihn noch jahrelang, wie er mir freudig berichtete. Er hatte sich nach der inneren Reise von einer enormen Last befreit gefühlt. Die Zeit danach wurde für ihn sehr viel leichter. Ebenfalls erfuhr ich erst Jahre später, dass er während der Nacht oftmals zurück in seinen physischen Körper fiel. Denn die Seele kann während des nächtlichen Träumens den schlafenden Körper verlassen und sich in geistigen Sphären bewegen. Sie kann dabei sogar geliebte Verstorbene besuchen. Kurt hat uns das auf eindrückliche Art und Weise »demonstriert«.

Tot ist tot – oder doch nicht?

Sibylle, fünfzig Jahre alt, war krebskrank. Ich durfte sie über fünf Jahren mit der Tiefenimagination begleiten. Sibylle stellte sich vor, dass nach dem Tod alles beendet sei. Ihre Worte:

> »**Ich fürchte noch** immer, dass ich nach dem Tod einfach tot bin. Dass dann nichts mehr ist. Für mich ist leben *leben* und tot ist *tot*.«

Zu jener Zeit fühlte ich mich auf diesem Gebiet noch nicht sattelfest genug, um mit Sicherheit etwas über das Leben nach dem Tod zu lehren. Bücherwissen und meine bisherigen Erfahrungen reichten nicht aus, konkret etwas darüber auszusagen. Außerdem war mir klar, dass meine Worte weniger Kraft hätten, als wenn sie dieselbe Information von innen vernähme. Botschaften und Bilder aus dem eigenen Inneren berühren einen Menschen tiefer. So bot ich ihr an, sich auch zu diesem Thema auf eine geistige Reise zu begeben. Ich war gespannt, was die Tiefenimagination Sibylle zeigen würde.

Leben und Tod sind Zwillinge – Innere Reise einer krebskranken Frau

Sibylle legte sich auf die Liege und schloss die Augen. Nachdem sie sich ein wenig entspannt hatte und ich sie auf die innere Reise vorbereitet hatte, sah sie vor ihrem geistigen Auge zwei Männlein auftauchen. Es waren Zwillinge, die genau gleich aussahen. Sie spürte, dass der eine das *Leben* repräsentierte, währenddessen der andere den *Tod* verkörperte. Beide waren sehr lebensfroh und lebendig.

> **Sibylle sagte:** »Ihr seht genau gleich aus!«
>
> Die Zwillinge antworteten: »Klar. Das eine schließt das andere doch nicht aus! Wann begreifst du das endlich?«
>
> Sibylle staunte. Sie sagte: »Leben und Tod sind komplett identisch!«

Sibylle starb wenige Wochen nach dieser inneren Reise. Bald schon würden wir erleben, was mit »komplett identisch« gemeint war.

Ich schrieb der Trauerfamilie ein Kärtchen mit der tröstenden Information, Sybille gehe es gut, sie sei unterwegs mit einer Gruppe von Freunden. Tatsächlich hatte ich Sibylle einige Zeit nach ihrem Tod in einer kurzen geistigen Sequenz zusammen mit vielleicht sieben anderen Wanderern in einer kleinen dunklen Berghütte gesehen. Sie saßen gerade gemütlich zusammen an einem Holztisch und rasteten. Sibylle war im Diesseits eine leidenschaftliche Wanderin gewesen. Solange es ihre Kräfte zugelassen hatten, befand sie sich in den Bergen. Wochenlang.

Auch auf ihren inneren Reisen befand sie sich oft in der Natur. Diese Impression von Sibylles geistigem Aufenthalt in der Berghütte erhielt ich, als ich entspannt auf dem Sofa gelegen und kurz an sie gedacht hatte. Aus der Küche drang Musik, neben mir lag die Zeitung; ich befand mich weit entfernt von einem Trancezustand. Ich gebe Ihnen diese Hintergrundinformation, um Sie zu ermutigen, Ihre eigenen spontanen Flashs durchaus ernst zu nehmen. Doch offen gesagt nahm ich sie selbst nicht 100%ig ernst und vergaß sie deshalb bald schon wieder.

Einige Zeit später meldete sich Sibylles Tochter Lea in meiner Praxis. Auch sie wollte innerlich reisen. Am Schluss unseres Treffens fragte sie mich, ob ich etwas von ihrer Mutter wisse. Als ihre Tochter Lea nun in meine Praxis kam, war mir mein geistiger Flash von der Alphütte längst entschwunden. Durch Leas Nachfrage blitzte die Erinnerung wieder auf, und ich erzählte ihr von der Berghütte. Lea grinste nach meiner Erzählung. Dann schilderte sie mir den Tod ihrer Mutter, die morgens um halb sechs Uhr gestorben war. Eine halbe Stunde später war ihre Schwester im Spital eingetroffen, um die Nachtwache abzulösen. Diese hatte leicht Zugang zur geistigen Welt. Lea berichtete: »Als meine Schwester das Spitalzimmer betrat, wusste sie bereits intuitiv vom Tod der Mutter. Zu ihrem Erstaunen jedoch sah sie auf dem Bett einen *Wanderer* mit Rucksack sitzen, der mit baumelnden Beinen auf Mutter wartete…!« Sibylle war von einem ihrer Wanderkollegen aus dem Jenseits im Spitalzimmer abgeholt worden! Wie haben wir gelacht! – Das Leben vor und nach dem Tod sind in der Tat Zwillinge!

Was lehrt uns dieser Ausschnitt aus Sibylles Leben?

- Als Verstorbene können wir nach dem Verlassen des Körpers direkt am Todesort abgeholt werden.
- Die Abholenden kennen den Zeitpunkt unseres Eintritts in die geistige Welt, oder sie warten auf uns. Sie wissen, wo sich der Sterbende befindet. Sie finden uns sogar im Bettengewirr eines großen Spitalkomplexes.
- Die Abholenden kennen unsere Interessen und Leidenschaften.
- Man kann in der geistigen Welt auch wandern; es gibt analog zu unserer Welt Landschaften, Berghütten und sogar Bergschuhe und Rucksäcke…
- Das Leben vor und nach dem Tod ist (vorerst) identisch.
- Für Hellsichtige ist ein Kontakt zu Verstorbenen phasenweise möglich.

Interessant: Sybille war eine halbe Stunde nach ihrem Tod für ihre hellsichtige Tochter nicht sichtbar, der Wanderer jedoch schon. Er wartete auf Sybille. Warum musste er auf sie warten, wo sie ihren Körper doch bereits verlassen hatte? Wo war sie in der Zwischenzeit?

Und ich dachte, nach dem Tod sei augenblicklich alles gut – Was mich die Stimme meines verstorbenen Vaters lehrte

Wo bleiben die Verstorbenen unmittelbar nach ihrem Tod? Auch im nächsten Fall ergab sich der direkte Kontakt zum Verstorbenen ebenfalls erst nach gut dreißig Minuten. Dieses Ereignis zeigte mir neue und überraschende Aspekte auf.

Mein Vater verstarb 2004 friedlich im Spital in meinen Armen, wo er krebskrank wegen einer Hirnblutung eingewiesen worden war. Ich hatte ihn vorher aus verschiedenen Gründen mehrere Wochen weder gesehen noch gehört.

Als ich vielleicht eine halbe Stunde nach Vaters Tod daran war, das Krankenhaus zu verlassen – ich war bereits im Erdgeschoss beim Empfang –, vernahm ich seine Stimme. Ich hörte: »Wohin muss ich jetzt gehen?«

Ich war völlig überrascht, ihn zu hören. Ich war so überrumpelt, dass ich laut hinauslachte und ihm gedanklich erwiderte: »Das weiß *ich* doch nicht! Ich bin schon länger nicht mehr gestorben!«

Seine Stimme geistig zu hören, war wider irgendeine Erwartung. Aber doch, genauso klang sie am Schluss, so sanft, aufgeweicht und unsicher. Ich hatte diese Stimme lange nicht mehr gehört, sie nicht mehr präsent gehabt. Unvorbereitet war ich auch auf seine Frage. Ja, wohin soll einer nach dem Tod…? – Ist das nicht klar? Und noch etwas beschäftigte mich: Wie hatte er mich in dem großen Spitalkomplex unter all den Menschen finden können? Kam er wie ich mit dem Lift herunter? Die Vorstellung schien absurd. Hatte er einfach an mich gedacht und war so zu mir gelangt? Ich hatte keine Ahnung! Ich suchte einen stilleren Ort im Parterre, um meinen Vater besser zu hören. Doch da war er wohl schon weg. Und ich ärgerte mich ein klein wenig über meine voreilige, blöde Antwort…

Damals hatte ich aus meiner jetzigen Sicht noch eine eher ulkige Vorstellung von Seele. Hätte ich ihn hellsichtig gesehen, hätte ich wohl gestaunt. Hoch Hellsichtige können manchmal von weitem kaum unterscheiden, ob es sich bei einer verstorbenen Seele um Diesseitige oder Jenseitige handelt, so ähneln sich diese den diesseitigen Menschen. Es hatte bei mir einige Zeit gedauert, bis ich die Tatsache verstanden hatte, dass die Gestalt Verstorbener zuerst noch die ganz alltägliche ist. Und ich benötigte ganze zehn Jahre und diese Forschungsarbeit, um die richtige Antwort auf seine Frage zu kennen. Sie werden in einem späteren Kapitel auf sie stoßen.

Was lehrt uns dieser Fall?

- Verstorbene haben eine Stimme. Die Stimme ist noch genau gleich wie gerade vor dem Tod, hier noch geprägt von der langen Krankheit. Daher vermute ich, dass auch vorerst körperlich noch eine gewisse Schwäche da war.

- Verstorbene finden uns; sie sehen uns.
- Verstorbene wissen auch nicht alles, nur weil sie tot sind. Ein Verstorbener kann beim Diesseitigen einen Rat holen wollen.
- Verstorbene können schnell unterwegs sein.
- Verstorbene werden offenbar nicht immer direkt am Todesort abgeholt; es kann sein, dass sie ihren bevorstehenden Weg erst alleine finden müssen. Oder ist der Sachverhalt ein anderer?

Betrachten wir das ganze aus Sicht des Verstorbenen:

- Wir werden also – auch wenn wir gestorben sind – noch sprechen können; allerdings ist unsere Stimme dann nur noch für hellhörige Ohren vernehmbar. (Hellhörigkeit kann man entwickeln.)
- Als Verstorbene werden wir die Hinterbliebenen sehen können.
- Ebenfalls können wir als Verstorbene hören: die Gedanken der Diesseitigen.
- Und wir werden uns frei bewegen können. Wir werden unsere Liebsten finden, wenn wir bei ihnen verweilen wollen; oder wir können unabhängig von ihnen unseren eigenen Weg gehen.
- Die Umgebung, in der wir uns als frisch Verstorbene aufhalten, sieht (zu Beginn) genau gleich aus, wie auf Erden. Sterben wir in einem Krankenhaus, werden wir zuerst in unserem Krankenzimmer sein, sterben wir im Pflegeheim, verweilen wir zuerst in ebendiesem Heim, sterben wir zu Hause, werden wir uns daheim aufhalten, sterben wir auf der Straße, befinden wir uns zuerst an der Unfallstelle, natürlich jeweils ohne unseren physischen Körper.

Das ist doch schon mal alles sehr beruhigend, finden Sie nicht auch?

Vater war am Ende bettlägerig und unfähig zu sprechen – wieso konnte er mit einem Mal wieder gehen und sprechen? Um denken, sprechen, sich fortbewegen und einen Weg finden zu können, brauchen wir Menschen ein funktionierendes Nervensystem und ein Gehirn. Wir brauchen Muskeln, Knochen und Sehnen. Haben Seelen all dies auch? Wie ist das mit den inneren Organen?

Obwohl ich während des Sterbens still und aufmerksam neben meinem Vater gesessen hatte, habe ich hellsichtig nicht gesehen, wie er seinen Körper verlassen hatte. Weshalb? Was hatte er in der Zwischenzeit erlebt?

Ich verließ meinen Körper und merkte es nicht einmal

Erinnern wir uns an die ersten beiden Fälle dieses Buches, an Sibylle und an meinen Vater. In keinem der beiden Fälle wurde das Austreten aus dem Körper sichtbar. Was geschieht im Moment, in dem der Mensch seinen Körper verlässt?

Ich selbst kenne das Gefühl, den Körper zu verlassen und in Richtung Licht aufzubrechen. Eine eigene Nahtoderfahrung vermittelte mir vor rund fünfundzwanzig Jahren dieses Erlebnis. Dass Menschen den Körper verlassen können und wieder zu ihm zurückkehren, ist längst kein Geheimnis mehr. Viele Berichte erzählen davon und ähneln sich. Dennoch will ich meine eigene Erfahrung mitteilen, denn sie stellt Fragen, gibt Antworten und zeigt ein spannendes Phänomen: Raben tauchten auf! Und dies lange vor der Zeit, in der ich so eng mit den Krafttieren verbunden war.

Meine Nahtoderfahrung und der Zorn der Raben

Meine Nahtoderfahrung geschah nicht durch einen Unfall, sondern ganz gemütlich auf einer Liege. Wir übten Polarity, eine energetische Körpertherapie. Als ich mich während der Übung auf der Liege befand, erlebte ich offenbar durch die gelungene Entspannung eine buchstäbliche Grenzerfahrung. Folgendes geschah meiner Erinnerung nach:

Ich sah grell-weißes Licht am Ende eines Tunnels. Wie ein Sog zog es mich an. Ohne zu überlegen, setzte ich mich kerzengerade auf der Liege auf. Mir fiel die Kraft in meinem Rücken auf, die ich sonst nicht hatte. (Ich hatte damals noch einen ausgeprägten Rundrücken, weshalb mir dieser kraftvolle *gerade* Rücken besonders aufgefallen war.) Automatisch erhob ich die Hände – vergleichbar mit einem Sprung ins Wasser –, um kopfüber aufs Licht zuzuspringen. Das ging alles sehr schnell. Ich wunderte mich, dass ich mit meinem blitzartigen kraftvollen Aufsitzen meine Polarity-Behandlerin nicht gestoßen hatte, die sich doch wahrscheinlich mit ihren Händen und vielleicht gar mit ihrem Kopf über meinem Körper befinden musste. Im Moment, in dem ich abspringen wollte, sah ich im Licht eine undeutliche, weil sehr weit entfernte Gestalt. Sie sagte:

»Es ist noch nicht Zeit!«

Ich akzeptierte diese Tatsache sofort und legte mich wieder auf die Liege zurück.

In diesem Moment schoss eine Horde Raben auf mich zu. Wild attackierten sie von allen Seiten meinen Kopf mit ihren starken Schnäbeln, wieder und immer wieder. Ich schrie und schützte meinen Kopf mit beiden Armen. Die Raben waren außer sich vor Wut. Der Ausbildungsleiter kam, durch meine Schreie aufgerüttelt, zu uns. Ich hörte ihn sagen: »Das ist wohl eine Störung«. An mehr kann ich mich nicht erinnern.

Ich fühlte mich klapprig und geschwächt, als ich mit meinem Bewusstsein in den Gruppenraum zurückkam. Es dauerte mehrere Stunden, bis meine gewohnte physische Kraft vollständig zurückgekehrt war.

Später erst begriff ich, was damals mit mir geschehen war. Der Zugang zu geistigen Welten fiel mir damals schon leicht. Die Raben – Krafttiere, wie ich längst weiß, und offenbar Hüter meines diesseitigen Lebens – quittierten meine voreilige Absicht mit überaus zornigem Angriff auf meinen Kopf. Sie wollten mein diesseitiges Leben retten!

Krafttiere sind Botschafter der Seele, Energien, die uns im Auftrag der Seele führen, beraten und beschützen. Der unbewusste Wunsch zu sterben, entsprach weder dem Willen, noch dem Zeitpunkt, noch dem Auftrag meiner Seele, deshalb schritten sie wütend ein.

Das war meine erste eindrückliche Erfahrung mit dem Tunnel und dem gleißend-weißen Licht. Weitere Erfahrungen folgten.

Dass ich beim Aufschnellen von der Liege niemanden gestoßen und ich mit einem Male einen kräftigen und zudem noch geraden Rücken hatte, lag daran, dass es sich dabei nicht um meinen physischen, sondern vielmehr um den feinstofflichen Körper gehandelt hatte. Er hatte den ruhig daliegenden physischen Körper für eine kurze Zeit verlassen.

Doch schon einmal vorab: Fällt Ihnen etwas auf? Ich hatte auch ohne physischen Körper ganz klar das Gefühl, einen Rücken zu haben. Ebenso Arme und Beine… Man sagt doch, die Seele verlasse den Körper. Wie schaut eine Seele denn aus? Wie nimmt sie sich selbst wahr? Und was ist sie? – Wenn es stimmt, dass die *Seele* den Körper verlässt, dann hat sie gemäß meiner eigenen Erfahrung also einen Rücken, Arme und Beine und fühlt sich auch sonst genauso an, wie ich mich im Alltag wahrnehme. Irgendetwas stimmt da doch nicht… Oder doch?

Auch etwas anderes macht mich stutzig. Es ist ein Widerspruch: Die sogenannte Seele wollte den Körper verlassen; die Raben, Botschafter der Seele, wollten diesen Vorgang jedoch verhindern. Wie geht das auf?

Eines ist klar: *Ich* wollte hinübergehen, nicht aber meine Seele! Folglich sind *ich* und die *Seele* nicht zwingend dasselbe. Dann waren das weit entfernte Lichtwesen und die Raben in größerer Übereinstimmung mit meiner Seele, als *ich* es war. Ja, was ist *ich*? Und was und wo ist die Seele? Lassen Sie sich von den vielen Fragen und scheinbaren Widersprüchen nicht verunsichern.

Schauen wir, was der Fall uns zeigt:

- Wir spüren das Verlassen des Körpers nicht; es ist ein gleitender, schmerzloser Übergang.
- Das Gefühl, man selbst zu sein, verändert sich auch durch das Verlassen des Körpers nicht.
- Unser Körpergefühl besteht nach wie vor, auch wenn sich der Körper positiv verändert (starker, gerader Rücken).
- Wir können gegen den Willen der Seele eine verheerende Entscheidung treffen und merken es (erst einmal) nicht.

- Ein Lichttunnel kann erscheinen und uns aus dem grobstofflichen Körper ziehen. Es ist unsere Entscheidung, ihm entgegenzuhechten oder nicht.
- Der feinstoffliche Körper kann einen fremden grobstofflichen Körper (den Körper der Behandlerin) problemlos durchdringen; beide merken es nicht.
- Die Seele hat mittels der Krafttiere (Raben) eine Möglichkeit, auf unsere Handlungen Einfluss zu nehmen. Die Reaktion unserer Seele/der Krafttiere kann aber auch zu spät kommen (die Raben erreichten mich erst, nachdem ich die Absage der Lichtgestalt akzeptiert hatte). Wieso kamen ausgerechnet Raben? Wieso kamen sie so spät? Wo waren sie vorher?
- Es scheint einen beabsichtigten vorbestimmten Zeitpunkt für unseren Tod zu geben; wir können diese Tatsache annehmen oder sie ignorieren und dagegen handeln.

  Wer oder was bestimmt diesen Zeitpunkt? Wer oder was war diese Lichtgestalt am Ende des Tunnels? War sie etwas Fremdes oder ein Teil meiner selbst?

Was wäre geschehen, wenn ich trotzdem gesprungen wäre? Wo wäre ich gelandet?

In meiner Nahtoderfahrung wie auch im Fall von *Kurt* war die erste Bewegung der Seele, aus dem liegenden Körper aufzusitzen. Erst danach wollte ich in der Nahtoderfahrung auf das Licht zuhechten, das ich am Ende des Tunnels erblickte.

Was ist dieser Tunnel eigentlich? Wie entsteht er und – ist er immer da? Warum tauchte er auf, wo es doch für meine Seele nicht der Zeitpunkt war, das Diesseits zu verlassen?

Die eigenen Grenzen erweitern

Wie für jedes Projekt kam auch der Auftrag für dieses Werk aus meinem Innern. Ich hatte Lust, ein neues Buchprojekt in Angriff zu nehmen, wusste jedoch noch nicht, zu welchem Thema. Mit dem Thema »Leben und Heilwerden nach dem Tod« hatte ich mich noch nie auseinandergesetzt. Um so überraschender war es für mich damals, dass gerade dieses Gebiet von mir bearbeitet werden sollte. Diesen ungewöhnlichen Auftrag erhielt ich während einer geistigen Reise zu meinen Ahnen.

Der Auftrag meiner Ahnen – Wie dieses Buch seinen Anfang nahm

»Ahnen, worüber soll ich das neue Buch schreiben, zu dem ihr mich so drängt?« frage ich meine Vorfahren, die ich vor meinem Dritten Auge erblicke. Gespannt auf ihre Antwort, höre ich sie sagen:

> »**Schreibe über das** *Sterben*!« »Über das Sterben?« Ich bin überrascht, an ein solches Thema habe ich nicht im geringsten gedacht. Aber doch, spannend ist es. Sehr spannend sogar! Das muss doch in der Tat jeden Menschen interessieren, früher oder später. – Aber ob ich das kann? »Wir unterstützen dich«, sagen sie. »Wir kommen ja von da. Wir sind Tote, die in dir wieder lebendig geworden sind. Wir sind deine Quelle, die nie versiegt. Sie besteht aus uns, den Verstorbenen. Paradox, nicht wahr? Aber so ist es! Jeder Baum lebt vom gefallenen Laub der letzten Jahrzehnte, Jahrhunderte. Das war so und wird immer so bleiben. Es ist ein Naturgesetz. Weitere Naturgesetze wirst du beim Schreiben dieses Buches erfahren...«

Meine Frage an mich selbst, ob ich über meine eigene Todesschwelle hinaus – die ich ja in meiner Nahtoderfahrung bereits kennengelernt hatte – geistig reisen kann, war ehrlich gemeint. Ist so etwas wirklich möglich? Kann ich das? Gleichzeitig hatte ich im Laufe der Jahre ein starkes Selbstvertrauen aufgebaut, was das geistige Reisen anbelangte. Ich wusste, dass ich zu sehr vielem »Unmöglichen« fähig war und dass ich eine enorme Tiefe und auch Weite in mir trug.

Aus verschiedenen Gründen hatte ich mich von meinem Vater am Schluss seines Ablebens zurückgezogen. Als ich meinen damaligen Therapeuten und Begleiter Christian Lerch besuchte, um zu einem ganz anderen Thema innerlich zu reisen, tauchte als erstes geistig mein Vater auf. Ich war auch diesmal überrascht. Für mich bestanden weder ein Bedürfnis noch eine Dringlichkeit, ihn zu treffen. Als hätte mein Vater auf die erstbeste Gelegenheit gewartet, bei der ich in mich ging, erschien er mir bei geschlossenen Augen.

> **Vater befand sich** in seiner Dimension über einer Grenze, vielleicht vergleichbar mit einer Nebelgrenze. Ich befand mich unterhalb dieser Grenze. Mein Vater forderte mich auf, zu ihm hinaufzukommen. Ich dachte, das geht doch nicht, er ist doch *tot*! Doch er beharrte darauf und bot mir seine Hand, um mich hinaufzuziehen. Ich griff nach der Hand und überschritt die Grenzlinie. Es war überhaupt kein Problem! Nun standen wir beide über der Nebelgrenze und umarmten uns. Vater brauchte noch einen Liebesbeweis von mir, um gehen zu können. Diesen gab ich ihm gerne.

Ich merkte, dass ich mir selber Grenzen des Möglichen gesetzt hatte, ohne es vorher ausprobiert zu haben. Dass es ganz einfach war, in sein Terrain zu gelangen, beeindruckte mich. Und es bestärkte mich, dem Auftrag meiner Ahnen Folge zu leisten. Gute Zeit später begann ich, während mehrerer Monate zu meinem eigenen Tod zu reisen. Ausschnitte daraus erfahren Sie später in diesem Buch.

2 Grundsätzliches über das Leben nach dem Tod

Die Rolle unserer Aura nach dem Tod

Kommen wir nochmals auf meine Nahtoderfahrung zurück. Wie in Kapitel »Ich verließ den Körper und merkte es nicht einmal« Seite 25 erwähnt, hatte ich beim Verlassen des Körpers niemanden gestoßen, weil das, was den Körper verlassen hatte, feinstofflich war. Der feinstoffliche Körper stößt niemanden; er *durchdringt* andere Körper. Mit diesem Beispiel haben Sie bereits etwas über die Körperhüllen des Menschen erfahren.

Jeder Mensch besteht nicht nur aus einem grob- oder feststofflichen, physischen Körper, sondern auch aus mehreren weit weniger dichten feinstofflichen Körperhüllen. Diese sind für das normale Auge unsichtbar. In ihrer Gesamtheit sind sie besser als »Aura« bekannt. Die einzelnen Hüllen nennt man *Astralkörper, Mentalkörper* – darin enthalten ist der *Kausalkörper* – und *Buddhi.* Wenn man sagt, die Seele sei unsterblich, stimmt das nur bedingt. Wie wir in späteren Fallbeispielen sehen werden, verwandelt sich die Seele auf dem Weg nach oben ständig. Sie verliert dabei Körperhüllen; man könnte auch sagen, sie entkleidet sich. Die bekannteste Hülle, die die Sterbenden verlieren, ist die allererste und stofflich gesehen die dichteste und gröbste: der physische Körper, das physische »Kleid«. Bleiben wir beim Bild des Entkleidens, ziehen wir zuerst unseren Mantel aus. Stufe um Stufe verfeinern sich unsere Kleider mittels Transformationen weiter. Wir verlieren als nächstes also die astrale Körperhülle oder das astrale Kleid – oder unseren Pullover – später die mentale Hülle oder Kleid – unser Unterhemd -, bis wir schlussendlich zu Hause angekommen sind in unserem letzten Kleid, dem sogenannten Buddhi, unserem Kern. Erst Buddhi ist ewig, alle andern Hüllen lassen wir fallen.

Dennoch bleibt von unserer Garderobe jeweils etwas übrig. Es ist die *Essenz* jedes vergänglichen Kleidungsstücks. Diese Essenz wird in der Literatur *permanentes Atom* genannt. Dadurch ist das, was die Persönlichkeit einer Menschenseele ausmacht, gespeichert und wird mitgenommen. Nichts wird vergessen oder geht verloren, wie wir in einem späteren Fallbeispiel noch sehen werden.

Ich erkläre Ihnen die Körperhüllen nochmals auf umgekehrte Art. Sie kennen Matrjoschkas? Das sind die russischen Puppen, die immer kleiner werdend ineinandergeschachtelt sind. Jede Puppe ist gleich bemalt. Während Ihres Lebens befinden Sie sich, bildhaft gesprochen, in einer solchen Matrjoschka. Die kleinste Puppe ist Ihr physischer Körper, dann folgen die feinstofflichen Körperhüllen oder Puppen, die jede etwas größer ist als die darunterliegende. Der Unterschied zu den Holzpuppen: Die Körperhüllen umgeben und durchdringen Ihren physischen Körper. Und jede größere Puppe besteht aus feinerem, leichterem Material. Die größte Puppe ist demzufolge die durchscheinendste, lichtvollste, leichteste und mit der höchsten Frequenz schwingende aller Puppen.

Je spiritueller Ihr Bewusstsein entwickelt ist, um so besser ist Ihre größte Puppe ausgebildet, Buddhi. Durch diese erfahren Sie das Gefühl von Einheit, mit allem verbunden und doch sich selbst bewusst zu sein. Sie merken, dass es kein abgetrenntes Ich gibt, sondern ein Wir. Oder anders gesagt, dass im Ich alles enthalten ist, also auch das Du. Mehr noch: Sie sind genauso der See, die Berge, der Baum, der Kieselstein, der Klang, der Lärm, die Stille, der Vogel, der Käfer, die Sonnenblume, das Unkraut, das Feuer, das Wasser, die Luft, die Erde und doch auch immer Sie selbst... Es beinhaltet Verständnis und eine bedingungslose Liebe und Harmonie mit allen Lebewesen und auch zu sich selbst. So wird auch das Christusbewusstsein beschrieben. Buddhi (oder das buddhische Bewusstsein) ist meine »Lieblingspuppe«. Ich werde Ihnen immer mal wieder von ihr erzählen.

Beim Tod verlassen Sie die kleinste Puppe, Ihren physischen Körper. Sie entkleiden sich von innen her. Von nun an leben Sie in der zweitkleinsten Puppe und in deren Bewusstseins- und Befindlichkeitswelt. Man nennt sie Astralwelt. Das Leben in der astralen Puppe wird von unseren Wünschen, Begierden und Gefühlen dominiert. Sind unsere Wünsche und Sehnsüchte erdbezogen, werden wir unser Leben nach dem Tod in unmittelbarer Erdnähe verbringen. Sind unsere Wünsche und Sehnsüchte geistiger Natur, werden wir in der Astralwelt nicht allzu viel Zeit verbringen, das Kleid der zweitkleinsten Puppe ausziehen und unser Leben im nächstgrößeren und nochmals leichteren (mentalen) Kleid antreten können. Wir befinden uns in der Mentalwelt. Die Mentalwelt wird in der theosophischen Literatur als *Himmel* bezeichnet. Je mehr wir uns (von innen her) entkleiden, um so leichter und feiner wird die Energie um uns herum.

Wir brauchen nicht gestorben sein, um den Bewusstseins- und Befindlichkeitswechsel zu erfahren. Da wir ja schon im Diesseits mit allen Körperhüllen (oder »Puppen«) verbunden sind, können wir jederzeit mit den höheren Bewusstseinsebenen in Kontakt treten. Eine Freundin beschrieb den Wechsel der Bewusstseinsebenen nach dem unerwarteten Tod ihres Mannes so:

> »**Im Moment ist** alles wund in mir. Wenn ich zwischendurch aus dem Tohuwabohu der Organisation aufwache und tief in mich gehe, lande ich immer in dem Raum, wo nur Anwesenheit ist. Darin bin ich, bin ich in gewisser Weise auch mein Mann, ohne er zu sein. Es ist da alles so leicht und selbstverständlich.«

Diese letztere Aussage ist typisch für die Wahrnehmung in der größten Puppe, Buddhi. Sie beinhaltet das Gefühl von all-eins-sein. Die Kollegin war geübt, in den buddhischen Raum zu treten, der erst – wie die Yogis ihn nennen – das wahre Leben ist. Reisen nach innen, etwa mit Hilfe der Tiefenimagination oder durch tiefe Meditation, können in diese höheren Bewusstseinszustände führen.

Die Darstellung der feinstofflichen Anatomie des Körpers ist uralt. Man findet sie bereits in den Upanishaden. Da die feinstofflichen Körper in der Literatur unterschiedlich bezeichnet werden, gebe ich hier einen kurzen Überblick:

Kleinste Matrjoschka	Physischer Körper	Grobstofflicher Körper	Annamaya Kosha	Sterbliche Hülle
Gehört zur kleinsten Matrjoschka	Ätherkörper	Gesundheitsaura Vitalkörper = Energiekörper	Pranamaya Kosha	Sterblich
Zweitkleinste Matrjoschka	Astralkörper	Wunschkörper = Gefühlskörper	Kamamaya Kosha	Sterbliche Hülle* Nach dem Tod ein Durchgangsort
Mittlere Matrjoschka	Mentalkörper	Körper des Denkens = Informationskörper = Körper der Klarheit	Manomaya Kosha	Sterbliche Hülle* 1. – 4. Himmel
Zweitgrößte Matrjoschka	Kausalkörper	Körper der Weisheit = Karmischer Körper	Vijnanamaya Kosha	Sterbliche Hülle* 5. – 7. Himmel
Größte Matrjoschka	Buddhi	Körper der Glückseligkeit = Körper des Göttlichen = Spiritueller Körper	Anandamaya Kosha	Unsterbliche Hülle Bewusstsein, mit allem verbunden zu sein. Gefühl von Einheit

* Was wir von jeder Hülle einzig mitnehmen, ist laut den Theosophen ein **permanentes Atom**; ein Stoffsäckchen sozusagen, in dem **Essenzen** unseres Wesens enthalten sind, also das Wesentlichste, was unsere Persönlichkeit pro Hülle ausmacht, mit all ihren Erfahrungen.

(Astral- und Mentalkörper sind so nahe miteinander verwoben, dass sie in vielen Darstellungen als ein einziger Körper bezeichnet werden, genannt *Manomaya Kosha.* Ebenso werden nach der vedischen Lehre auch der physische Körper und der Ätherkörper zusammengefasst als *Annamaya Kosha.)*

Folgende Darstellung zeigt, wie sich unser Bewusstsein in den jeweiligen Körperhüllen verändert. In der Skizze ist, anders als im Beispiel der Matrjoschkas, das Grobstoffliche außen gezeichnet und das Feinste im Inneren. Es gibt zwei Varianten, die feinstofflichen

Dimensionen darzustellen: von innen nach außen oder von außen nach innen.

»Die Zeichnung besteht aus einer Anzahl von Stiften oder Speichen, die sich an einem bestimmten Punkt überlappen. Dieser Überlappungspunkt bildet den Anfang der buddhischen Ebene.

Die Stiftspitzen stellen das physische Bewusstsein des Menschen dar; sie liegen eindeutig getrennt voneinander. Verfolgen wir die Stifte zur Mitte hin, erkennt man, dass das Astralbewusstsein ein wenig breiter wird und die Bewusstseine der einzelnen Menschen sich etwas näher rücken. Die niederen mentalen nähern sich noch stärker, während die höheren Mentalbewusstseine auf ihrer allerhöchsten Stufe an einem Punkt zusammenfinden, an dem das buddhische Bewusstsein beginnt.

Das buddhische Bewusstsein des individuellen »Menschen« überlappt auf beiden Seiten das buddhische Bewusstsein des anderen eigenständigen Bewusstseins. Diese graphische Darstellung des »Überlappungs«-Aspekts gibt den Punkt wieder, an dem ein Gefühl von Einheit mit den anderen erfahren wird.

In die höheren Ebenen aufwärts steigend, nimmt die beidseitige Überlappung zu, bis schließlich das »Zentrum« erreicht wird und die einzelnen Speichen praktisch ineinander übergehen. Trotzdem bleibt jede einzelne für sich bestehen und besitzt ihre individuelle Richtung und ihren eigenen Ausblick. Auf die niedere Welt *hinaus*-blickend, schaut jedes Bewusstsein in eine andere Richtung; auf ein Aspekt des einen Zentralbewusstseins. Nach innen blickend, treffen die auseinanderlaufenden Richtungen zusammen und vereinen sich.

Das astrale und mentale Bewusstsein hingegen – wie der Einzelne denkt und fühlt und die Welt durch seine Brille sieht – ist noch individuell geprägt, abgetrennt und ohne mit einem größeren Ganzen in Verbindung zu stehen. Seine Sichtweise ist abhängig von seinen Erfahrungen und wie er das Erlebte verarbeitet hat. Dadurch unterliegt es Täuschungen. Das wahre Leben ist erst in den höheren Bewusstseinswelten erfahrbar.

Aus *Der Kausalkörper*, Arthur E. Powell, Edition Adyar

Die Entscheidungsmöglichkeiten der Seele nach dem Tod – ein Überblick

Ich möchte Ihnen zur Orientierung einen Überblick über die verschiedenen Welten oder grundsätzlichen Möglichkeiten gewähren, die die Seelen nach dem Tod erwarten. Aus Nahtodberichten hört man von Frieden, Liebe, Ruhe und von Licht, das gleich nach dem Tod erscheinen soll. Andererseits gibt es die Geschichten von Gespenstern, von ruhelosen Seelen, die (noch) nicht ins Licht gegangen sind. Vielleicht haben Sie sich schon gefragt, weshalb die einen direkt ins Licht gehen, während andere Seelen erdnah bleiben und als »Geister« weiterwirken. Wie kann man sich die Landschaft hinter dem Tor des physischen Todes vorstellen, in der man offensichtlich verschiedene Wege und Welten in Erwägung ziehen kann? Entscheidet man selbst, oder gibt es noch andere Wirkkräfte, die auf die Seelen Einfluss nehmen?

Pia hat sich zur Klärung dieser Frage auf die Reise nach innen begeben. Das Thema ist sehr komplex, und es gibt nichts, was es nicht gibt, wie wir in späteren Fällen aus der Praxis noch sehen werden. Die Tiefenimagination ermöglicht uns im gleich folgenden Beispiel durch vereinfachte Bilder, Worte und Symbole eine Vorstellung, was uns im Prinzip nach dem Tod erwartet. In Pias Reise lernen Sie die *Astral-* und die *Mentalwelt* kennen. Die *Mentalwelt* wird in unserem Sprachgebrauch und in der christlichen wie auch in anderen Religionen als Anfang des *Himmels* bezeichnet. In den inneren Reisen wird die Transformation der Seelen Richtung Himmel als Kraft gezeigt, vergleichbar mit einer sprießenden Frühlingspflanze. Sie ist voll neuer, verjüngter Energie und Frische. Die *Astralwelt* hingegen ist nur ein Durchgangsort zum Himmel, eine Zwischenwelt, in der eine Seele allerdings aus verschiedenen Gründen sehr lange verweilen kann, wie in der folgenden Reise eindrücklich gezeigt wird.

Um den Lesefluss nicht zu stören, setze ich kurze Hinweise für die einzelnen Bewusstseinswelten in eckige Klammern. Alles Leben gleich nach dem Tod beginnt in der Astralwelt. Ein Krafttier, der Rabe, führte Pia durch die geistige Welt. Nachdem sich Pia eine Weile entspannt hatte, begann sie. Sie spricht als Vertreterin verstorbener Seelen:

Ich sehe einen großen Raben. Er führt mich zu einem Wegweiser mit zwei Tafeln. Die Tafel, die nach rechts zeigt, führt ins Helle [Richtung Himmel], diejenige nach links führt ins Dunkle [Richtung Astralwelt, erdnahe Zwischenwelt].

Auf der rechten Tafel zeigt ein Pfeil gerade nach hinten. Auf der linken Tafel zeigt ein Pfeil nach links, macht dann einen Bogen, der schlussendlich wieder hierhin zurückführt.

Hier beim Wegweiser ist ein toter Punkt. Es ist schwierig, sich zu entscheiden. Ich stehe hier und weiß nicht, was ich will… (Sie schweigt längere Zeit.) Es fühlt sich an, als sei eine Wand vor mir. Ich sehe zwar in die Weite und ins Helle oder Dunkle, aber es ist leer hier. Hier ist eine Schwere. Hinter mir rasselt es, wie ein Weltchaos. Es geht alles laut und schnell zu. Hinter mir ist dieser Lärm und vor mir einfach nichts. Der Rabe sitzt auf dem

Wegweiser und schaut zu mir herunter. Er sagt: »Hier stehen die meisten lange, lange Zeit.«

Ich spüre von links eine starke Kraft hinter mir. Sie zieht mich zurück. Auf meiner rechten Seite zieht eine Kraft nach vorne.

Ich muss mich entscheiden. Von hinten zieht das irdische Leben. Leute, die man kennt, Aufgaben die man hat, dort wo man gerade im Leben steckt: kleine Kinder...

Ich höre den Raben. Er sagt: »Entscheidest du dich für links, zieht es dich wieder zurück ins (irdische) Leben.«

Pias Reise führte sie zuerst nach links, zurück zur Erde. Sie erlebte, was eine Seele erlebt, die erdnah bleibt.

Hier links ist alles so hektisch. Ich merke, dass die Materie – also mein physischer Körper – fehlt. Ich bin wie in einem Wirbel. Mitten im Leben, bei den Menschen. Interessant... Ich werde von ihnen nicht wahrgenommen. Ich suche einen Ort, wo ich Ruhe habe.

Ich befinde mich wie in einer Zwischenschlaufe. Ich muss mich an diese Schwingung erst gewöhnen, an diese Schnelligkeit. Ich nehme so viel und alles miteinander wahr. Durch den Körper wurde alles gedämpft und abgebremst. Körperlos ist es ein Stress!

Ich nehme wahr, dass man einzelnen Leuten auch gut tut. Gewisse Personen in meiner Nähe werden ruhiger, wenn ich an ihnen vorbeihusche. Es ist ein fremder Ort, obwohl alles bekannt ist. Und doch ist alles anders, überdreht und hektisch.

Nun sehe ich den Raben vorbeifliegen. Er sagt: »Halte dich an meinen Flügeln fest!« Er führt mich zum Wegweiser zurück. Nun merke ich, was mir vorher so zu schaffen machte: das Orientierungslose.

Patricia: Wie kommen die verstorbenen Seelen von der linken Seite weg?

Pia: Sobald die Hinterbliebenen loslassen, wird die Richtung klar. Ich sehe hinten Leute, die winken und sagen: ›Geh!‹ Die Entscheidung fällt dadurch leichter; es ist viel ruhiger.

Patricia: Was geschieht, wenn ein Hinterbliebener extrem klammert?

Pia: Wenn die Hinterbliebenen lange klammern, führt der Wegweiser nun nicht nur zu einem Bogen, sondern in einen Kreis. Dieser dreht sich. Die Seele dreht sich im Kreis.

Wenn jemand extrem klammert, gibt es noch eine andere Variante: Die Seele nimmt die Klammernde mit. Denn die Seele ist bestrebt, wieder zum Wegweiser zurückzukehren und nimmt die Klammernde mit! Sie kommen bis zum Wegweiser und sitzen zusammen auf dem Boden. Jetzt sind beide blockiert, der klammernde Hinterbliebene und der Verstorbene... Das ist trostlos! Da sitzt man hier...

Nun kommen mehrere Seelen. Sie gehen direkt nach rechts, ins Helle [Richtung Himmel]. Sie sind so zielstrebig und klar, leuchtend. Das löst für die Wartenden und Blockierten einen Sog aus. Eigenartig. Die vordersten, die dort warten, zieht es nun wie ein Magnet mit. Auch ich gehe nun mit. Hier ist es hell und leicht. Alle schweben zielstrebig. Es wird heller.

Es sind einzelne blockierte Seelen dabei, sie sind etwas dumpfer in der Farbe. Doch sie werden heller, hellgoldig, weiß-gelblich-goldig-orange, wie Narzissen. Sie sehen nicht mehr wie Menschen aus. Ihre Form ist schwierig zu beschreiben... wie feinstoffliche Kugeln... hm... wie goldene Seifenblasen oder so, doch weicher und etwas abgeflacht... ich kann es nicht beschreiben. Nun entsteht ein Lichtfluss... Ich kann die einzelnen nicht mehr erkennen. Eine große Kraft zieht nach vorne und führt in einen großen Lichtstrom oder in ein Lichtmeer, das sich immer weiterbewegt.

Patricia: Man sagt, bekannte Seelen holen die Neuankömmlinge ab. Ist da jemand?

Pia: Ja, es kommt auch ein Strom retour, bis zum Punkt, wo es formlos ist. Nun ist es plötzlich ruhig. Helles Licht. Hier und da keimen hellgrüne Sprösslinge auf. Der Rabe ist da. Ich frage ihn, was das soll. Er sagt: »Das ist neues Leben.« Im Lichtermeer keimt Neues auf. Es entstand aus der Energie. Es ist ein Seelenmeer, Lichtermeer, in dem alles vermischt scheint. Oder wird es neu gemischt?

Es keimt überall. Es materialisiert sich wie neu, nimmt Gestalt an. Es gibt viele Narzissen, Wiesen, Bäume... Kinder rennen herum,

Tiere… alles gemächlich, ohne Eile. Es ist wie neu geboren werden. Alles ist langsam, ohne Stress und Hektik. Aber es gibt nicht mehr so viele Leute… Ich kann mich auf das einzelne fokussieren und es wahrnehmen. (…)

Patricia: Frag die Tiefenimagination, was der Leser hier noch erfahren soll.

Pia: Es erscheint das Bild einer Spirale. Zweimal ein Kreis, dann gibt es einen Bogen zu einem weiteren Kreis. Es geht wie unendlich weiter. Die Menschen sollen das Vertrauen haben, dass es irgendwann gut wird. Hingabe an das, was ist. Dann fließt es.

Viele Krähen und Raben sind hier. Sie sagen, sie seien noch immer die Wegweiser für die Seelen. Sie tragen die Seelen weiter. Man solle sich bewusst sein, dass alles immer im Fluss ist, damit man es fließen lässt. (…)

Tatsächlich tauchen im Zusammenhang mit geistigen Reisen zum Tod, Leben nach dem Tod und auch als Vermittler zwischen Verstorbenen und Hinterbliebenen oft Rabenvögel auf. Doch auch andere geflügelte Tiere spielen eine wichtige Rolle im Sterbeprozess: Tauben, Schwäne, Enten, Falken, Eulen und Schmetterlinge. Sie alle führen in geistige Dimensionen und helfen uns auf unserer Weiterreise.

Pias geistige Reise enthält viele wesentliche Punkte und Stationen. Ich gehe in den folgenden Kapiteln nochmals darauf ein und ergänze sie mit Fallbeispielen.

Die ersten drei Tage nach dem Verlassen des Körpers

Wie Sie bei Pia gesehen haben, kann eine Seele, nachdem sie den Körper verlassen hat, leicht von den Hinterbliebenen zurückgezogen werden, auf Umwege geraten und die Richtung zum Himmel aus den Augen verlieren. Die erste Zeit nach dem Tod ist heikel, sensibel und entscheidend. Beschäftigen wir uns deshalb mit den ersten drei, vier Tagen direkt nach dem Tod. Ich gehe auf diese Phase des Übergangs ausgiebig und so konkret wie möglich ein, damit uns die Situation nach unserem eigenen Ableben auf Erden bereits vertraut ist und wir sie gelassen und bewusst durchleben können. Für Seelen, die den eigenen Übergang in die geistige Welt längst kennen, die klar und zielstrebig sind, mag der Verlauf ein anderer, direkter sein.

Erinnern wir uns: Verstorbene lösen sich nicht einfach in Luft auf, nur weil sie tot sind. Sie besitzen einen feinstofflichen Körper, der sich an die Gegebenheiten des Gebäudes hält, wie wir im Beispiel von *Kurt* eindrücklich gesehen haben.

Haben Sie sich schon einmal überlegt, wie und wo eigentlich all die Verstorbenen den Ort ihres Todes – das Pflegeheim, das Krankenhaus, die eigene Wohnung, die Unfallstelle – verlassen?

Zehn Jahre nach dem Tod meines Vaters im Krankenhaus erlebte ich folgendes. Ich beschäftigte mich im Rahmen dieses Forschungsprojektes mit dem Übergang direkt nach dem Tod. Trotz meiner eigenen Nahtoderfahrung, war es mir noch nicht ganz klar, wie ich mir den Übergang der Seelen in die geistige Welt konkret vorstellen musste. Dabei erhielt ich innerlich diese Informationen:

> **Ich erblickte vor** meinem geistigen Auge die Eintrittshalle des Spitals. Es war dasselbe Krankenhaus, in dem mein Vater gestorben war, und derselbe Ort, an dem er mich gefragt hatte, wohin er nun müsse. Diesmal erblickte ich Energieströme, die das Krankenhaus durch die Eingangstür verließen, und Energieströme, die durch dieselbe Tür in die Eingangshalle zurückführten. Die beiden Strömungen umfassten sich innerhalb der Eintrittshalle und drehten sich wie ein gemächlicher Wirbel. Zuerst lange Zeit in die eine, dann lange Zeit in die andere Richtung, wie zwei in sich greifende Hände. Dadurch entstand ein Symbol: das Yin-Yang-Zeichen, das Ganzheit symbolisiert.

Es war mir intuitiv klar, dass es sich bei den Strömungen um den Weg gerade verstorbener Seelen handeln musste. Ich war vollkommen verblüfft. Ich hatte nie daran gedacht, dass sich hier an dieser Stelle Verstorbene tummeln könnten. Offenbar wollten sie, genau wie die Besucher, die Tür benutzen, um sich zu entfernen. Wieso auch nicht? Wie sonst sollten sie das Haus verlassen? Durch die Tür zu treten ist das normalste, das man tut, wenn man ein Gebäude verlassen will. Sie sind ja noch die genau gleichen Personen, bloß ohne schweren Mantel – den Körper. Doch hier bei der Spitaltür scheinen die Seelen nicht weiterzuwissen.

Was geschieht hier genau?

Ich fragte die Tiefenimagination, was hier in den Seelen geschieht und hörte innerlich zwei Worte:

Orientierungslosigkeit. Ratlosigkeit.

Beschäftigen wir uns damit im gleich folgenden Kapitel.

Phase der Verwirrung und Orientierungslosigkeit

Die Orientierungs- und Ratlosigkeit, wie im vorherigen Kapitel beschrieben, war genau die Situation auch meines Vaters. Obwohl er ein tief gläubiger Mann war und sich vermutlich voller Vertrauen in die Hand Gottes gelegt hatte, wusste auch er hier an dieser Stelle nicht weiter. »Wohin muss ich nun gehen?« hatte er mich nach seinem Tod ratlos gefragt. Offenbar fehlte ihm ein Ziel, eine Orientierung. – Wie konnte das sein? Es machte mich nachdenklich. Ich reiste geistig weiter, hörte innerlich den Satz: »Dies ist ein gefährlicher Bereich.« Ich verstand. Dieser Bereich birgt in zweifacher Hinsicht ein Risiko: für die ratlosen Seelen wie auch für jene, welche die Kranken besuchen. Sie werden später sehen weshalb.

Ich schaute innerlich, was die Tiefenimagination mir weiter über die Situation eben Verstorbener zeigen wollte. Doch statt die Situation zu klären, führte sie mich in einen noch krasseren Zustand hinein, als wäre ich selbst eine eben verstorbene Seele:

Die Bilder lösten sich auf, ich sah nichts mehr. Man könnte auch sagen, es war sehr neblig, ohne Sicht. Ich wusste um das Spital, doch ich sah die Baulichkeit nicht mehr. Das einzige was ich sah, war ein Vogel, der aus dem Nebel flog, eine Ente. Sollte ich ihr folgen? Sie flog... Wie sollte ich ihr folgen? Ich war völlig rat- und orientierungslos. Wäre ich hier tatsächlich verstorben, ich hätte keine Ahnung, was ich hätte tun sollen. Ich überlegte: Ich könnte die Kapelle des Spitals aufsuchen... Doch was sollte ich dort? Sie war vermutlich leer, niemand könnte mich beraten... Ich könnte Gott um Hilfe bitten... Ich könnte innerlich reisen, um Unterstützung zu erhalten... Ich wusste gar nichts mehr. Ich sah weder andere Seelen noch Besucher, noch holte mich irgendjemand ab. Ich fühlte mich mutterseelenallein.

War es inzwischen Nacht? Keine Ahnung. Mir wurde bewusst: Hier kamen beide Welten zusammen, die Spitalwelt und die geistige Welt, in die man kurz nach dem Tode eintaucht. Alles hatte sich aufgelöst. Warum holte mich keiner ab? Doch dann erhielt ich eine erlösende innere Botschaft: »Wir sind da! Lass dich auf uns ein! Wir wissen, wo du bist! Wir wissen, wann du stirbst!« Ich erhielt einen bildhaften Tipp: Jemand sprang von einem Sprungbrett. Und hörte das Wort: »Loslassen!« Ich begriff, dass ich »springen« musste, loslassen musste: loslassen von meinem Körper, vom bisherigen Leben und von der Welt. Eine Ebene verlassen, um in eine andere zu gelangen. Dann würde ich abgeholt werden können. Offenbar benötigte dieser Dimensionswechsel viel mehr Zeit, als ich mir vorgestellt hatte. Diese Phase der totalen Orientierungslosigkeit war für mich neu. Ich erblickte vor meinem geistigen Auge einen Wartesaal und hörte weitere Sätze: »Warten, bis man abgeholt wird« und: »Sich an den neuen Zustand gewöhnen«.

Es ist bestimmt gut zu wissen, dass diese Phase der Orientierungs- und Ratlosigkeit ein ganz normaler Zustand ist, der vorübergeht, sobald wir uns als Verstorbene beziehungsweise als Seele an den neuen Zustand gewöhnt haben, losgelassen haben. Wir werden die geistige Hilfe, die da ist, spüren und sie annehmen. Wir können diese Phase der Orientierungslosigkeit also ganz gelassen über uns ergehen lassen.

Dies wäre die Antwort auf Vaters Frage gewesen, die vermutlich stellvertretend für viele verunsicherte Seelen steht. Sie lautet: »Warte einfach mal ab. Lass dir Zeit. Setz dich an einen schönen Ort und gewöhne dich an die neue Situation. Lass das irdische Leben los. Bald wirst du abgeholt werden. Die geistigen Helfer wissen, wo du bist.«

Dass man sich in der neuen Welt immer wieder an neue Zustände gewöhnen muss, gehört zum Lauf der Natur. Umgebung und feinstofflicher Körper verändern sich durch die anstehenden Transformationen immer wieder. Das ist ungewohnt, aber ganz normal. Man darf sich alle Zeit lassen. Von der Winter- auf die Frühlingsgarderobe zu wechseln ist ja auch immer ein spezielles Gefühl.

Vermutlich liegt in der Verwirrung auch die Antwort auf die noch offene Frage, weshalb (Gelegenheits-)Hellsichtige die Seelen der Verstorbenen während der ersten halben Stunde nach dem Verlassen des Körpers nicht sehen können. Verwirrte Seelen kann man nicht finden, verirrte schon.

Ich möchte Ihnen dazu einen andern Fall erzählen. Je bewusster uns die verschiedenen Stadien werden, die uns kurz nach dem Tod erwarten, um so leichter wird es uns fallen, sie anzunehmen, uns Zeit zu lassen und dem Prozess zu vertrauen.

Merken, dass man »tot« ist

Wie wir bei meiner Nahtod-Erfahrung gesehen haben, spürt man das Verlassen seines eigenen Körpers nicht. Das mag ein Vorteil sein, hat aber auch einen Nachteil. Denn: Woran kann man erkennen, dass man tot ist? Das mag befremdlich klingen, ist aber entscheidend. Denn tot zu sein, ist ein falscher Begriff, er bezieht sich allein auf den physischen Körper. Unsere Seele und unser Bewusstsein leben weiter. Dennoch ist es für die Seele entscheidend zu erkennen, dass ihr physischer Körper nunmehr eine Hülle ist, die sie losgelassen hat und das neue Zuhause in der geistigen Welt liegt. Vielleicht schütteln Sie über das Thema noch immer den Kopf. Tritt ein Tod schnell und unvorbereitet ein, kann es durchaus sein, dass die Seele nicht merkt, dass sie physisch körperlos und dadurch »tot« ist. Dazu eine kleine Anekdote:

Ein Hellsichtiger erzählte, wie er Zeuge eines Unfalles wurde und den soeben Verstorbenen aufgeregt umherlaufen und auf ihn zukommen sah. »Du bist tot!« hatte der Hellsichtige zu ihm gesagt, wobei dieser ihn dumm anmachte. »Wie bringt man einem Toten bei, dass er tot ist?« fragte sich der Hellsichtige. Er führte ihn zum zerstörten Fahrzeug, in dem ein zerquetschter Körper saß. »Hier! Das bist du!«

Viele Verstorbene merken nicht, dass sie tot sind, einfach weil sie noch sehen, denken und sprechen können… Der oben beschriebene Fall zeigt einen weiteren wesentlichen Ablauf in der Natur der Seele. Wie kann es sein, dass nach einem solchen Zusammenstoß der Fahrer nicht merkt, dass er tot ist? Er muss einen Schock und enorme Schmerzen erlitten haben! Doch in einem solchen Fall sind wir geschützt: Das Bewusstsein und die Seele verlassen den Körper vorzeitig, um sich die Schmerzen des Zusammenpralls zu ersparen. Das ist beruhigend! Dasselbe soll auch bei gejagten Tieren der Fall sein.

Woran merkt man also, dass man »tot«, also ohne physischen Körper unterwegs ist?

- Wir sehen unseren eigenen Körper, der offensichtlich leblos ist.
- Die Liebsten reagieren nicht mehr auf unsere Äußerungen und unsere Anwesenheit, wie sie es früher getan haben. Im Gegenteil, wir sind Luft für sie.

Was für die Verstorbenen verwirrend sein kann: Träumt ein Hinterbliebener vom Verstorbenen, wird er während des Traums ganz normal auf die Verstorbenen reagieren. Da sich der Hinterbliebene während des Träumens naturgemäß ebenfalls in der Astralwelt aufhalten kann, wird es möglich, mit dem Verstorbenen einen normalen, alltäglichen Kontakt zu pflegen wie zu Lebzeiten. So kann es also durchwegs sein, dass der Verstorbene nachts mit seinen Liebsten wie üblich kommunizieren kann, während dieselben Menschen tagsüber keine Notiz von ihm nehmen, da sie ihn nicht wahrnehmen können.

Selbst wenn man den Tod aus Krankheits- oder Altersgründen deutlich vor Augen hat, kann er einen überraschen und den Übergang nicht wahrnehmen lassen. Dazu ein weiterer Fall. Er beinhaltet wesentliche Elemente, die wohl einen Großteil der Menschen betrifft; selbst solche, die sich schon mit Geistigem auseinandergesetzt haben.

Wenn sich eine Seele aufteilt, Teil 1

Anna wohnte im Altenheim. Während ihres Lebens hatte sie sich viel mit verlorenen Seelen beschäftigt, gependelt und sich mit der geistigen Welt befasst. Nun stand sie selbst an der Schwelle in eine neue Phase. Allen war klar, dass sie bald sterben würde, auch ihr selbst. Wie gewohnt, ging sie eines Morgens frühstücken, fühlte sich dabei unwohl und wurde auf ihr Zimmer zurückbegleitet. Dort verstarb sie kurz darauf, offenbar ohne es zu merken.

Ihre Schwiegertochter Lena besuchte sie später in der Aufbahrungshalle. Dies hatte sie schon bei der Schwester der Schwiegermutter getan, die ein Jahr zuvor gestorben war. Von dieser Schwester erzählte sie: »In der Halle fühlte ich mit unwohl, die Angst packte mich. Ich holte Weihwasser, bespritzte mich selbst und ihren Körper damit, was die Angst auflöste. Bei der Schwiegermutter war es dasselbe Gefühl. Ich hatte als Krankenschwester schon viele Tote gesehen und mich dabei wohlgefühlt. Nur bei diesen beiden Frauen war es so beklemmend…«

Um Klarheit zu erhalten, was damals geschah, begab sich Lena auf eine geistige Reise. Sie erblickte dabei die verstorbene Anna. Von dieser erfuhr sie dabei zusammengefasst folgendes:

> **Anna:** Ich fühlte mich unwohl und dachte, es ginge vorüber. Ich wurde vom Tod überrascht, er kam schnell. (…) Ich dachte, ich bräuchte keine Vorbereitung auf den Tod, weil ich mich damit auseinandergesetzt hatte. Ich dachte, ich schaffe diesen Übergang leicht. Doch ich hätte mich jemandem anvertrauen sollen, mit jemandem über meinen eigenen Tod sprechen sollen. (…) Es dauerte lange, bis ich merkte, dass ich tot bin…

Wodurch hatte sie schließlich erkannt, dass sie in die geistige Welt übergegangen war? Anna erzählt es gleich selbst:

> Ich merkte, dass ich nicht mehr in meinem Körper war. Dies geschah, als ich mich über meinem Körper befand und meinen Körper im Bett liegen sah…

Lena erfuhr von ihrer Schwiegermutter, dass sie sich lange Zeit in der Nähe ihres Körpers aufgehalten hatte, dicht neben ihm sitzend oder auf oder neben ihm liegend. Angenehme Energien und Seelen hielten sich um Anna herum auf, zum Beispiel ihre vor einem Jahr verstorbene Schwester. Sie wollten Anna beim Übergang unterstützen, damit sie sich vom Körper und dieser Welt lösen konnte. Anna hätte ihre Hilfe annehmen können, was jedoch lange dauerte. Denn Anna bekam Panik:

> Als ich merkte, dass ich tot war, kriegte ich Panik. Reflexartig rief ich meine Mutter.

Dies war der Moment, als Lena in der Aufbahrungshalle die angstvolle Beklemmung spürte. Während der geistigen Reise spürte Lena: »Es ist ein Gefühl, wie wenn sich etwas an meine Schulter klammerte. Ich will es loswerden! Etwas will mit mir ins (physische) Leben zurückkehren. Es ist ein Seelenanteil von Anna. Ich spüre ihre Seele wie eine Energiekugel. Von dieser splitterte sich ein Teil ab und kam zu mir.« Aus ihrer Reise:

> **Patricia (P):** Was geschah in Anna, dass sich ihre Seele zersplitterte?
>
> Lena (L): Verwirrung.
>
> P: Kannst du erkennen, in wie viele Teile sie sich splitterte?
>
> L: In drei Teile. (…)
>
> P: Frag doch mal, ob ihr Seelenanteil heute noch immer bei dir ist oder ob du ihn schon los bist?
>
> L: Er ist nicht mehr bei mir.
>
> P: Frag die Tiefenimagination, wann und wohin er wegging?

L: Bei der letzten geistigen Reise, als ich ihre zerstückelten Seelenanteile zusammenführen musste. Sie waren wie Funken, die ich zusammenführen musste. Da hab ich ihn zurückgegeben.

P: Frag die Tiefenimagination, welche Konsequenzen es für eine Seele hat, wenn die Teile irgendwo zerstreut sind.

L: Die Seele kommt nie an, im Licht. ... Sie wartet [in der Astralwelt].

Verwirrung und daraus entstehende Angst kann also ein Grund sein, weshalb sich ein Seelenteil erneut dem Leben auf der Erde zuwenden will und sich »abseilt«.

Wir sehen, dass das Thema der *Ganzheit* auftaucht. Einer Seele, der Teile fehlen, – die also nicht *ganz* ist – , ist es noch nicht möglich, ins Licht zu gehen. Mehr über die Ganzwerdung und die Zersplitterung der Seele nach dem Tod erfahren Sie später. Bleiben wir vorerst bei Anna und ihrer Schwiegertochter Lena.

Die Rolle des freien Willens

Betrachten wir die Fortsetzung von Annas Leben kurz nach ihrem Tod. Ich verstand damals noch nicht, weshalb die geistigen Helfer die Seele nicht erfolgreicher unterstützten, und fragte Lena, die noch immer tief in ihrer geistigen Reise versunken war, deshalb:

P: Wenn jemand stirbt befinden sich viele unterstützende Energien um sie herum. Warum helfen diese nicht, so dass die Teile zusammenbleiben können? Frag doch mal die Tiefenimagination, was sie darüber weiß.

L: Der Verstorbene muss sich entscheiden, welchen Weg er gehen will: ins Licht, was heißt, sich von der Erde zu lösen, oder auf der Erde bleiben.

P: Es ist oft eine Frage der Zeit, bis der Verstorbene bereit ist, ins Licht zu gehen. Warum kommen die abgespalteten Seelenteile, die an den Diesseitigen haften, nicht automatisch zur Stammseele zurück?

L: Sie finden den Weg nicht mehr...

Was lehrt uns diese kurze Sequenz?

Betrachten wir zuerst das Thema des freien Willens. Der Mensch hat einen freien Willen, um selbst zu entscheiden. Doch oft sind es viel mehr Verhaltensmuster und Ängste, die uns regieren. Dass der Wille einer Person und der Wille ihrer Seele nicht zwingend dasselbe sind, haben wir bereits bei meiner Nahtoderfahrung deutlich gesehen. Damals wollte *ich* aus unbewussten Gefühlsgründen fliehen, meine Seele jedoch wollte auf der Erde bleiben. Wütende Raben – Boten und Hüter meiner Seele – attackierten meinen Kopf und meinen Entschluss. Dass der Wille der beiden Selbste nicht deckungsgleich ist, treffen wir immer wieder an. Durch geduldige, unaufhörliche innere Arbeit gelingt es uns mehr und mehr, unsere Gefühle und unser Denken mit dem Willen der essentiellen Seele, des höheren Selbst, zu vereinen.

Wie frei der »freie Wille« ist, werden Sie im Kapitel »Größere Zusammenhänge« erfahren (ab Seite 190), und Sie werden sich möglicherweise genauso wundern wie ich damals.

Die Sequenz aus Annas Fall zeigt uns noch etwas anderes Bedeutsames auf. Es ist das Thema der Seelenzersplitterung, so dass sich Einzelteile an die Hinterbliebenen haften können und den Weg zur Stammseele nicht mehr finden. Ohne vollständig zu sein, kann eine Seele jedoch nicht ins Licht entrücken. Das ist tragisch. Doch auch für diese Situation gibt es Lösungen und Hilfe. Eine Hinterbliebene – oder eine außenstehende Person – kann diese Seelenteile durch eine geistige Reise wieder richtig plazieren, genauso wie es bei Anna geschehen war.

Die Rolle der Hinterbliebenen

Widmen wir uns der Rolle der Hinterbliebenen. Die innere Haltung und die Gefühle der Hinterbliebenen können das Weiterleben einer Seele stark beeinflussen. So stark, dass sie, im negativen Fall, das Weiterleben der verstorbenen Seele an die Erde binden können. Der optimale Verlauf wäre, dass eine Seele je nach ihrem Bewusstseinsgrad schon nach ein paar Tagen, Wochen oder Monaten die astrale Sphäre der Erde verlässt, um in leichtere und weit angenehmere

Gefilde zu gelangen. Gibt es bei den Hinterbliebenen zu viel Trauer und Widerstand gegenüber der Tatsache des Todes, kann das eine Seele bedeutend länger in der astralen Zone der Erde zurückhalten, als dies für sie und ihren eigenen Heilungsprozess gut ist.

Trauer über den Verlust eines geliebten Menschen schadet dem Verstorbenen nicht, außer sie dauert zu lange. Was dann geschieht, sehen wir eindrücklich in den folgenden Kapiteln. Die Nicht-Akzeptanz eines Todes durch die Hinterbliebenen ist für eine scheidende Seele weit schwieriger; sie bedeutet, nicht gehen zu können. Die Seele findet ihren Weg in die geistige Welt nicht mehr, da die Emotionen der Hinterbliebenen sie zurückziehen, wo sie doch weitergehen sollte. In dieser Zeit kann es eine Seele regelrecht ins Irdische zurückholen oder sie gar zerreißen, wie wir in einem weiteren Beispiel noch eindrücklich sehen werden.

Im Fall von Anna und Lena haben wir noch eine weitere Bedeutung der Hinterbliebenen entdeckt: Für die Seele des Verstorbenen können die Hinterbliebenen eine Brücke sein, um im physischen Leben hängenzubleiben. Für die Angehörigen ist es wichtig, sich vor einer solchen Besetzung zu schützen. Eine Besetzung muss übrigens nicht immer unangenehm und mit Angst verbunden sein, wie bei Lena. Sie kann für den Hinterbliebenen auch stärkend wirken. Doch gut ist sie für keine der beiden Betroffenen, weder für die Seele noch für den Hinterbliebenen.

Kommen wir nochmals zu Anna und Lenas Geschichte zurück. Sie bietet uns weitere wesentliche Informationen. Mich interessierte grundsätzlich die Frage, wie sich eine Seele selbst helfen kann, wenn sie nur das entsprechende Wissen dazu hätte. Deshalb meine Frage an Lenas Tiefenimagination:

P: Was könnte die Seele selbst tun, damit ihre abgespaltenen Teile zu ihr zurückfinden?

L: Sie könnte noch zu Lebzeiten darum bitten, *ganz* zu bleiben. Und sie könnte Hinterbliebene darum bitten, sie nach dem Tod zu unterstützen. Wie es zum Beispiel die Katholiken tun, nach dreißig Tagen, wenn man nochmals für die Seele betet. Auch das kann helfen. Ich höre: Wir tun uns schwer, loszulassen und uns zu übergeben. Dazu müssten wir mehr vertrauen.

P: Und die Seele selbst, nach ihrem Tod? Sie hat doch geistige Helfer zur Verfügung...

L: Sie müsste auf deren Hilfe vertrauen.

L: Wichtig ist, sich ganz bewusst zu schützen, etwa mit Ritualen. Sich bewusst sein, dass eine Besetzung geschehen kann. Mit Weihrauch, Salbei. Im Raum verteilen, sich selbst räuchern, reinigen. Damit es aus dem System hinausgeht. Mit Weihrauch, wie eine Dusche, und das Gefühl abfließen lassen. Oder durch Gebete. Ich sehe Menschen, die um den Toten herumlaufen, und dabei laut und bewusst sagen, er solle ins Licht gehen und sich von der Welt lösen.

Was lehrt uns Annas ganzer Fall?

- Den liegenden Körper zu sehen, hilft zu merken, dass wir tot sind. Es ist für den Verstorbenen wichtig, mit seinem leblosen Körper konfrontiert zu werden. Das heißt, den Körper nicht zu schnell zu beerdigen oder verbrennen zu lassen. So kann der Verstorbene seinen Körper selbst entdecken, oder zum Beispiel auch durch ein Abschiedsritual und bei der Beerdigung von den Hinterbliebenen ausdrücklich auf den Körper hingewiesen werden, so dass die Seele Zeit hat zu merken, dass man von ihr als Tote spricht. Die Verstorbenen sind bei ihrer eigenen Trauerrede, Beerdigung und beim Abschiedsritual oft dabei!
- Nicht immer geschieht diese Konfrontation mit dem Körper automatisch, wie wir in der Anekdote des Hellsichtigen gesehen hatten. Die Körper von Verschollenen zu finden, ist also nicht nur für die Hinterbliebenen entlastend, sondern kann auch für die Verstorbenen selbst von entscheidender Bedeutung sein. Ohne zu realisieren, dass man tot ist, geht man nicht in die geistige Welt, sondern bleibt als Geist auf der Erde.
- Angst vor dem Tod kann auch *nach* dem eigenen Tod noch auftreten. Sich allgemein mit dem Thema der geistigen Welt beschäftigt zu haben, muss nicht unbedingt ausreichen, den eigenen Tod gut

zu erleben. Es ist wesentlich, sich vorher mit dem eigenen Tod befasst zu haben, ganz konkret, wie zum Beispiel in Kapitel »Sich auf den eigenen Tod vorbereiten – eine Reiseanleitung« (Seite 208) und auch im Kapitel »Optimale Sterbevorbereitung« (Seite 220) und »Auf dem Sterbebett« (Seite 222) gezeigt wird.

- Durch starke Gefühle wie Panik kann auch nach dem Tod eine Seelenabsplitterung stattfinden. (Das Phänomen der Seelenabsplitterung kann durch Traumata, zu großen Ehrgeiz, lebensgefährliche Risikobereitschaft, Gewaltausbrüche und anderes auch im Diesseits geschehen.) Die abgespaltenen Teile können sich an Hinterbliebene heften, was bei diesen unangenehme Gefühle auslösen kann.
- Weihwasser und Düfte wie Weihrauch oder Salbei können verhindern, dass sich Teile lösen und sich an die Umgebenden anhaften; oder ganz einfach die innere Klarheit, dass man keine Besetzung will.
- Die abgetrennten Seelenanteile kommen nicht automatisch zur Stammseele zurück, da sie manchmal den Weg zu ihr nicht mehr finden. Es hilft, wenn die Seele selbst oder die Hinterbliebenen darum bitten, dass die Seele sich als Ganzes dem Licht zuwenden darf.
- Eine Seele muss *ganz* sein, damit sie in der Dimension des Lichts aufsteigen kann.

Wenn sich eine Seele aufteilt und das Schicksal der Besetzten, Teil 2

Seelenzersplitterung muss nicht ausschließlich durch Panik geschehen, sie kann sich auch aus Fürsorge heraus ereignen. Andocken kann sich eine Seele an Hinterbliebene jeden Alters. Diese herzensgute Absicht hat leider verheerende gesundheitliche und seelische Folgen für den Hinterbliebenen, die so lange andauern, bis sich der fremde Seelenanteil wieder löst.

Machen wir einen kleinen Schwenker, der eindrücklich die fatalen Auswirkungen einer Besetzung zeigt. Dazu ein kurzer Fall. Er handelt von einer Großmutter, die sich aus Sorge um ihre kleine Enkelin aufteilte. Diese wäre schutzlos in einer Alkoholikerfamilie zurückgeblieben. Die Enkelin, nennen wir sie Alina, vierundzwanzig Jahre alt, litt seit ihrer Kindheit unter massiven chronischen Darmproblemen. Als Kind war sie seit Omas Tod oft krank. Sie litt täglich unter schwerer Übelkeit. Auch während der Schulzeit. Sie musste deswegen sogar eine Klasse im Gymnasium wiederholen. Therapien und Operationen brachten nichts. Ihr Leben bestand vorwiegend aus Toilettenbesuchen – um zu erbrechen und wegen des Durchfalls.

Als die Patientin mich in der Praxis aufsuchte, berichtete sie beiläufig vom Gefühl, irgendetwas sei in ihr, das nicht zu ihr gehöre. Während ihrer Heilreise wurde sie innerlich in ihre Kindheit zurückversetzt und erlebte folgendes:

> (...) **Wir sind nun** im Krankenhaus. Ich bin wieder acht Jahre alt. Es ist der Tag, an dem Oma starb. Meine Mutter und mein Bruder sind auch am Krankenbett. Ich sehe, wie Omas Seele ihren Körper verlässt. Ein kleiner Teil davon aber fließt in meinen Körper hinein.

Alina erfuhr, was die Besetzung von Oma in ihr seelisch bewirkte; sie wurde innerlich eingeschlossen und dadurch sehr einsam, ängstlich und orientierungslos.

> Ich bin nun plötzlich allein im Zimmer des Krankenhauses. Mein Bruder und meine Mutter sind nicht mehr da. Der Raum hat keine Tür. Ich fühle mich sehr einsam. Ich schlüpfe unter die Decke und weine.
>
> Nun bin ich in einem dunklen Wald. Ich bin acht oder neun Jahre alt. Ich laufe umher, aber ich weiß nicht, wohin ich eigentlich gehen will. Nun stehe ich vor einem Abgrund. Ich lasse mich einfach hineinfallen.

Und dann zeigte ihr ein Krafttier – Botschafter ihrer Seele – drei Möglichkeiten für ihr künftiges Leben:

> Ich bin wieder vierundzwanzig. Ein Hirsch ist da. Er zeigt mir drei Wege: einer geht zum Wasser, einer zum dunklen Wald, einer zur

Sonne. Ich wähle den Weg zur Sonne. Es ist alles so hell! Ich halte mich an seinem Geweih fest, da ich wegen der Helligkeit nichts mehr sehen kann.

Nun stehen wir beide wieder an dem Abgrund. Diesmal springe ich nicht, sondern schaue nach oben. Da erkenne ich wieder das Gesicht meiner Großmutter. Ich sitze auf dem Rücken des Hirschs. Wir reiten zu ihr nach oben. Ich sehe meine Oma, umarme sie. Sie weint. Der Teil ihrer Seele, der bei mir ist, geht zu ihr zurück. Sie küsst mich auf die Stirn. – Jetzt ist sie weg. (...)

Nach dieser Reise ging es Alina deutlich besser. Was ist in ihr geschehen?

Durch die teilweise Besetzung der Großmutter vereinsamte Alina innerlich. Der Seelenanteil der Großmutter konnte dank des Hirschs zur Oma zurückkehren. Beide sind dadurch wieder *vollständiger* geworden.

Die Großmutter unterlag einer Täuschung. Sie hätte ihre Enkelin auch ohne sie zu besetzen, beschützen können – indem sie als *ganze* Seele Alina begleitet hätte. Dazu hätte sie sich zuerst für sich selbst entscheiden sollen, das heißt, sich ihre Ruhe und Zeit für sich selbst nehmen, um dann für andere da zu sein.

Den Tod akzeptieren und loslassen – beidseitig!

Die Menschen tun sich schwer damit, loszulassen.
Sie sollten mehr vertrauen
Bemerkung aus der Tiefenimagination

Verlassen wir das Thema der Seelenteilung und beschäftigen wir uns mit der Akzeptanz der neuen Situation kurz nach dem Tod und dem Loslassen. Loslassen ist ein gegenseitiger Prozess und geschieht vielschichtig. Das energetische »Band« zwischen den Verstorbenen und den Hinterbliebenen erhält mehr »Spannweite«, sobald die Hinterbliebenen zu mehr Akzeptanz finden. Oft ist es den Hinterbliebenen nicht bewusst, wie sehr sie noch immer am Verstorbenen festhalten. Gelingt dem Hinterbliebenen die Versöhnung mit seinem Schicksal und erlangt er inneren Frieden, können die Verstorbenen ganze Quantensprünge tun, wie wir in späteren Fällen noch sehen werden. Beide Seiten können enorm voneinander abhängig sein, wenn zum Beispiel das Mit- oder Verantwortungsgefühl des *Verstorbenen*(!) seinen Weggang nicht zulässt. Doch wir brauchen uns nicht zu stressen. Wir dürfen traurig sein. Trauer zu verdrängen, hilft den Verstorbenen nicht weiter. Sie können uns dann in unserem Schmerz nicht mehr erreichen, nicht mehr trösten, weil wir uns verschlossen haben. Wir dürfen traurig sein, doch wir sollten die Verstorbenen loslassen und den Tod akzeptieren.

Betrachten wir die Seite der scheidenden Seele. Ich zitiere die Worte einer Frau, die geistig zu ihrem eigenen Tod gereist war – als fände er jetzt statt – und dabei ihren eigenen Abschied erlebt hatte. Ihr Fazit:

> **Das ist das** große Geschenk, das ich aus meiner eigenen geistigen Reise mitnehme, dass ich den Ablösungsprozess als verabschiedende Seele in aller Ruhe machen darf. Dass es für mich kein zeitlicher Stress sein muss. Ich durfte zusammen mit meiner Führung (einem Adler) immer wieder über meinen Liebsten kreisen, mal nahe, mal fern, bloß landen durfte ich nicht mehr.

Ich beschreibe Ihnen einen eindrücklichen Fall einer Seele, die gerade dabei ist, ihren Körper zu verlassen. Wir sehen dabei nochmals den Konflikt, in den eine Seele geraten kann, wenn es gilt, Abschied zu nehmen. Das folgende Beispiel entstand im Rahmen meiner *Schule für angewandte Imagination*. Die Schülerinnen reisten zur Übung geistig zu ihrem eigenen Tod, als wenn er jetzt wäre.

> **Ich bin in** einem Zimmer, es ist winzig klein. Ein Bett steht darin. Ich bin sehr traurig. Das Zimmer ist voll mit Leuten, die ich liebe; auch solche, denen ich einfach einmal begegnet bin. Tiere sind ebenfalls hier. Gewisse Gesichter erkenne ich klar. Sie winken mir zu. Sie sagen: »Es ist gut!«
>
> In der Gruppe ist auch eine bestimmte Person. Mit ihr habe ich meine Aufgabe noch nicht erfüllt. Sie tritt nun ein wenig nach vorne. Ich spüre einen Druck auf dem Herzen. Die Ungewissheit,

wen ich hier antreffe und wen nicht, macht mir zu schaffen. Es quält mich ein wenig: Habe ich meine Aufgaben erfüllt? Wenn ich mich auf den Vogel konzentriere, spüre ich, dass es nicht wichtig ist, und ich sehe, dass die Menschen fröhlich sind. Ein schwarzer Vogel ist da, er ist mein Begleiter. Er sagt: »Es muss nicht alles erfüllt sein!«

Ich bin tief traurig... Ich möchte die Menschen, die ich liebe, *beschützen*! Wenn ich gehe, weiß ich nicht, ob ich das nachher noch kann! Der Vogel sagt: »Diese Menschen gehen ihren eigenen Weg!« Ich verlasse nun meinen Körper. Das ist nicht schwierig. Ich sehe ihn nochmals und gehe auf ihn zu. Eine enorme Dankbarkeit überkommt mich für diesen Körper, der mir ein Leben lang zur Verfügung stand und mich wunderbar begleitet hatte. Ich bin äußerst dankbar und gerührt! Ich gehe im Zeitlupentempo immer weiter weg. Den Körper zu verlassen, war nicht schwierig. Schwieriger ist es, die *Leute* loszulassen. Ich habe noch immer solche Angst, ich könnte sie vergessen... Ich bin nun schon weit weg. Ich möchte zu meinen Kindern ein Band spannen! Ich spanne zu allen Familienmitgliedern ein Band, wie ein Spinnfaden. Das gibt mir ein Gefühl der Sicherheit.

Ich sitze rückwärts auf dem Raben und schaue zurück zu einem Fenster. Der Vogel fliegt weg. Er hat einen dicken Spinnfaden hinter sich, der mich mit den Menschen und meinen Kindern verbindet. Das ist speziell! Ich sehe, dass die Leute noch immer im Zimmer stehen. Doch durch das Band können sie sich nicht frei bewegen, und ich kann nicht weiterfliegen. Das Band schränkt alle ein. Ich spüre oder weiß, dass ich dieses Band loslassen muss. Das macht mich sehr traurig!

Nun sehe ich meinen Mann. Er hat die Kinder im Arm. Unser Hund sitzt neben ihm... Ich möchte das Band loslassen, weiß aber nicht, wie. Ich frage den Vogel um Rat. Ich erfahre, dass wir (sowieso) durch Energie miteinander verbunden sind. Ich sehe, was er meint: Farbige Blitze sausen hin und her.

Meine Liebsten verblassen nun leicht und lösen sich auf. In mir kommt Angst auf, ich könnte sie vergessen. Das macht mich wieder unendlich traurig!!

Oh, nun kommt unglaubliche Ruhe auf! ... Doch die Angst, meine Familie zu vergessen, ist noch immer da. Ich höre nochmals den Vogel, wie er sagt, dass nichts vergessen wird. Ich kann das nicht wirklich erfassen.

Nun bin ich im Nebel, im Nichts. Es herrscht noch immer angenehme Ruhe. Ich merke/spüre/weiß: Es ist *meine* Entscheidung, wie lange ich noch hier bei meinen Leuten bleiben will. Ich kann mir so viel Zeit lassen, wie ich will. Ich habe noch immer solche Angst, ich könnte sie vergessen...

Nun geschieht eine Veränderung.... Alles verliert an Bedeutung... Ruhe herrscht.... Eine Art Leere... Ich befinde mich noch immer auf dem schwarzen Vogel. Die Leere ist nicht wirklich leer. Es ist ein bisschen wie im Weltall zu treiben... Ich hatte mir »ins Licht gehen« anders vorgestellt! ... Ich fühle große Dankbarkeit.

Wir haben oben gesehen, dass die Hinterbliebenen unfrei werden, wenn die scheidende Seele sie nicht loslassen kann. Betrachten wir nun die umgekehrte Seite: Was geschieht mit einer Seele, wenn die Hinterbliebenen sehr trauern und sie nicht loslassen können?

Wir haben bereits die Phase der Verwirrung und Orientierungslosigkeit kennengelernt. Wird eine Seele nicht losgelassen, wird ihre Verwirrung noch größer; sie kann den Weg nicht schnell finden. Sie braucht viel mehr Zeit. Dazu ein Ausschnitt aus einer geistigen Reise von Regula:

Solche Seelen müssen kämpfen. Ich sehe eine Schwelle, sie ist sehr hoch. Hilflosigkeit kommt hoch. Es ist, wie gegen eine Mauer zu rennen. Es geht nicht weiter, weil die Schwelle so hoch ist. Riesige Verwirrung entsteht, ein Chaos. Die Seele leidet, da es nicht weitergeht. Ich höre die Wörter »Zorn, Wut« – auf die hinterbliebenen Menschen. Ich fühle bei den Seelen eine große Sehnsucht, weitergehen zu können, ihr Leben zu ordnen, doch sie können nicht.

P: Wie könnte sich eine solche Seele selber helfen?

R: Das Wort *Demut* kommt. Demütig werden und das annehmen, was ist. Ich sehe Seelen vor der Schwelle, sie erkennen, dass sie zu der Sorte gehören, für die der Übergang schwierig ist.

Diese Tatsache zu akzeptieren, macht, dass die Schwelle niedriger wird.

Ich sehe nun Seelen, die die Zeit hatten, dass sich ihre Verwirrung legen konnte und die Schwelle sich gesenkt hatte. Nun freuen sie sich enorm. Wenn die Zeit da ist, geht es von allein.

Ich sehe Seelen vor der Schwelle. Sie bitten die Hinterbliebenen innig, sie gehen zu lassen. Sie können sonst nicht gehen. Sobald die Hinterbliebenen »Ja« sagen, zieht es die Seelen hinüber, es stößt sie geradezu über die Schwelle.

Hinterbliebene und Verstorbene sind miteinander verkuppelt. Die Hinterbliebenen sollten sagen: »Du darfst gehen!« – Sonst gibt es ein riesiges Durcheinander!

Es herrschte vollkommene Übereinstimmung aller geistig Gereisten: Loslassen heißt, den Tod zu akzeptieren – auch wenn man den Zeitpunkt nicht versteht.

Der Zustand der Trauer ist für die scheidende Seele weniger schlimm, aber auch schlimm. Sie löst aus, nochmals eine Runde zu machen, etwas länger in Erdnähe zu bleiben. Positiv an eine Seele zu denken, bewirkt bei ihr Leichtigkeit, Helligkeit, Freude und Dankbarkeit. Dankbarkeit, dass die Seele hier gelebt hatte, segnet ihren Weg. An dieser Stelle eine Bemerkung für die Hinterbliebenen, die mit den Verstorbenen sprechen.

Wenn man normal weiterhin mit den Seelen kommuniziert und die Anliegen direkt äußert, hat das eine andere Qualität für die Seele, als wenn man klagt und jammert.

Wenn die Leute klagen und weinen oder negativ über sie denken, dann ergibt das einen Zwiespalt in der Seele. Die Hinterbliebenen klammern an ihr und treiben sie doch weg. Das ist, wie mit einer Fliegenklappe hinter ihr herzurennen. Durch den Unfrieden findet sie den Wegweiser nicht mehr...

Man sollte die Seele einbeziehen, für sie beten und ihr erlauben, zu gehen. Dadurch hat sie mehr Ruhe und kann noch das tun, was wie will.

Loslassen heißt nicht, jemanden für immer zu verlieren. Loslassen heißt, ihn von einem Schattenplatz an einen Sonnenplatz hinüberwechseln zu lassen. Auch von da aus kann er uns nahe sein und uns besuchen, wenn wir Hilfe brauchen. Den Platz wechseln aber kann er nur, wenn wir ihn gehen lassen.

Was hilft, Verstorbene loszulassen, finden Sie im Kapitel »Heilung für die Hinterbliebenen« (Seite 242).

Innere und äußere Hilfe zulassen

Für jede Seele ist nach dem Tod geistige Hilfe da. Jeder Mensch hat innerhalb seiner Seele geistige Führung – die Tiefenimagination und das höhere Selbst, die sich uns in verschiedenen Formen zeigen kann: als Licht-, Tier-, Engel- oder anderes Geistwesen. Da wir die Tiefenimagination wie auch unser höheres Selbst auch nach dem Tod »mit dabei haben«, steht uns logischerweise auch diese Möglichkeit von Hilfe zur Verfügung. Somit haben wir nach dem Tod sowohl innere wie auch äußere Helfer. Genau wie auf Erden. Mehr über die inneren Helfer erfahren Sie in meinem ersten Sachbuch *Frage dein Krafttier – weise Helfer für Körper und Seele.*

Vielleicht befremdet es Sie, dass nicht nur Engelwesen oder verstorbene Verwandte Sie führen, schützen und begleiten, sondern auch geistige Tiere. Vielleicht fühlen Sie sich hierarchisch den Tieren überlegen, vielleicht fühlen Sie sich ohne Beziehung zu ihnen, oder Sie denken, wie kann es sein, dass Tiere mich führen können. Ich verrate Ihnen zwei »Geheimnisse«:

Geistige Helfer können sich uns in irgendeiner Gestalt zeigen, auch in Form von Tieren. Ich erlebte einmal auf einer geistigen Reise, wie ich Jesus sah (mein inneres Bild von Jesus). Er begrüßte mich und verwandelte sich vor meinen Augen in eine weiße Eule. Da wusste ich: »Oha…!!!« Auch verstorbene Ahnen zeigen sich uns gerne in Gestalt von Tieren oder Blumen. Mehr darüber im Kapitel »Wie sich Verstorbene uns zeigen« (Seite 258).

Um das zweite Geheimnis zu lüften, werfen wir einen Blick auf Marcs geistige Reise zum Leben nach dem Tod. Nachdem ihm innerlich viel Unbewusstes aus seinem Leben bewusstgemacht worden war, erlebte er eine Phase der Entpersönlichung. Er sagte:

> **Es wird immer** unpersönlicher... Ich löse mich immer mehr auf. ... Nun wird es ganz schön... Nun sehe ich deutlich, dass der Adler, das Pferd, der Tiger... dass diese Tiere, denen ich eben begegnet bin, alle *ich* selbst bin. ... Es unterscheidet sich nichts mehr...

Das, was uns vor und nach dem Tod führt, können weise Anteile von uns selbst sein; Anteile, die viel über das Leben wissen, die viel Erfahrung haben, mehr Erfahrung jedenfalls, als das kleine Ich, das meistens das Leben bestimmt. Diese Anteile, die sich uns in Tierform zeigen können und uns führen, stammen aus einem unsagbar weiterentwickelten Bewusstsein als unser Denken.

Insofern führen wir uns selbst, vor und nach dem Tod. Wir sind in der Tat nie allein. Näher als die Krafttiere können wir uns vermutlich nicht sein! Und vermutlich kennt niemand unseren Weg und die richtigen Lösungen für uns besser als diese Tiere. Denn jede Seele ist ein Tropfen aus dem göttlichen Teich. Jede Seele *beinhaltet* Gott, auch wenn uns das kaum bewusst ist... Darüber mehr in späteren Kapiteln.

Die äußeren Führer

Wenden wir uns den *äußeren* Führern zu. Wenn Sie die kommenden Fälle aus dem nächsten großen Kapitel »Einblicke in das Weiterleben und Hilfestellungen« (Seite 70) studieren, werden Sie merken, dass sich die äußeren geistigen Helfer und Führer längst nicht immer zeigen. Ich habe mich gefragt, woran das liegt, und bin zu folgendem einfachen Schluss gekommen:

Entscheidend sind die Wahrnehmung und der Grad an Bewusstsein. Stirbt ein Mensch mit der klaren Vorstellung, nach dem Tod sei alles fertig, wird er auch keine geistige Hilfe erwarten. Er wird überhaupt nichts erwarten. Er wird überrascht und ziellos sein; dies vermutlich für eine sehr lange Weile. Geistige Helfer werden es schwer haben, ihn direkt zu führen, da er ihre Hilfe nicht beansprucht, sich für sie nicht öffnet und sie nicht zulässt. Dennoch wird auch für diese Seele Hilfe da sein.

Seelen, die um geistige Hilfe wissen und sie beanspruchen wollen, die aber noch verwirrt und noch nicht gewohnt sind, die energetisch feine und durchscheinende Helfergestalt zu sehen, werden sie schlichtweg noch nicht wahrnehmen können. Sie werden dafür Zeit benötigen. Um diese zu überbrücken, kann sich die Seele dem geistigen Horchen öffnen und versuchen, die geistige Hilfe zu hören. Es gilt die Regel: den ersten Impuls, den man innerlich erhält, ernst zu nehmen. Wenn man die Botschaft nicht versteht, nachfragen. Es ist nichts anderes, als auf die innere Stimme zu lauschen und sie ernst zu nehmen.

Seelen, die etwas reifer und routiniert sind, werden – so meine Erfahrung – (vorerst) kaum »fremde« Hilfe antreffen. Sie werden nach innen orientiert sein; sie kennen den Prozess des Sterbens längst, lassen sich vom Lebensfluss ohne Widerstand leiten und gehorchen dem höheren Wissen ihrer eigenen Seele.

Engel, geistige Führer, verstorbene Verwandte, Krafttiere… Sich für sie zu öffnen und ihre Hilfe anzunehmen, gilt für das Diesseits wie für das Jenseits. *Sie* sind da, wenn wir sie brauchen – selbst dann, wenn wir glauben, alleine zu sein.

Dazu noch ein letzter Satz: Für alle Menschen, die gewohnt sind, ihr Leben autonom zu führen, ein wichtiger Hinweis: Wir können nach dem Tod auch leben, ohne geistige Führung zu beanspruchen. Doch zusammen mit ihr wird das Leben weit schneller angenehm, da wir zielgerichtet und ohne Verirrungen und Umwege die astrale Zone der Erde verlassen und die leichteren Gefilde der höheren Dimensionen betreten können.

Prozess der Erleichterung

Der Prozess des Sterbens ist individuell, und doch, so zeigen die verschiedenen Fälle, gibt es immer wieder Elemente, die sich decken. Eines davon ist die emotionale Erleichterung – ein Prozess des energetischen Leichterwerdens. Dieser Prozess findet nur statt, wenn die Seele frei und ungehindert ihren Weg in die geistige Welt gehen will und kann. Die Zeit dieser ersten Erleichterung dauert einige kurze Momente bis zu mehreren Jahrzehnten, wie wir später noch sehen werden. In dieser Phase wird irdischer Ballast – Handlungen, Entscheidungen, Unsicherheiten, Disharmonie – ausgeglichen oder buchstäblich abgewaschen.

Es folgt ein Ausschnitt aus einer geistigen Reise kurz nach dem Durchlaufen des Tunnels, den wir schon aus meiner Nahtoderfahrung kennen.

Eine Gestalt taucht auf. Sie fordert mich auf: »Folge mir, wenn du kannst, ins Licht. Da wirst du gereinigt und kannst sozusagen frisch geduscht in unser Lager.«

Die Gestalt ist weiter weggegangen, und ich muss mich beeilen, wenn ich sie noch einholen will. Dadurch, dass sie sich von mir entfernt hat, merke ich erst, welche enorme Dimensionen dieser Tunnel besitzt. Er ist riesig groß. Der Mensch darin ist ein winzig kleines Menschlein, was mir bislang noch nie aufgefallen war. Ich staune über meine kleine Person im Meer verschiedener heller Lichtqualitäten.

»Nicht so schnell«, rufe ich der Gestalt zu, »ich muss dir folgen können!« Je näher ich der davoneilenden Gestalt komme, um so heller wird es, strahlender. Eine enorme Öffnung von Licht erwartet mich, dass ich mich nur überwältigt und verblüfft nach Halt umsehe, um ja die Gestalt nicht zu verlieren.

»Wo bist du?« frage ich sie. »Ich kann dich nicht mehr sehen!«

»Hinter dir«, höre ich und drehe mich um. Da sehe ich einen fröhlich lachenden Menschen! Wir fallen uns erleichtert in die Arme, noch immer von Herzen lachend. Ich spüre tatsächlich so was wie *Erleichterung* und wundere mich darüber. Worüber bin ich denn so erleichtert? Es fühlt sich an, als wäre ich erleichtert, dass alles gut ist, wo ich nicht ganz sicher war, ob es für den andern auch gut war. Nun merke ich, dass dieser »andere« von Herzen lacht und völlig offen ist für mich, was mein Herz erleichtert. Ah, bin ich *erleichtert*, fühle ich. Ich bin *so* erleichtert! Denn ich merke: *Alles ist gut!*

Ich löse mich aus der Umarmung und lasse die Zunge heraushängen, die Arme baumeln, den Rücken nach vorne beugen.

Fühlte ich mich vorher so belastet? Ich habe es nicht bemerkt! Ich dachte, mit mir und meiner Umgebung recht gut im reinen zu sein. Und nun das! Ich kann es nicht leugnen, aber ich bin *unglaublich erleichtert*!

»Ist das diese *Dusche*, von der du vorhin gesprochen hattest?« will ich die Gestalt fragen – doch wo ist sie? Ich kann sie nicht mehr sehen. Mir gefällt es hier in diesem Licht, und ich will eigentlich nicht fort von hier. »Du musst aber«, höre ich. »Hier ist nicht der Ort zum Bleiben, hier ist nur ein Übergang. Du kannst dir allerdings Zeit lassen und dich umsehen.«

Das Thema des Duschens und Badens zum Zweck der Erleichterung taucht in den geistigen Reisen in verschiedensten Varianten auf.

Es folgt ein Ausschnitt aus einem Fallbeispiel eines ehemals dementen 82jährigen Vaters. Seine Tochter Edith befragte die Tiefenimagination, was ihr Vater nach seinem Tod konkret erlebt hatte. Das folgende Beispiel hat nichts mehr direkt mit dem Zustand von Demenz oder Alzheimer zu tun, es ist ein allgemeiner Vorgang für eine Vielzahl von Seelen. Das Beispiel beinhaltet eine Szene einer Ganzwerdung und Regeneration. Sie findet in einem Bad statt.

Ich höre das Rauschen eines Bachs. Wasserdampf steigt auf. Ich sehe weiter weg viele Menschen. Sie baden draußen, wie in einem römischen Bad. Es ist am dritten Tag nach dem Tod meines Vaters. Es sieht fröhlich aus, spielerisch. Alle sind nackt. Sie haben einen Körper, doch der ist unwichtig. Es herrscht eine vergnügte Stimmung. Das Bad mündet in eine felsige Höhle, mit einem langen, dunklen, felsigen Gang, wie ein Tunnel. Vater geht dort durch, aber auch andere gehen dort durch. Im Bad ist es hell, im Tunnel wird es dunkel. Ich merke, dass die Seelen im Tunnel angstfreier sind. Die Emotionen bleiben im Wasser. Ich begreife, dass es darum geht, das physische Leben abzustreifen. Es sieht so aus, als ob man so lange im Bad bleibt, bis man nur noch Energiekörper ist. Es ist eine Art Wiedergeburt.

Dieser Tunnel ist klar ein Umwandlungskanal. Vom Ende des Kanals kommen runde Kreise zurück; sie kommen vorne nicht weiter, weil ihnen noch zu viel vom irdischen Leben anhaftet. Am Ende wird man eine gelbliche Kugel. Sie sind eine Mischung aus feinstofflich physisch und nicht-physisch. Ich merke, dass ihre Atmung anstrengender wird. Der Prozess, Lichtkugel zu werden, scheint nicht ganz einfach zu sein. Nun ist der fünfte Tag nach seinem Tod.

Patricia: Frag deinen Vater, was schwierig ist.

Vater: *Das* ist das eigentliche Sterben!

Edith: Ich sehe eine ganz lange Reihe von Seelen, die in diesem sehr langen Kanal sind. Es ist ein Kanal der Ungewissheit. Es erfordert einen klaren Entschluss, dort durchzugehen. Sobald ein Funken Unsicherheit entsteht, geht man wieder zurück.

Das ist der Ort, wo man sich von allen Anhaftungen reinwäscht. Dies betrifft alle Menschen, unabhängig von ihren Erkrankungen. Das kann mehrere Wochen dauern, sechs bis acht Wochen und mehr...

Nun ist Vater wieder auf dem Weg durch den Kanal... Nun ist er wieder im Bad...

Ich sehe ihn viel jünger, seit er tot ist, er wirkt wie ein Zwanzig- oder Dreißigjähriger. Schon vor dem Bad wurde er jünger.

Alle Erfahrungen, die man im Leben macht, setzen sich im Körper ab. Im Bad werden sie herausgewaschen. Dadurch kommt die Jugendlichkeit, das Unverbrauchte wieder zum Vorschein.

Vater erzählt: Im Bad ist der Prozess passiv. Im Tunnel ist er aktiv. Da merke ich, dass ich es nicht bis ans Ende schaffe, weil eine Erfahrung oder eine Emotion hochkommt. Dann gehe ich von selbst wieder zurück. Im Bad merke ich, dass dieser hindernde Teil sich von mir ablöst. Im Bad wasche ich mich von alten Erfahrungen rein, andererseits fülle ich mich mit Mut auf, um meinen Weg durch den Kanal zu schaffen. Ich fühle mich im Bad aufgehoben, leicht und geborgen. Da ist aber auch ein Zug zum Tunnel. Es ist so klar, dass der Weg dorthin führt.

Vater macht sich wieder auf den Weg. Nun sehe ich seine Mutter! Ihre Energie ist unterstützend, den Tunnel passieren zu können. Sie ist auf der andern Seite, etwas weiter oben. Ich spüre ihre

Energie. Dies gibt einen Zug zu ihm, so dass er den Tunnel einfacher passieren kann. Nun ist es im Tunnel etwas heller geworden!

Dennoch muss er dort alleine durch. Er muss wie sieben »Prüfungen« bestehen, durch etwas Schwieriges hindurch… wie durch eine Drachenschlucht…

Im Tunnel gibt es nun ab und zu am Boden Felsspalten, über die man springen muss. Dies gehört zu den Prüfungen. Vor den Spalten gehen einige Seelen wieder zurück. In den Spalten ist Feuer, ich höre ein Grollen. Ich habe Bilder wie von Fantasietieren; ich interpretiere es als Fegefeuer, aber eigentlich scheint es darum zu gehen, sich in die Erde hineinfallen zu lassen. Es ist orange-violett, wenn man in die Spalten hinunterschaut. Es ist aber auch ein Prozess, angstfrei zu werden.

Erste Transformationen

Schon nach wenigen Tagen nach dem Verlassen des physischen Körpers kann eine erste grundsätzliche Transformation der Seele stattfinden. Schauen wir, wie die oben beschriebene Reise von Ediths Vater weitergegangen ist. Die mutige und totale Hingabe an die Erde kann hierzu ein Schlüssel sein:

Wenn Vater nun weitergeht, werden die Spalten breiter. Das Geräusch wird tosender, grollender. Er spürt es im Körper vibrieren, er ist aufgeregt. Mein Vater und andere stehen vor einem Spalt, den man nicht überspringen kann. Hier muss man sich hingeben. Wer es schafft, reinzuspringen, der verwandelt sich in eine Kugel und fliegt davon. Dies ist die große Umwandlungsphase. Hier wartet man nicht zu lange; wenn man es nicht schafft, geht man wieder zurück und badet. Dies ist der Prozess für alle hier. Es geht um die Hingabe an die Erde.

Vater springt nun in das Feuer im Spalt. Es gibt eine Drehung. Er wird zur Energiekugel. Nun zieht es ihn ganz schnell durch den Kanal, es ist wie ein Durchschießen, wie ein Pfeil. Dies geschah bei ihm am achten oder neunten Tag. Nun ist es stark violett, etwas grau und hat Striche. Nun werden die Farben weniger intensiv. Es wird hell. Es ist immer noch schnell. Er ist im All. Er wird dort hingezogen. Von seiner Mutter. Es ist nicht frei, die Bahn ist vorgegeben...

Die ersten Transformationen fühlen sich für die betroffene Seele wie Verformungen oder Verklumpungen des eigenen Körpers an. Die äußere Form und das mit ihr gewohnte Körpergefühl beginnen, sich grundsätzlich zu verändern. Doch keine Sorge, es ist ein vorübergehendes Gefühl. Wir werden diesen Vorgang in verschiedenen Fällen immer mal wieder antreffen.

Ich fühle, wie sich in mir etwas verändert; schwierig zu definieren was. Vielleicht kommt der Begriff *Verformung* oder *Verklumpung* dem Gefühl am nächsten.

Schon früh nach dem Tod beginnt die Seele, ihre polaren Aspekte in ein Gleichgewicht zu bringen. Die Seele wird aufgefordert, mit ihren Schattenseiten ins reine zu kommen, in eine Balance, in eine goldene Mitte. Aspekte von sich selbst, die zu dominant sind, wie das Zerstörerische, das Giftige, Aggressive, Extreme müssen den verdrängten Anteilen, dem Wohlwollen, dem Mitgefühl, der Herzenswärme und so weiter, ihren Raum zurückgeben, so dass eine Harmonie, ein Wohlgefühl in der Seele entstehen kann. Dass die Seele in einen harmonischen Zustand kommen muss, um aufzusteigen, ist nur logisch. Denn die höheren himmlischen Sphären bestehen aus feinen Schwingungen; Seelen in noch schweren Schwingungen wie Groll, Hass, Aggressionen, Gier und dergleichen haben hier keine Möglichkeit, mitzuschwingen.

Ich habe in all den geistigen Reisen zum Leben nach dem Tod in keinem Moment weder einen Vorwurf noch einen strafenden Richter gesehen. Es sieht so aus, als ob diese Phase des Lebens nach dem physischen Tod nichts anderes will, als unsere Entwicklung zu fördern, unser Bewusstsein zu erweitern und uns vollständiger werden zu lassen. So können wir unseren himmlischen Platz eines Tages in der Leichtigkeit und Freude einnehmen, fernab von den herausfordernden Polaritäten des dichten, dreidimensionalen Erdenlebens.

Tipps für die ersten Tage nach dem Tod – eine Zusammenfassung

Fassen wir das bisher Gelernte über die ersten drei, vier Tage nach dem physischen Tod zusammen. Was ist wichtig, worauf müssen wir für ein gutes Gelingen des Übergangs achten?

Hinweise für uns als Hinterbliebene

- Der eben Verstorbene braucht unbedingt Ruhe. Beanspruchen Sie ihn nicht für Ihre eigenen Bedürfnisse. Eine scheidende Seele braucht nach ihrem Austritt aus dem Körper Zeit für sich selbst, um sich neu zu orientieren. Rufen sie ihn nicht.
- Holen Sie für sich in Ihrem Schmerz oder Schock Unterstützung bei lieben Menschen oder aus Ihrer eigenen Kraftquelle, etwa Gott, die Tiefenimagination, Meditationen und dergleichen. Trösten Sie sich darin, dass es keine wirkliche Trennung zwischen Ihnen und dem Verstorbenen gibt. Der Verstorbene wird – ist die Zeit dafür da – von sich aus und freiwillig zu Ihnen kommen (können). Nur die tiefe Trauer und das mangelnde Vertrauen in Ihre übersinnliche Wahrnehmung trennen Sie.
- Sie werden mit dem Verstorbenen in Kontakt bleiben können, aber damit es ihm gutgehen kann, müssen Sie ihn nun erst einmal loslassen. Das heißt, seinen Tod zu akzeptieren.
- Vertrauen Sie darauf, dass Sie Kraft, Ideen und Hilfen erhalten werden, wie Sie alle Ihre ungedeckten Bedürfnisse befriedigen können.
- Wir können die verstorbene Seele im Gehen unterstützen: Ihr zum Beispiel sagen: »Danke, dass du bei uns weiltest. Du darfst gehen! Geh ins Licht!«
- Empfindet ein Hinterbliebener während oder kurz nach dem Tod ein unangenehmes Gefühl wie Angst oder Unwohlsein, kann es sein, dass sich ein Seelenteil des Verstorbenen an ihn haftet. Deshalb sollten wir uns gedanklich schützen, bevor wir in die Nähe eines Sterbenden oder eines frisch Verstorbenen gehen. Dies betrifft auch Kinder! Es reicht, sich bewusst zu sein, dass wir auf keinen Fall eine Anhaftung wollen. Denken Sie: »Ich will keine Anhaftung!«

Spüren wir ungute Gefühle an uns selbst oder an unseren Kindern, können wir die Betroffenen und den Raum mit viel Weihwasser besprühen.

- Hinweise seitens der Hinterbliebenen auf den toten Körper können der Seele helfen zu erkennen, dass sie tot ist. Obwohl die Seele auch hört, was die Hinterbliebenen denken, ist es besser, laut und direkt zu ihr oder über sie zu sprechen. Wenn Sie über den Verstorbenen sprechen, tun Sie es im Bewusstsein, dass er bei Ihnen im Raum sein könnte.
- Bestatten Sie den Verstorbenen nicht zu früh. Warten Sie damit mindestens drei Tage. Lassen Sie ihm diese drei Tage Zeit, sich an die neuen Umstände zu gewöhnen, sich mit der Tatsache des Todes und Abschieds vom Körper abzufinden. Es gibt Verstorbene, die sich in ihrer Verwirrung oder in ihrem Schmerz auf ihren toten Körper legen.
- Wird eine Seele nicht gleich abgeholt, ist sie verwirrt und noch nicht daran gewöhnt, die feine Ebene der geistigen Welt mit ihrem Abholer zu erkennen, wird sie nicht wissen, wohin sie nachher soll. Sprechen Sie sie direkt an, sagen Sie ihr: »Lass dir Zeit. Setz dich an einen schönen Ort und warte, bis du abgeholt wirst.«

Diese Information können Sie der Seele prophylaktisch geben, auch wenn Sie nicht wissen, ob der Verstorbene die Information wirklich braucht oder nicht. Sie können diesen Hinweis auch ab und zu laut vorlesen, wenn Sie das Gefühl haben, der Verstorbene sei in der Nähe.

Hinweise für uns als verstorbene Seele

Wie können wir uns als Seele schützen, wenn wir eben unseren physischen Körper verlassen haben?

- Ruhe bewahren.
- Sich von Hinterbliebenen nicht rufen lassen! Egoistisch nur für sich selbst schauen!! Sie haben später noch Zeit genug, sich um Ihre Liebsten zu kümmern.
- Abwarten, sich an einen schönen Ort setzen, sich an die neue Situation gewöhnen.

- Falls es unangenehme Gestalten um Sie herum geben sollte: Gott um Hilfe bitten; zu Gott beten.
- Geistige Hilfe annehmen. Sich abholen lassen.

Einblicke ins Weiterleben und Hilfestellungen

Im Laufe meiner Forschungsarbeit habe ich festgestellt, dass sich gewisse Phasen nach dem Tod bei einer Vielzahl von Seelen in ähnlicher Weise einstellen; dennoch gibt es auch grundsätzliche Unterschiede. Was sind die Gemeinsamkeiten, was die Differenzen? Betrachten wir verschiedene Situationen (vor und) nach dem Tod. Und damit uns die Erkenntnisse auch etwas Praktisches bringen, ging ich der Frage nach: Welche Hilfestellungen braucht die Seele jeweils?

Der erwartete Tod

Bei einem absehbaren Tod ist es sinnvoll, die Zeit gut zu nutzen und sich in Stille darauf vorzubereiten. Es ist wichtig, in sich zu gehen und ehrlich zu überprüfen, ob man mit allem versöhnt ist und man alle und alles in Frieden zurücklassen kann. Die praktischen Angelegenheiten um die Menschen, die man zurücklassen wird, sollten organisiert und geregelt werden, sodass man nach dem Tod nicht allzu lange bei den Liebsten, beim Geschäft, beim Haus und so weiter haften bleiben will oder muss. Man kann in aller Ruhe Abschied nehmen und muss dies nicht erst tun, nachdem man schon den eigenen Körper zurückgelassen hat. Der Sterbende sollte sich bewusst werden und innerlich zu der Bereitschaft gelangen, dass er seine Wohnung und seinen Lebenspartner nach dem Tod verlassen wird und das Licht aufsucht. Was die Tiefenimagination als wesentliche Sterbevorbereitung vorschlägt, erfahren Sie ausführlich im Kapitel »Optimale Sterbevorbereitung: Seine dunklen Seiten annehmen« (Seite 220). Diese kann man zeitlebens tun.

Werfen wir einen kurzen Blick auf die Zeit nach dem erwarteten Tod, auf den sich eine Seele vorbereitet hat. Wenn man sich in aller Ruhe auf den eigenen Tod vorbereiten kann, wird die Richtung in der geistigen Welt um vieles klarer. Doch selbst dann braucht eine Seele gut und gerne mindestens *drei Tage Zeit* für die Neuorientierung.

Lassen wir eine verstorbene Seele sprechen, um sie besser zu verstehen. Sie sagt:

> **Ich brauche Zeit.** Ich bin verwirrt. Vorher war ich so eng mit dem Körper zusammen. Nun bin ich allein. Das erfordert Zeit, das geht nicht so schnell. Ich muss mich neu orientieren. Dieser Zustand ist verwirrend. Es ist sehr wichtig, diese Zeit zu haben!

Die Seele braucht noch für etwas anderes Zeit; nämlich dafür, die geistige Hilfe überhaupt wahrnehmen zu können.

> Ich fühle noch andere Wesen. Sie unterstützen mich. Ich kann sie zwar nicht sehen, doch ich höre sie. Sie sagen: »Lass dir Zeit!« – Nun entsteht in mir die Gewissheit, dass alles gut wird! (…)

Der plötzliche, unerwartete Tod

Überrascht einen der Tod, sei es während einer Operation, durch einen Herzstillstand, Infarkt oder Unfalltod, sieht die Situation ganz anders aus. Was geschieht bei einem plötzlichen, unerwarteten Tod, der einen mitten aus dem Leben reißt?

Wird ein Mensch unverhofft aus dem diesseitigen, alltäglichen Leben gerissen, braucht er sehr viel mehr Zeit zu erkennen, dass er fortan ohne physischen Körper weiterlebt und seine Liebsten nicht mehr auf die bisherige Art und Weise begleiten kann. Um so wichtiger ist hier das Abschiedsritual durch die Hinterbliebenen, damit dem physisch Körperlosen klar wird, dass der Abschied ihm gilt.

Auf den Tod nicht vorbereitete Seelen sind viel längere Zeit verwirrt, irren herum und verweilen lange beim (sinnbildlichen) Wegweiser, falls sie ihn überhaupt finden. Hier trifft man die Entscheidung, tiefer in die geistige Welt zu treten oder nahe der Erde und den Menschen zu bleiben. Um ihren eigenen Weg gehen zu können, brauchen die Seelen unbedingt die Unterstützung der Hinterbliebenen, die ihnen verdeutlichen, dass sie tot sind und ins Licht gehen sollen. Die Hinterbliebenen können dies mit Worten tun, indem sie dem Verstorbenen das laut und deutlich und immer wieder sagen. Sprechen Sie den Verstorbenen direkt an und weisen Sie ihn darauf hin, dass er tot ist! Zeigen Sie ihm seinen aufgebahrten Körper: »Marianne/Walter, schau, das bist du!« Und: »Du darfst gehen! Nimm dir alle Zeit und geh dann ins Licht!«

Doch auch plötzlich Verstorbene können sich schnell damit abfinden, schneller jedenfalls, als es den Hinterbliebenen gelingt. Dass in einem solchen Fall die Verstorbenen die Hinterbliebenen unterstützen wollen, wenn sie nur könnten, erfahren Sie zum Beispiel im Kapitel »Der Tod von Mutter oder Vater in Bezug auf ihre (kleinen) Kinder« (Seite 104).

Der Tod von Menschen, die an kein Weiterleben glauben

Betrachten wir in den nächsten drei Kapiteln das Weiterleben von Menschen verschiedener Überzeugungen davon, was nach dem Tod kommt. Was geschieht mit einer Seele, die glaubt, dass nach dem Tod nichts mehr ist? Spielt es für die weitere Existenz eine Rolle, welche Einstellung man hat?

Wir haben dazu ein Experiment gestartet. Mathias, 50, ein rationaler und skeptischer Mensch, wie er sich selbst bezeichnete, glaubte an kein Weiterleben. Seine Worte: »Ich glaube, dass danach nichts mehr ist.« Innerlich offen für eine geistige Reise, legte er sich auf die Liege. Es sollten unglaublich spannende 120 Minuten werden.

Gleich zu Beginn seiner geistigen Reise geschah ein Prozess mit der Liege, auf der sich Mathias befand. Es war eine Vorbereitung auf das, was auf den Probanden zukam. Mathias sagte: »Ich bin mit schwarzen Bändern an diese Liege gebunden… bin fast an sie angeleimt, verschmelze mit ihr…« Diese enge Verbindung mit der Liege, die automatisch durch die Tiefenimagination eingeleitet wurde, spielte in seiner Reise nach dem Tod eine wesentliche Rolle. Sie sollte ihm Halt geben und das einzig Vertraute sein, das er mitnehmen konnte. Möglicherweise hätte er sich sonst so auf all das Überraschende nicht einlassen können. Diese Information vorweg, damit Sie diesen von außen absurd und witzig erscheinenden Vorgang rational einordnen können. Mathias erblickte auf seiner geistigen Reise als erstes einen Bach. Er sagte: »Ich sehe einen Bergbach, er fließt. Er will mir die Welt zeigen.« Die Tiefenimagination führte Mathias im Diesseits herum, wo er unter anderem den Sinn des Lebens erfuhr: nicht Reichtum oder Erfolg, sondern Liebe – für jemanden da zu sein. Es überraschte ihn, er fand das ein bisschen »wenig«. Doch zu spüren, dass man so bei den geliebten Hinterbliebenen in guter Erinnerung blieb, entspannte ihn. Er folgerte: »Wenn man gestorben ist, ist die positive Erinnerung da. Das ist wichtig. So kann man auch gut sterben…« Diese Erkenntnis entspannte ihn so sehr, dass er den Übergang in die geistige Welt erleben konnte. Ich sollte schaudern vor Staunen. Mathias:

Ich habe das Gefühl, ich sei in einem weißen Raum und am Gehen (Sterben). Ich fliege davon, wie auf einer Liege. Ich sehe ein kleines Ding davonfliegen, es wird immer kleiner am Horizont... Das bin ich, wie ein Pünktchen, das verschwindet.

Ich habe das Gefühl, ich sei nun gelandet, in einem Dschungel, alles ist ganz grün, dicht, ich höre Affengeräusche. Ich bin noch immer auf der Liege, an sie angebunden, kann nicht weg und aufstehen... Ich bin vermutlich tot, wie in einer anderen Dimension... und auf diese Liege gefesselt. Nun ist es nicht mehr grün, sondern weiß. Ich sehe ein weißes Haus, weiße Räume, Leute huschen umher. Ich schwebe auf der Liege durch diese Räume. Ich dachte, ich sei aufgestanden, doch das ist gar nicht wahr. Eigenartig... Ich bin alleine, rufe, doch niemand reagiert darauf. Ich rufe, doch niemand sieht mich. Ich laufe durch diese Räume. Warum reagieren die nicht auf mich?

Patricia (P): Frag die Tiefenimagination!

Mathias fragt die Tiefenimagination und hört von ihr: »Weil es dich nicht mehr gibt.«

Mathias (M) protestiert und sagt: *Es gibt mich aber noch!*

Dann horcht er, was die Tiefenimagination dazu meint. Sie sagt: »Ja, es gibt dich noch, aber du bist tot. Du bist ein Geist.«

M: Ja, ich bin unsichtbar, *aber ich bin da!* Ich schwebe... Ich habe das Gefühl, es gäbe überall Geister... Die ganze Luft oder die ganze Aura ist voll von Geistern! Die Luft ist Geisterwelt. Sie sind so wie ich. Es ist ganz dicht. Der ganze Leerraum zwischen den lebendigen Menschen ist gefüllt mit Geistern!

Nun ist meine Tochter gekommen und hat mit mir gesprochen, ...dass ihr i-Phone kaputt sei. Eigenartig! Ich bin doch gar nicht mehr da! Als ob sie es gar nicht merken würde. Ich versuche ihr das zu sagen, doch sie nimmt mich nicht wahr. Sie spricht mit mir, aber nicht *zu* mir. Ich winke und tue... Sie spricht einfach von ihrem i-Phone... Mühsam! Ärgerlich! Sie ist da, und niemand nimmt mich wahr. Ich muss ja gar nichts sagen... (stöhnt) .... Die Uhr ist stehengeblieben! Seltsam... (Atmet laut). Ich bin jetzt bei der Arbeitsstelle, aber immer noch liegend auf dieser Liege. Weiß nicht, ob die mich sehen... Ich glaube nicht... (atmet laut) ... (atmet schnell und laut) ... Eja... Es ist so wirr... Nackte Frauen sind da. Ich bin immer noch auf der Liege. Sie rufen mich. Sie sind braun.

Ich stehe auf, aber die Liege bleibt an meinem Rücken haften. Ich kann laufen, aber mit der Liege am Rücken. Bin irgendwo, in einer ganz fremden Welt, wie auf der Erde, da sind Strohhütten, es riecht wie in Afrika, ich bin wie in Afrika. Die Leute beachten mich nicht, sie bemerken mich nicht. Sie machen einfach ihr Zeug. Ich gehe durch das Dorf und schaue zu. Jemand ruft mich in ein Haus. Die andern Frauen sind nun weg. In diesem Haus backen oder kochen sie. Die Liege ist jetzt nicht mehr dabei. Sie ziehen mich aus, ich bin nun auch braun. Ich habe dieselbe Farbe wie sie, nur der Kopf ist noch weiß. Ich bin wie ein anderer Mensch. Ist es *mein* Körper? Es ist voller nackter Leute, ein Gewusel. Ich habe nicht mehr das Gefühl, ich sei ein Mann, auch nicht eine Frau, etwas Neutrales. Wie ein Fetisch. Ich habe das Gefühl, sie beten mich an, verehren mich wie ein Häuptling, als sei ich etwas Übernatürliches.

P: Frag die Tiefenimagination, was hier geschieht.

M: Ich höre das Wort *Transformation*. ... ein anderes Ich, oder so. Mein Körper wird verwandelt, mein Fleisch, das Dingliche. Es kommt wie in einen Mixer rein, daraus gibt es etwas Neues. Die Bestandteile sind noch dieselben, aber es schaut anders aus. Im Wesen ist es noch dasselbe.

P: Frag mal die Tiefenimagination, warum all dies geschieht.

M: Sie sagt: »Damit der Geist nach dem Tod neu sein kann. Da der Geist nicht stirbt, braucht er einen neuen Träger...« Irgend so etwas..

(Atmet schwer, laut) Ich möchte wieder auf das Bett (die Liege), bin auf dem Bett, aber ich bin nicht mehr darauf gefesselt. Ich kann nicht mehr auf das Bett; es ist einfach nicht mehr wie vorher. Weil ich nicht mehr *ich* bin; ich bin jemand anders. Das ist unangenehm. Auf dem Bett wusste ich, wo ich bin, es gab mir Halt. Nun kann ich ja nicht mehr dort drauf. Das ist beklemmend. (Atmet laut.) Als ob ich zu wenig Luft kriegte. Ich bin irgendwo, schon lange nicht mehr im Haus (atmet lange aus). Es ist beklemmend, mir ist nicht wohl, ich bin wie in einem falschen Körper. Der neue Körper ist sehr unangenehm, er ist klein mit langen Armen und Beinen, unförmig, wie eine Wurst oder wie ein Fleischvogel (schweizerisches Gericht), und zuoberst steckt mein Kopf.«

Tiefenimagination: »Du musst dich damit abfinden. Das ist eine Gewöhnungsfrage. Das kommt dann schon. Es ist immer so am Anfang.«

M: Ich bin wie nirgends, die Umgebung ist neutral, konturlos, wie in einer Hülle.

Ich mag nicht mehr...

Tiefenimagination: »Leg dich hin und schlaf ein wenig. Entspanne dich.«

M: Jetzt bin ich langsam wieder da (im Praxisraum)... Bin wieder ich... So viele Bilder, ich konnte sie oft nicht fassen, das war stressig und anstrengend!«

Was zeigt uns die Tiefenimagination durch Mathias eindrückliche Reise?

- Das Leben geht weiter, unabhängig davon, ob man daran glaubt oder nicht.
- Der Übergang war naht- und schmerzlos; Mathias entfernte sich sehr schnell und weit in eine andere Dimension. Es dauerte nur kurze Zeit, bis Mathias erkannte, sogenannt »tot« zu sein.
- Die verstorbene Person wird zu einem Geist. Dieser besitzt vorerst seinen eigenen Körper, der mit dem irdischen identisch scheint.
- Verstorbene laufen vorerst in ihren üblichen Kleidern herum. Dies, ob sie es bereits bemerkt haben, tot zu sein, oder nicht. (Viele gefallene Soldaten sind zum Beispiel noch in ihren Uniformen unterwegs, mitsamt ihrer Ausrüstung...)
- Als Geist wird man von den Irdischen nicht mehr wahrgenommen, nicht einmal von seinen eigenen Familienmitgliedern. Alle Bemühungen, auf sich aufmerksam zu machen, sind mühsam, fruchtlos und enden in Frustration und Ärger.
- Die Uhr ist stehengeblieben... Will sagen, dass von nun an für einen Geist der Verlauf der irdischen Zeit keine Rolle mehr spielt.
- Seine hauptsächliche Fortbewegungsmöglichkeit ist zu gleiten. Er hielt sich an die gewohnten Begebenheiten: Er betrat das Haus durch die Tür... Er ging nicht einfach durch die Wand. Dass man sich in der Astralwelt an die Baulichkeiten hält, haben wir bereits bei *Kurt* gesehen.
- Die Umgebung in der Astralwelt kann sich schnell verändern (grüner Dschungel voller Affen – weißer konturloser Raum). Die Eindrücke sind anstrengend, verwirrend und stressig.
- Die Astralwelt scheint äußerst dicht bevölkert zu sein, voller anderer Geister. »Die Luft, die wir einatmen, ist voller Geistwesen. Der Zwischenraum zwischen mir und dir ist voller Geistwesen...« – Die Jenseitigen und die Diesseitigen sind sehr nahe beieinander!

Ich frage mich: Braucht die Erde eine solche Dichte an Verstorbenen? Ist eine solche Dichte von der Natur her vorgesehen? Wenn nicht, was ist die Konsequenz für sie und für die Verstorbenen? Und für die physischen Erdbewohner?

- Ein Geist kann gerufen werden. Die Seele wird zum Rufenden hingezogen, unabhängig davon, wie weit entfernt dieser ist (Europa – Afrika). Der Geist hört den Ruf, scheint ihm ausgeliefert zu sein und in Hundertstelsekundenschnelle am hinbeorderten Ort einzutreffen. – Kann er beurteilen, ob ein Ruf für ihn gut oder schlecht ist?
- Wir wissen (noch) nicht, ob sich der Geist gegen einen Ruf auch wehren könnte und wenn ja, wie. Der Geist scheint sich hier nicht selbst zu entscheiden, wohin er will. Dies vermutlich, weil er gar nicht weiß, wohin er gehen könnte. Da er an kein Weiterleben glaubte, hat er im Leben nach dem Tod kein Ziel. Er kennt weder den Inhalt der Astralwelt noch die Möglichkeiten der höheren Sphären. Dies ist mit ein Grund, warum so unzählig viele Seelen in Erdnähe verweilen und sich von ihr nicht entfernen. Das Gedränge der Geister wird so mit jedem Neuankömmling dichter.
- Der Rufende kann ein anderes Geistwesen sein, das, wie in Mathias Fall, eine Transformation einleitet. (Mathias wurde ins Haus gerufen. Dort wurde er von andern Braunen entkleidet usw.) Diese Tatsache finde ich beruhigend. Die Entwicklung leitet sich automatisch ein, indem andere Geistwesen sie fördern. – Wieso geschieht dies nicht bei allen Geistern, die manchmal Jahrhunderte lang erdnah bleiben?
- Die Rufenden waren braun. Auch Mathias wurde braun, außer seinem Kopf. Warum?
- Die Frauen waren nackt. Sie entkleideten Mathias, worauf er sich kurz darauf in einen neuen Körper transformierte. Nacktheit ist ein Element, das in verschiedenen geistigen Reisen wiederkehrt. (Auch die Badenden im Kapitel »Prozess der Erleichterung« (Seite 62) waren nackt.) Die Nacktheit ist neutral, sie hat nichts mit Sexualität zu tun, sondern mit einem Umwandlungsprozess, der dem Kern der Seele näherkommt. Erinnern wir uns daran, dass der Sterbeprozess ein Entkleiden der Körperhüllen ist.

- Der neue Körper war ungewohnt und für sein Auge und Körpergefühl unförmig; seine alte Substanz wurde wie gemixt.
- In diesem Haus wurde gekocht oder gebacken. Interessanterweise kommt das Element des *Backens* und des *Brotes* in der astralen Durchgangsphase verschiedentlich vor. Es versinnbildlicht einen Ort der Transformation.
- Es ist ihm nichts (Schlimmes) geschehen, außer dem direkten Verlust des Kontakts zu seiner Tochter und den irdischen Menschen. Außerdem war die Transformation in einen neuen Körper unangenehm und gewöhnungsbedürftig.
- Wenn man die extreme Dichte an Seelen bedenkt, die sich nahe der Erde aufhalten, vielleicht vergleichbar mit dem Gedränge eines Menschenauflaufs bei einem Großereignis – wie kann es sein, dass man eindeutig und ohne Zweifel einen persönlichen Ruf aus so weiter Distanz hört?
- Warum prallt man nicht ständig mit anderen Seelen zusammen, wenn man sich so schnell bewegt? In einer Massenveranstaltung kommt man kaum vom Fleck, in der Astralwelt ist das wegen der Feinstofflichkeit kein Problem.
- Man besitzt noch einen Körper, aber spürt keine körperlichen Bedürfnisse mehr wie etwa, sich ernähren zu müssen. Wieso? Man kann noch sprechen, sehen, hören, riechen… Für all diese Wahrnehmungen braucht man auf der Erde Sinnesorgane. Die Verdauungsorgane scheinen jedoch keine Rolle mehr zu spielen. Kein Verstorbener muss je aufs Klo… Wieso »überleben« die einen Organe und Körpersysteme, die andern nicht?

Es gibt nicht nur eine Antwort auf die Frage, was eine Seele nach dem Tod erlebt, wenn sie an kein Weiterleben glaubt. Entscheidend ist, wie flexibel sie ist, wenn sie entdeckt, dass das Leben tatsächlich weitergeht. Wie lange sie verwirrt und ratlos bleibt, frustriert oder verärgert über diese Tatsache oder wie schnell sie sich mit der neuen Lage abfindet, sich beruhigt, neuen Mut fasst, weitergeht und ihren notwendigen Entwicklungsprozess macht.

Der Wert und der Tod materie-orientierter Seelen

Wie ergeht es Seelen, die nicht gewohnt sind zu einer höheren Kraft zu beten oder universelle Lichtenergie anzuzapfen, wenn sie geschwächt sind, unsicher und in Not? Entscheidet man selbst, zu welcher »Gattung« Seele man gehört? Betrachten wir Heidis geistige Reise. Heidi besuchte geistig einen Bereich der Übergangswelt, der wüstenähnlich und fast leblos erschien. Die Tiefenimagination führte sie dabei in die schwere Energie der dort lebenden Seelen. Aus Heidis Reise:

> **Ich werde extrem** müde und geschwächt. Diese Schwäche ist in den Beinen und Armen, überall... Ich schleppe mich durch... Ich bin nun auf einer Ebene und sehe lauter Gestalten, die sich über die Ebene schleppen. Arme und Schulter hängend und nach vorne gebeugt, gehen sie mit gebeugten Knien. Wie in der Wüste... Man kann nicht stehenbleiben, man muss immer vorwärts, in die Schritte hineinfallen. Es gibt Gestalten, die es nicht mehr schaffen und zusammenbrechen. Sie bleiben liegen. Andere gehen weiter. Es ist ein Sog nach vorne. Ich gehe nach vorne. Ich kann keine andere Richtung wählen, es gibt nur den Weg nach vorne
>
> Man schafft es oder man schafft es nicht. Nicht alle schaffen es. Es fühlt sich sehr ausgeliefert an. Ich fühle extrem, wie es ist, wenn man nicht mehr weiter kann... Es ist so anstrengend zu gehen, es ist so erschöpfend...
>
> Patricia (P): Frag die Tiefenimagination, ob du erfahren darfst, weshalb es so anstrengend ist.
>
> Heidi (H): Wenn ich es richtig verstehe, dann sagt sie, sie haben den Kontakt abgebrochen. Sie sind nicht mehr in der Beziehung zu einer höheren Energie... Ich liege nun am Boden, völlig erschöpft. Aus eigener Kraft heraus schaffe ich es nicht. Ich bin aber voller Fragen. Ich liege seitlich auf allen Vieren. Ich bitte um Hilfe. Nun kommt von oben herab Licht. Dieses zieht mich hinauf. Das Licht saugt mich sozusagen hoch und stellt mich auf die Beine. Es ist diese Kraft, die ich aus meinem Alltag kenne, wenn ich geistig um Hilfe bitte. Man kann sich von dieser Energie auch abwenden, doch dann schafft man es nicht, es ist unmöglich.

Ich stehe nun wieder und gehe, richte mich ausgeprägt nach oben. Es zieht mich weg von hier, nach oben. Die Umgebung schaut noch gleich aus wie vor dem Licht. Es liegen extrem viele Leute hier. Je weiter ich gehe, um so mehr liegen herum...

Ich frage die Tiefenimagination, was es ausmacht, dass die einen diese Kraft aufnehmen (können/wollen) und die andern nicht. Ich habe verstanden, dass es letztlich nicht darauf ankommt.

Ich verstehe: Wir können gar nicht anders sterben, als zu Erde zu werden und aus der Erde wieder neu zu entstehen. Es ist egal, wie wir sterben; ob wir in dieser [astralen] Wüste verdursten und erschöpfen oder ob wir uns schon vorher dem Licht zuwenden – wir kommen schlussendlich alle zum Licht. Es ist die Frage, wie aktiv man es angeht. Es geht schneller, wenn man aktiv ist (= ins Licht will, es ruft). Wenn die Seele passiv bleibt, macht es die Erde oder die Natur allein.

Ich stehe wieder mit etwas Abstand vor der Wüste und betrachte sie mit meinem neuen Verständnis. Die Menschen, die ich da sehe, warten einfach, bis es geschieht, das heißt, bis sie erlöst oder geholt werden. Sie wollen nicht aktiv ins Licht. Ich habe vorher ja erfahren, dass das Licht auch für sie da sein kann. In der Wüste zu warten, das dauert glaube ich, seeehr lange!

P: Frag mal die Tiefenimagination, was geschieht, wenn man einfach wartet und nicht mal weiß, worauf man wartet.

H: Ich verstehe es so, dass es dann einen natürlichen Verwesungsprozess gibt. Man kann daran nichts beschleunigen. Man durchläuft diesen Prozess des Verwesens. Das ist der Weg, den die Seele wieder ins Licht bringt.

P: Welche Gründe gibt es, dass man diesen Weg aktiv oder eben passiv wählt?

H: Ich verstehe, dass man das nicht selber entscheidet.

P: Wer oder was entscheidet es dann?

H: Ich verstehe, es ist eine Frage des Temperaments. Was man lieber hat. Es ist egal. Alle kommen zum Licht. Es gibt *zwei Möglichkeiten*: Die Hingabe ans Verwesen oder aktiv das Licht um Unterstützung zu bitten. Ich verstehe, dass die Erde einen gewissen Grad an Verwesung braucht. Etwas unterscheidet sich noch... Ich verstehe, dass diejenigen, die sich verwesend von der Erde verabschieden, auf der Erde materialistischer waren. Sie können sich nur durch den Verwesungsakt von der Erde loslösen. Andere sind schon vorher mit dem Licht verbunden; sie sind nicht so stark mit der Erde verknüpft. Sie können einfacher loslassen und wieder ins Licht gehen.

Das Gespräch danach:

Patricia: Ich habe das nicht ganz verstanden. Was musste verwesen? Der physische Körper ist ja schon weg!

Heidi: *Alles* von ihnen muss verwesen. Der Körper und auch ein bestimmtes Bewusstsein, das danach für ein neues Leben offen wird. Nach der Verwesung entsteht etwas Neues. *Alles* von ihnen muss verwesen, absterben. Nichts drängt nach oben ins Licht. Alles geht den Weg nach unten. Das materielle Bewusstsein muss sich auflösen. Danach ist wieder alles offen für eine Weiterentwicklung.

Nirgends war ein Zeigefinger, der geschimpft hätte. Es hängt alles vom Bewusstsein ab. Da war nie etwas Wertendes. Es gibt einfach zwei Wege. Beide sind neutral. Das ist eine enorme Aufwertung der beiden Richtungen!

Patricia: Das erinnerte mich sehr an den Kreislauf der Natur, die Bäume, Blätter. Alles muss verwesen, um neu zu gedeihen. Weshalb ist dieser langsame Prozess nötig?

Heidi: Weil die Erde ihn braucht. Es ist wie der Humus für die Erde, Humus des Bewusstseins.

Man kann sich dem Licht öffnen, indem man es ruft, und es ist sofort da und unterstützt uns. Es zieht uns auf eine höhere und dadurch angenehmere, weil leichtere Ebene; aus dem Schlammassel raus. Doch man muss es tun.

Der Tod lichtorientierter Seelen

Betrachten wir die dritte Gruppe: der Sterbeprozess lichtorientierter Seelen, Seelen, die sich die Eigenschaften des universellen Lichts oder die Hilfe eines Gottes zunutze machen. Ihr Sterbeprozess scheint eindeutig leichter als derjenige der materiell orientierten und geistige Hilfe ausschließenden Menschen. Geistige Hilfe ist da, und man kann sie für sich beanspruchen. Diese Tatsache ist beruhigend.

Eine lichtorientierte Seele braucht bedeutend weniger Zeit in der Durchgangszone zu verbringen; sie verlässt den astralen Bereich der Erde im Vergleich zu den Ausschließenden schnell. Ist sie erfahren, wird sie nicht mehr abgeholt werden müssen und geht zielstrebig ins Licht. Sie kennt den Übergang in die geistige Welt längst. Dennoch kann es sein, dass auch sie vorerst etwas Zeit braucht, um sich vom Körper, von der Erde und von ihren Liebsten zu lösen, und auch eine kurze Phase der Überraschung und Verwirrung durchlebt, bis sie zu neuer Klarheit findet. Für eine erfahrene Seele ist der Weg (unbewusst) klar, sie durchlebt schnell die anstehenden Transformationen und geht, sofern sie nicht anders entscheidet, direkt an einen guten Ort im Licht. Wie ein solcher Prozess im Detail aussehen kann, erfahren Sie im Kapitel »Höhere Sphären« (ab Seite 173).

Der Tod eines Kindes

Wenden wir für die folgenden drei Kapitel unsere Aufmerksamkeit den Jüngsten zu. Was geschieht nach dem Tod eines Kindes? Erlebt seine Seele dasselbe wie die Seele eines Erwachsenen oder besteht ein Unterschied? Auch Kinder haben als erstes die Astralwelt zu passieren, die, wie schon oft beschrieben, unserer irdischen Welt durchaus ähnlich ist. Die Kinderseelen können dort auf Spielplätzen spielen, herumrennen, springen, schaukeln, malen; kurzum, alles tun, was ein Kinderherz begehrt. Geistige Personen begleiten sie, tragen sie, wenn sie ermüden, legen sie schlafen, wiegen sie, schenken ihnen Liebe. Wer diese geistigen Personen zum Beispiel sind, sehen wir später.

Ruhelos herumirrende oder verirrte Mädchen- oder Buben-Gespenster, wie wir sie bei Erwachsenen häufig antreffen, sind mir keine bekannt. Das ist schon einmal sehr tröstlich! Dennoch können

Kinderseelen auf ihrer Reise zurück in die »Sonne« zurückgehalten und blockiert werden – was für die Seele und deren Gesundheit verheerende Folgen haben kann.

Die *Nabelschnur* spielt bei kleinen verstorbenen Kindern eine Schlüsselrolle. Wie im Uterus verbindet sie auch nach dem Tod Mutter und Kind. Doch noch mehr: Die energetische Nabelschnur des Kindes verbindet *alle* Familienmitglieder miteinander – bis weit in die Ahnenreihe zurück. Das hat Vor- und Nachteile für das Kind. Und auch für die Hinterbliebenen.

Betrachten wir uns folgende Reise von Eveline, Mutter zweier kleiner Kinder. Ihre geistige Reise war sehr beeindruckend, klar und herausfordernd für Eltern, die ein kleines Kind verloren haben. Ich denke es ist wichtig, sich im klaren zu sein, dass das Leben ein Fluss ist, und versuchen, es fließen zu lassen, auch wenn es schrecklich schmerzt… Festhalten zu wollen und den Tod nicht zu akzeptieren, verhindert den natürlichen Fluss des Lebens; es blockiert die Seele.

Ich kenne die unendlich schmerzhafte Trauer um ein verlorenes Kind. Es war eine uralte gespeicherte Erfahrung in meinem Körper als indische Mutter. Die Tiefenimagination hatte mich in diesen unsagbaren Schmerz zurückgeführt, da er noch in mir schlummerte und mir Bauchbeschwerden bereitete. Es ist furchtbar, ein Kind zu verlieren – ich kenne diese Gefühle in all meinen Zellen. Die Tiefenimagination riet mir, der damals indischen Mutter, bald ein neues Kind zu empfangen. Dies taten auch thailändische Eltern, die durch den Tsunami 2004 ihre beiden Kinder verloren hatten. Sie zeugten schnell zwei weitere Sprösslinge und gaben ihnen die Namen der verlorenen Kinder. Die Eltern waren sicher, dass die Seelen der ertrunkenen Kinder in die neu gezeugten Körper geschlüpft waren. Beide Elternteile und auch die Kinder waren sehr lebensfroh, dankbar und vergnügt. Diese Lösung ist optimal.

Evelines geistige Reise zeigt den Idealfall eines kleinen Kindes, das sterben darf, und was geschieht, wenn Trauer es am Fortgehen hindert. Die Tiefenimagination versetzte Eveline in das Bewusstsein eines verstorbenen Kindes, mit andern Worten: Eveline wird während dieser Reise selbst zu einem verstorbenen Kind. Setzen wir ein, wo Eveline in der geistigen Reise an einen See gelangt. Eine geistige Person begleitet sie.

Ich liege im Wasser, gerade an der Oberfläche. Ich spüre meinen Kopf, die Brust, ein Teil von mir ist im Wasser, ein Teil darüber. Wo meine Hände und mein Körper aufhören, weiß ich nicht. Das Wasser verwandelt sich in Gelee; es ist wie ein See. Ich bin lange da drin. (…) Eine Art Sonne ist am Horizont. Ich gehe auf sie zu, in die gelbe Sonne hinein. Ich falle dabei, werde immer wieder von der Sonne aufgefangen. Ich falle immer wieder und werde aufgefangen, das ist angenehm. (…) Das fühlt sich an wie Urvertrauen, gehalten zu werden, egal, auf welche Seite man sich dreht und wie ich falle. (…) Das ist wie im Wasser zu sein, schwimmen zu lernen, und jemand ist da, der mich hält. (…)

Patricia (P): Frag doch mal die Tiefenimagination, welchen Einfluss zu dieser Zeit die Trauer der Hinterbliebenen hat.

Eveline (E): Es zeigt sich mir ein Gummiband, es ist relativ dunkel. Es zieht mich retour zum Gelee-See. Ich stemme mich dagegen. Es ist ein großer Zug drauf. Vorher war ich im Lichtsee, immer waagrecht. Das Band zieht mich zurück, so dass ich aufstehen muss. Das Sonnenlicht verändert sich, es wird zu einer Geleeflüssigkeit, so blau-grau. Ich sehe nicht mehr recht durch. (…) Es zieht mich immer mehr in den Geleesee hinein, der dichter ist. Er umschließt mich. Es ist unangenehm. Ich bin wie eingeschlossen. Nun bin ich versunken, eingeschlossen und stehe aufrecht. Die Umgebung wird immer dunkler, undurchsichtiger.

Ich komme unter Wasser nun zu einem Fels. Da komme ich nicht weiter und verliere den Kontakt zum Sonnenmeer.

P: Ist dein Begleiter noch da?

E: Ich nehme den Begleiter nicht mehr wahr. Er und andere sind außerhalb des Geleemeers. Es sind mehrere. Der Gummibandzug drückt mich an die Felswand und hindert mich, wegzukommen.

P: Inwiefern unterstützen dich die Begleiter?

E: Sie scheinen eine beschützende Rolle zu haben, behüten mich, überwachen die Situation und warten ab. Es scheint, dass das alles so sein darf. Auch mein Kontakt mit dem Fels, zu merken, dass es nicht zurückgeht, auch wenn es stark zieht. Der Fels ist ein Widerstand, den ich nicht durchbrechen kann. Die Begleiter sind in einem Halbkreis um mich herum. Ich sehe sie nicht, nehme sie aber wahr.

Das Band ist nun loser geworden, ich kann aus dem Geleemeer heraus, es zieht mich wie ins Sonnenmeer zurück. Die Hüter tragen mich, sie kamen alle zu mir und tragen mich. Es sind etwa sechs oder sieben. Sie sind auch gelblich wie das Sonnenmeer. Das Gummiband, das vorher aus vielen Fäden geflochten war, hat jetzt an einer Stelle nur noch einen ganz feinen Faden, als ob sich das dicke Seil aufgelöst hat. Es entsteht ein abrupter Wechsel zwischen dem dicken und dem dünnen Faden. Der dicke Teil ist etwa 1,5 m lang, dann wird er dünn.«

P: Wo beginnt das Band an deinem Körper?

E: Beim Bauchnabel.

P: Frag, ob du noch mehr über das Band erfahren darfst.

E: Es fühlt sich an, als ob darauf etwas gespeichert ist. Es sind verschiedene Fäden, Infos, die mit mir zu tun haben. Auf der Schutzhülle steht etwas geschrieben, ich kann es aber nicht lesen... (Nur) der dünne Faden ist in Verbindung mit den anderen. Der Faden ist rot, der Schlauch hat auch noch etwas Weiß drin. Der Faden geht durch die Felswand hindurch. Ich sehe meine Familie mit zwei, drei Kindern. Der feine Faden scheint sich in noch dünnere Fäden aufzuteilen und ist mit den Bauchnabeln aller Familienmitglieder verbunden. Nach der Familie scheinen die Fäden noch weiterzugehen nach hinten, doch das sehe ich nicht deutlich... Der eine Begleiter stellt sich extrem vor mich hin, damit ich nicht zurückschauen kann. Der dickere Teil scheint im Bauch der Familienmitglieder drin zu sein, wie ein geordnetes Knäuel.

P: Frag die Tiefenimagination, ob die Leser noch etwas über diese Verbindung wissen müssen.

E: Ich kann (als verstorbenes Kind) mit dem Finger an den Faden tippen, der dadurch in Schwingung gerät, die bis zu den einzelnen Familienmitgliedern gelangt. Ich kann sogar dran zupfen, er hält.

P: Was bewirkt das bei den Hinterbliebenen?

E: So blöd, ich darf nicht näher rangehen… Aber es scheint etwas mit dem Schlauch, der in ihnen ist, zu tun zu haben. Die Begleiter halten mich zurück. Einer stellt sich energisch vor mich hin und versucht, mich umzudrehen, damit ich wieder vorwärts schaue, Richtung Sonnenmeer, vom Fels weg… Es scheint wichtig zu sein, dass ich nach vorne schaue und nicht zurück…!

P: Frag mal die Tiefenimagination, wo (du als) Kinderseele nach einem halben Jahr bist, wenn die Trauer der Eltern immer noch stark ist.

E: Ich bin immer noch am selben Ort, doch der rote Schlauch ist jetzt *grau*. Vorher war er beweglich und weich, jetzt ist er spröde, und ich bin extrem schwer, wie traurig. Ich komme nicht vom Fleck, ich kann mich nicht einmal drehen, ich werde wie versteinert. Das poröse Graue breitet sich vom Nabel aus. Ich kann mich nicht bewegen. Die Begleiter sind rund um mich herum, einer ist vor mir. Ich habe keine Chance, mich auch nur ein bisschen zu bewegen.

Ein einziger liebevoller Impuls (der Hinterbliebenen) könnte ganz viel auflösen… Aber ohne diesen bleibe ich in diesem Zustand… Der Impuls ist rot. Je mehr solche Impulse kommen, um so wohler fühle ich mich wieder…

P: Kannst du etwas über den Inhalt des Impulses sagen?

E: Es fühlt sich hell und leicht an, fröhlich, liebevoll. Der Verstand sagt, es seien schöne Erinnerungen (der Hinterbliebenen an mich).

P: Was bräuchtest du dringend, damit du wieder lebendig werden kannst?

E: Von den Begleitern und vom Sonnenmeer werde ich gewärmt. Von hinten. Ich kann nicht weg, sonst würde eine *Wunde* entstehen, eine kleinere oder eine größere. Nicht nur der Schlauch, sondern ein versteinerter Blätz kann abfallen (sie zeigt auf den ganzen Bauch). Ein Teil von mir liegt dann im Steinhaufen, der fehlt mir dann, ich bin dann nicht mehr ganz… Das kann über mehrere Inkarnationen hinweg aufrechterhalten bleiben. Der rote

Impuls hülfe mir, die Wunde zu verkleinern... Es würde weicher, so dass ich sogar *ganz* gehen könnte...

Es könnte viel von mir zurückbleiben. Meine Begleiter zeigen mir, dass es halbe Löcher in meinen Bauch reißen könnte... Was sie machen können, ist eine Art Heilung, aber Senkungen bleiben trotzdem zurück...

P: Welche Konsequenz hat das für eine Seele? Kannst du das die Tiefenimagination mal fragen?

E: Ich merke, es entsteht ein unendlicher »physischer« Schmerz. Der brennt sich ein. Ich sehe auf etwas Weltähnliches. [Sie ist also noch nicht reinkarniert.] Nun ist der Schmerz noch mehr in mir drin.

P: Frag die Tiefenimagination, welche Konsequenzen das für die reinkarnierte Seele hat.

E: Ich bin nun ein Embryo in einem Bauch... Ich sehe ein Gewächs; es ist an der Stelle, wo ich Schmerzen hatte. Es ist wie ein Darm außerhalb meines Körpers...

P: Was geschieht, wenn du als Embryo wächst und älter wirst?

E: (Nach einer Weile:) Je größer ich wurde im Bauch oder auch nach der Geburt... man sieht jetzt nichts mehr, doch ich fühle noch etwas seitlich hinten. Ich weiß nicht, ob man das von außen sehen kann...

Ich spüre, wie alle Zellen um die Wunde herum arbeiten und wachsen, wie ein Ballon. Bei der Wunde selbst aber fehlt die Aktivität. Sie wird überlappt, zugedeckt. (...)

Betrachte ich die Fälle in meiner Praxis, fällt auf, wie viele Verdauungsbeschwerden – auch schwere Formen – mit dem Hintergrund eines Verstorbenen zu tun haben. Und zwar beidseitig. Es betrifft Mütter, die (eventuell in einem früheren Leben) ihr Kind verloren hatten, – wie mein eigenes zuvor beschriebenes Beispiel als indische Frau –, oder Töchter, die einen Elternteil als Jugendliche verloren hatten, oder Enkelinnen, die ihre Großmutter als Kind verloren hatten. Es betraf immer weibliche Personen, vielleicht aber auch nur, weil viel mehr Frauen als Männer meine Praxis aufsuchen. Ausführliche Beispiele dazu finden Sie verteilt in diesem Buch.

Der tiefe Hintergrund solcher Verdauungs- oder Darmerkrankungen war in allen meinen Fällen unbewusst. Durch innere Heilreisen können sie zutage treten und geheilt werden. So auch bei Elisa, 45 Jahre alt. Sie reiste geistig zu ihrem Bauch, der ihr seit jeher verschiedene Probleme bereitete. Dabei tauchte innerlich ein siebenjähriger Bub auf, Dani. Er forderte sie auf, ihn endlich loszulassen. Sie verstand nicht, was das Kind meinte; wie wusste auch nicht, wer er war. Elisa war es nicht im geringsten bewusst, dass sie ein Kind wie dieses festhielt. Doch dann kam ihr in den Sinn, dass ihre Mutter ein Jahr nach ihrer Geburt ein weiteres Kind empfangen hatte, das tot geboren wurde. Sie erzählte, dass sie sich als Kind oft auf dem Friedhof weinend neben Danis Grab gelegt hatte. Sie hatte diese innige Liebe zu ihrem verstorbenen Geschwister längst vergessen. Sie sagte: »Ich wusste gar nicht, dass ich zu Dani (noch) solche Liebe fühlte!« Das Loslassen fiel ihr schwer, sie wollte es nicht gehen lassen, schutzlos, wie sie glaubte. Schließlich ließ sie den Kleinen gehen. Sie konnte nicht wirklich glauben oder dem vertrauen, was sie innerlich erlebt hatte. Doch ihr Darm blieb ruhig…

Wenn man ein bisschen weiter überlegt ist es nur logisch, dass Störungen der Nabelregion zu Störungen der Verdauung führen. Eine Dysfunktion des *Nabelchakras* – das sich direkt im oder leicht über dem Bauchnabel befindet – ist verantwortlich für Durchfall, Verstopfung, eingeschränkte Nahrungsverwertung, allerlei Darmerkrankungen, Blinddarmentzündung, auch für Schwierigkeiten bei der Geburt. Gemäß der traditionellen chinesischen Medizin (TCM) ist der Dickdarm verantwortlich fürs Loslassen. Er ist der Wandlungsphase Metall zugeordnet, das Trauer beinhaltet. Durch innere Heilreisen, wie hier später in diesem Buch angeleitet, können solche Beschwerden aufgelöst werden.

*

Noch etwas anderes ist im Leben von Kindern nach dem Tod grundsätzlich anders als bei Erwachsenen. Caroline besuchte geistig ein paar Jahre nach dem Tod ihre Tochter Liliane, die mit elf Jahren bei einem Autounfall aus dem irdischen Leben schied. Ein Ausschnitt aus ihrer Reise:

Liliane sitzt jetzt da, zur Linken. Sie schaut anders aus... Sie sitzt im Schneidersitz und hat Tücher um sich herum... Sie strahlt und leuchtet, es scheint ihr gut zu gehen. Sie lächelt... Sie ist älter geworden in der Zwischenzeit, sie sieht aus wie siebzehn! Sie hat nun lange dunkle Haare, ihre dunklen Augen sind größer und dunkler als früher. Sie schaut kontemplativ aus, in sich ruhend... Diese Tücher um sie herum... Sie schaut erfüllt und glücklich aus... Das ist erleichternd und gleichzeitig befremdend für mich, weil sie nun älter ist... Ich muss sie wie neu kennenlernen... Sie sagt mir gerade, dass sie nun in einer anderen Rolle ist. Sie hilft dort, wo sie jetzt ist.

Ich sehe, wie Liliane nun aufsteht: die Tücher fallen von ihr ab. Sie trägt etwas Blaues, Wehendes. Sie geht zu Kindern. Sie betreut und beschützt sie... Es gibt noch andere Helferinnen wie sie. Die jungen Frauen kümmern sich um all diese Kinder... Diese Kinder sind teils verstorben, aber auch noch auf der Erde lebend.

Liliane sagt mir, sie heiße nun anders. Irgendetwas mit A... Doch es ist okay für sie, wenn ich sie mit Liliane anspreche... Liliane sagt, sie schaue ab und zu auch zu mir und gibt mir Anstöße. Die Katharina, das halb autistische Kind, besucht sie noch immer. Stimmt, ihre Mutter berichtete mir, dass Katharina erzählte, Liliane sei da. Auch Isabelle, Annette, das waren Freundinnen von ihr, besucht sie ab und zu. Schon zu irdischer Zeit hatte sie diese besondere Gabe, Leid aufzuschließen und für andere da zu sein... Sie sagt mir, dass sie viele Menschen aus ihrem ehemaligen Dorf aufrüttelt und bewegt... Viele kannten sie, da sie sehr offen war. Ihr Auftrag ist, mit ihrer großen Liebe vor allem Kinder zu unterstützen und die Erwachsenen zu berühren...

Caroline (C): Wirst du dich in nächster Zeit wieder inkarnieren? – Ich frage mich gerade, wie ich mich dabei fühlen würde, du hättest dann ja eine andere Mutter...

Liliane (L): Vielleicht.

P: Frag sie mal, wer das entscheidet, wann und wohin sie käme.

L: Ich werde mich beratschlagen. Vorerst ist meine Aufgabe hier. Hier ist es wunderschön. (Liliane macht eine Geste) Es ist frei und voller Sterne. Es ist alles blau. Ich entscheide das nicht wirklich selbst, es liegt nicht an mir zu entscheiden. Ich bleibe vorerst hier.

P: Wer entscheidet das?

Liliane weist nach hinten. Da sind Weise, Beratungsträger. Jemand steht näher, eine männliche Figur, mit ihr berät sie sich. Sein Rat wiegt entsprechend schwer. Sie stehen im Kreis und beratschlagen.

Caroline mehr zu sich selbst: »Ich sehe, dass sie jetzt mit vielen Kindern dort oben und hier unten verbunden ist. Das ist für mich etwas merkwürdig, doch dadurch wird der Schmerz leichter; es weitet sich etwas, es kommt auf eine andere Ebene, wo die Liebe freier ist. Man gibt sie einfach. Sie ist nicht nur an eine bestimmte Person gebunden. Die Mutter-Kind-Beziehung war ja sehr eng. Das heißt für mich, das Schmerzensleid einer Mutter bekommt eine andere Ebene. Die Liebe ist überall. Das ist gut, Liliane ist auf einer anderen Ebene. Das ist wie loslassen.

Sie fragt mich gerade, ob ich sehen möchte, wie schön es da ist, wo sie ist.

Sie hat eben die Stelle verlassen, wo die Kinder und die andern Helferinnen sind. Sie läuft durch Gras. Da ist eine schöne Landschaft. Der Erde gar nicht so unähnlich. Wie auf der Erde eigentlich (staunt). Saftiges Gras.

Ich will sie fragen, wie ihr Name jetzt ist. Er ist schwer zu verstehen. Sie sagt keine Worte wie wir, sondern Botschaften. Irgendwas mit A.... Amanaja oder so... Sie ist glücklich und frei und leicht. Sie springt da herum. Sie sagt, auf der Erde sei halt diese Schwere, hier ist es ganz anders. Hier kann man mit den Gedanken auch etwas formen, materialisieren. Sie sagt, dass ich meine Sachen auf der Erde zu erledigen habe und sie dort, wo sie jetzt ist. Aber ich kann sie immer fragen, wenn ich das Bedürfnis habe. Ich merke, dass ich loslassen kann. Die Verbindung bleibt spürbar, das macht es so konkret.

C: Bist du schon weiter oben? (C meint dies bezüglich der geistigen Ebenen.)

Amanaja (A): So mittendrin. Halb Himmel. Weit weg von der Erde.

C: Sind dort auch Engel?

A: Nein. Ab und zu kommen welche. Sie sind woanders zu Hause.

Viele auf meiner Ebene werden sich nochmals inkarnieren, aber einige auch nicht mehr, wie der weise Rat im Kreis. Sie haben das nicht mehr nötig.

P: Ist das für dich eine Frage, warum ausgerechnet dir eine Tochter wegsterben musste?

C: Ja! Ja!

A: Das ist die reine Liebe zu dir, dass ich weggestorben bin. Weil du nur dadurch zu dir finden konntest. Dadurch musstest du dich dem Eigentlichen zuwenden. Du hättest dich sonst in den äußeren Anforderungen verspielt, vergeudet. So hat sich eine andere Tür geöffnet, die Tür durch Schmerz und Leid, die zu deinem Inneren führt. Und dir ein ganz anderes Leben ermöglicht.

Es war ein Opfer von mir. Es ist ein Teil meines Wesens, etwas zu opfern.

P: Was war das Schlimmste für sie bei diesem Opfer?

A: Das irdische Leben zu unterbrechen. Ein Abbruch meiner irdischen Entwicklungsmöglichkeiten. Das war sehr leidvoll. Die Woche auf der Intensivstation war schlimm, vor allem, weil ich euch so habe leiden sehen. (...) Ich hätte gebraucht, dass ihr mich mehr als Seele wahrgenommen hättet. Ihr wart auf den entstellten Körper fixiert, im Schmerz erstarrt, und habt die eigentliche Lili nicht mehr wahrgenommen. Ich hätte ein liebevolles Wahrnehmen meiner Seele gebraucht, das hätte meinen Schmerz etwas gelindert.

P: Frag sie doch mal, ob sich deine Erstarrung, dein Schock und deine Trauer schon ganz aufgelöst haben oder ob noch etwas in dir geschehen soll?

C: Sie sagt, heute sei ganz viel geschehen an Auflösung. Ein Rest bleibt, den kannst du später heilen.

P: Frag sie doch mal, ob dieser Kontakt auch für ihre Entwicklung wichtig war?

A: Ja, irgendwie schon. Wichtiger war es für dich. Etwas Wichtiges ist auch in mir geschehen: Frieden. Etwas in mir hat Frieden gefunden dadurch.

C: Ich spüre eine ganz andere Art von Verbindung zu ihr. Das ist ganz anders als das Gefühl, das ich kannte, als Liliane meine Tochter war. Die Verbindung zwischen uns ist freier, ganzer; der schmerzende Stacheldraht in meinem Herzen, der immer dabei war, wenn ich an sie gedacht habe, ist weg, weil es eine andere Ebene und eine andere Qualität bekommen hat. Es ist gleichwertiger. Nicht mehr Mutter-Tochter. Wir sind jetzt gleichwertige Individuen, die eine enge Verbindung zueinander haben. Der Schmerz um mein Kind hat sich aufgelöst... Wir sind wie Seelenschwestern. Dadurch ist eine ganz andere Art von Kommunikation möglich. Aus dieser Haltung heraus kann ich leichter mit ihr in Kontakt treten und Fragen stellen. Früher habe ich es vermieden, an sie zu denken, weil es mit einem unendlichen Schmerz verbunden war.

P: Sie zeigt sich nun als Jugendliche. Frag sie mal, ob sie noch weiter wachsen wird.

C: Sie sagt, ihr jetziges Alter entspricht dem Dienen dort. Eine Jugendliche zu sein, die Verständnis für die Kinder hat, sie anführen und sie auch bemuttern kann. Das bleibt vorerst so für eine ganze Weile. Sie sagt, es gibt Reifevorgänge, bei denen man die Gestalt verändert, aber das ist für später.

P: Siehst du, was die Kinder tun?

C: Sie spielen miteinander, zu zweit, zu dritt, alle Alter, von zwei, drei bis acht, neun. Ich sehe Blumen, auch in ihren Haaren. Ich kann nicht mehr sehen...

C: Was ist mit den Tüchern und deiner Stellung im Schneidersitz? Das überraschte mich so.

A: Das ist meine Haltung der Kontemplation, um mich zu sammeln. Das brauche ich zwischendurch bei meiner Aufgabe mit den Kindern.

P: Wenn eine *reife* Seele schon als Kind stirbt, bleibt sie dann auch zuerst ein Kind oder wird es schnell eine Weise, Erwachsene? Hat sie da was beobachtet?

A: Es ist unterschiedlich. Es gibt unterschiedliche Reifezustände, es gibt solche, die als Kind besondere Aufgaben erfüllen können, eine besondere Reinheit ausstrahlen können, besondere Werte ausdrücken, wie auch auf Erden Kinder einen entzücken können, im Gegensatz zu Kindern, die einen nerven... Besonders reife kommen schon in anderer Gestalt an; sie kommen auf eine andere Ebene und haben ein anderes Aussehen, sie sind dann keine Kinder mehr. Da bin ich nicht, das ist über mir.

Sie sagt, dass ich den Namen, den sie nun trägt, finden werde. Ich werde auf ihn stoßen.

P: Was hat sie nach ihrem Tod konkret erlebt?

A: Es begann so, wie du es mit eigenen Augen gesehen hattest. Ein großer Engel kam, um mich zu holen. Er war männlich. Er blieb vorerst eine Weile, um dich zu trösten. Zuerst war da ganz viel Licht. Mein Körper wurde leichter und war nicht mehr so geformt. Der Engel begleitete mich, wie in einen Aufzug aus Licht. Dann kamen wir oben an und wurden von anderen menschlichen Wesen empfangen. Hinten waren gute Bekannte, freudig winkend, vorne waren mir Unbekannte. Diese nahmen mich zur Seite. Sie führten mich an einen Ort und nährten und kräftigten mich. Dies taten sie mit ihren Händen, wie eine Heilbehandlung, aus einer gewissen Distanz heraus, um meine verbleibenden Wunden zu heilen. Ich regenerierte. Eine war eine weibliche Gestalt. Ich lag dort, und das »Bett« drehte sich dann im Uhrzeigersinn. Das erneuerte und erfrischte mich sehr. Als ich mich erhoben hatte und gestärkt war, war ich bereits die 17jährige, und nicht mehr die 11jährige.

Dann ging ich in die Gruppe der Menschen, die ich kannte. Wir freuten uns alle und umarmten uns. Dann verließ ich diese Station.

Einige führten mich zum Ort, wo ich meine neue Aufgabe antrat, bei den Kindern.

(Auf irdische Maßstäbe umgesetzt, gelangte sie nach einem Monat zu den Kindern.)

P: Hatte sie eure Trauer gespürt?

A: Ja. Das war schwierig für mich. Eure Trauer kam immer wieder wie dunkle Wolken zu mir hoch und brachte auch mir Trauer. Dort, wo ich war, war es licht und leicht. Eure Trauer hatte so etwas Schweres, das mich anwehte. Es ist schlimm, dass man die Trauernden dann so schlecht erreichen kann. Ich versuchte, etwas zu tun, doch ich wurde nicht gehört und nicht verstanden. Ich schickte dir Schmetterlinge, die dir Leichtigkeit hätten bringen können. Du nahmst sie kurz an und verwarfst sie dann wieder. (Caroline sah nach dem Tod von Liliane auffallend viele Pfauenaugen.) Du gingst so schnell wieder in den Alltag über, nahmst die Leichtigkeit nicht auf, weil du so im Schmerz warst.

Caroline erzählt: Liliane steigt nun aus dem Schneidersitz, lässt ihre Tücher fallen und umarmt mich. (Caroline atmet laut und stark). Ich fühle das körperlich… Das war wie die Umarmung von Mutter und Tochter… Sie geht nun wieder in ihre Sitzstellung mit den Tüchern drum herum… Sie sagt: *Liebe dich!*

Carolines erste Worte nach der Reise: »Vielleicht ist *das* die Lösung für viele Mütter, zu merken, dass nach dem Tod diese Mutter-Kind-Geschichte gelöst ist. Dadurch entfällt dieser Stacheldraht-Schmerz im Herz. Dieser scheußliche Mutterschmerz dieses Verlustes kommt auf eine andere Ebene. Wir sind nun einfach verbunden. Wir sind gleichwertig. Der Schmerz hat sich neutralisiert; das war so heilsam! Es wäre so schön, wenn ich nun öfters an die Lili denken kann ohne diesen scheußlichen Schmerz. Ich habe sie deshalb oft verdrängt, denn jeder Gedanke an sie bedeutete Schmerz. Nun kann wahrscheinlich auch sie mich mental besser erreichen. (…)«

Tod durch Abort, Kindstod oder Abtreibung

Gehen wir auf der Altersskala der Kinder noch etwas weiter zurück. Betrachten wir das Tabuthema Kindsverlust während der Schwangerschaft. Er wird verschwiegen, vertuscht, negiert und verdrängt. Das ist äußerst schade, denn das ungeborene, verstorbene Kind braucht genau das Gegenteil.

Ich fasse die drei Themen Abort, früher Kindstod und Abtreibung zusammen, weil ich in meinen Fällen gemerkt habe, dass es dem ungeborenen Kind in allen drei Situationen ähnlich geht. Viele Menschen leiden darunter und sind alleine mit ihrem Schmerz, ihrer Trauer oder ihrer Wut, ihrem schlechten Gewissen oder der Unsicherheit über ihre Entscheidung, das Kind verloren oder abgetrieben zu haben. Was zeigt die Tiefenimagination darüber? Wie ergeht es dem Fötus oder dem Embryo vor und nach seinem Tod? Hat die Tiefenimagination Tipps, die der verstorbenen Seele helfen? Natürlich! Ich erzähle Ihnen zuerst aus meinem eigenen Leben. Denn was ich selbst als Embryo erlebt habe, scheint ein Klassiker zu sein.

Eines Tages, ich war gut dreißig Jahre alt, befiel mich Schwindel. Wie immer, wenn Beschwerden auftauchen, reise ich innerlich dazu, also reiste ich auch zum Schwindel. Es interessierte mich: Was steckt dahinter?

Bald schon erblickte ich auf dieser Reise meine Eltern. Sie feierten gerade Hochzeit. Auch ich war dabei. Als Embryo. Nur: Die Hochzeit meiner Eltern fand in einer Zeit statt, in der uneheliche Kinder noch tabu waren… Ich hatte bis anhin nicht gewusst, dass ein schlechtes Gewissen abtreiben kann. Nun sollte ich es (nochmals) erleben. Denn die Tiefenimagination führte mich während meiner Heilreise in den Zustand dieses Embryos. Ich fühlte, dass ich Embryo war, eingebettet in eine undefinierbare Hülle. Ich hörte immer wieder Worte; es waren die kraftvollen Gedanken meiner Mutter. Sie lauteten: »Man darf das doch nicht!«

Diese anscheinend lächerlichen fünf Worte, verbunden mit Unsicherheit und einem enorm schlechten Gewissen, waren mächtig genug, mich umzubringen. Ich sah und fühlte, wie ich als Embryo gegen diesen einen Satz ankämpfte. Doch aller Kampfgeist nützte nichts, ich wurde schwächer und schwächer. Meine Lebenskraft ließ nach und »schwupps« flutschte ich blutig hinaus. Ein Abort. Vielleicht seitens meiner Mutter nicht einmal bemerkt...«

Ich bin also die ältere und die jüngere Schwester meines Bruders. Denn kurz nach der Hochzeit wurde meine Mutter mit meinem Bruder schwanger. Viereinhalb Jahre später kam ich ein zweites Mal. Erneut mit unbändiger Energie. Ich wollte mit aller Kraft und ganzem Willen ein Kind dieser Mutter werden. – Woher nahm ich diese Kraft? Warum will eine Seele in eine bestimmte Frau hinein, in eine bestimmte Familienkonstellation hinein? Macht sie das freiwillig? Weiß sie im Voraus, welche Säuglingszeit und Kindheit sie in dieser Familie erwartet? Wie geht eine abgestoßene Seele mit dem Schmerz ihrer kürzlich gemachten Erfahrung um, ungewollt zu sein? Wie kann es sein, dass sie voller Kraft und Wille nochmals auf die Erde kommen will, nachdem sie gerade noch abgetrieben worden war? Die nächste geistige Reise bringt Klärung. Der Schwindel übrigens verschwand nach dieser Heilreise. Hinter diesem Schwindel steckte in der Tat ein Schwindel. Der drohende Finger der katholischen Kirche konnte wirksam abtreiben, vermutlich, ohne dass ihr dies bewusst war.

Betrachten wir den nächsten Fall. Er zeigt gewisse Phasen meines eigenen Erlebens detailliert auf und bietet Müttern und Vätern Hilfestellungen für ihr verlorenes Kind, unabhängig davon, ob es abgetrieben wurde oder im Uterus schon starb. Nehmen wir dazu Kontakt mit einer betroffenen Seele auf. Sie erlebte den frühen Tod in der Gebärmutter. Kurz darauf reinkarnierte sie und wurde vermutlich durch Medikamente abgetrieben. Sie durchlebt im nachfolgenden Bericht also zweimal einen Tod. Diese namenlose Seele litt, und wir erfahren von ihr, was sie von ihren Eltern dringend gebraucht hätte.

Namenlose Seele: (...) Es ist dunkel. Die Wände sind weich, ich kann mit den Händen und Füßen boxen wie ich will, es ist weich. Ich bin in der Gebärmutter.

Dann erlebt sie ihren eigenen Tod. Sie erzählt:

Ein Teil der Wände geht auf, es zieht mich hinaus. Ich falle wie einen Hang hinunter. Ich falle und falle; es ist dunkel. Der Fall ist unangenehm. Wann hört das endlich auf!?

Nun liege ich rücklings in einem großen See. Nur die Nasenspitze ist über Wasser. Leichter Sog ist im Wasser. In meinem Herzen und in der Brust ist große Traurigkeit. Ich habe den Gedanken/das Gefühl: *Das wollte ich so nicht.*

Ich schwimme nun aktiv vorwärts. Mein Körper wird länger und größer. Ich werde von zwei menschenähnlichen Lichtwesen aus dem Wasser gezogen. Sie nehmen mich in ihre Mitte. Ich sehe Kopf, Arm und etwas Beinähnliches. So sehe auch ich aus. Wir sind alle gleich groß. Es gibt kaum mehr Konturen, alles ist hell. Es ist auch ein drittes Wesen da. Der Oberkörper ist warm und wohltuend... Ich denke: »Dann versuche ich es halt noch einmal.« Doch zuerst muss Heilung geschehen. Nun geschieht etwas mit mir... Ich muss *ganz* (im Sinne von *vollständig*) und leicht, hell werden. Den Schmerz aussöhnen. Ich lasse mich wieder im Wasser tragen...

Wir sind aus dem Wasser hinausgegangen. Es wird dunkler. Ich stehe vor einem Schlauch. In ihm ist ein Wirbel. Es zieht mich in den Wirbel hinein, doch ich habe Angst, Angst, abgelehnt zu werden. Ich wehre mich. Die Begleiter reden mir gut zu, sie lassen mir Zeit. Ich möchte lieber zurück ins Wasser und in die Helligkeit, aber das geht nicht.

Patricia (P): Frage die Begleiter, wieso du nicht zurück kannst.

Namenlose Seele: Sie sagen, es sei meine Aufgabe... Ich kann mich nochmals ins Wasser begeben. Ich sinke tief hinunter, tauche wieder auf. Nun stehe ich wieder. Das hatte einen kräftigenden, ermutigenden Effekt. Ich spüre: *Okay, ich packe das nochmals an.*

P: Frag doch mal die Tiefenimagination, wer diese Aufgabe stellt.

Namenlose Seele: Ich werde hinaufgezogen in noch helleres Licht, es ist wie eine Sonne, alles ist aufgelöst, wie eins. Dieses

Ganze sagt: Das ist die Aufgabe. Es scheint kein Ich zu geben, keine Abgrenzung, alles ist aufgelöst. Ich gehe durch ganz feine Verdichtungen hindurch, merke, dass da noch was Dichteres ist. Mein Auge hat sich nun an diese Konturlosigkeit gewöhnt. Unter mir öffnet sich ein Strudel. Es zieht mich hinein, wie in einen Saugnapf, ein Vulkanloch. Ich bin in einem Schlauch, in Warteposition. Unten ist es zu. Als sei es die Ausgangsposition in einen neuen Unterleib. Komme ich in denselben Leib oder an einen neuen Ort? (...) (Es ging sehr schnell, deshalb spricht sie in der Vergangenheit): Dann kam ich in eine tropfenförmige Position, es machte »pflupp«, und ich fiel unten raus.

P: Frag mal die Tiefenimagination, was die Mutter oder die Familie bestimmt.

Namenlose Seele: Ich sehe viele Krater. Viele Seelen sind in Warteposition. Es zieht hinunter, macht »blubb« wie eine geplatzte Blase. Zu dritt treffen wir uns, geben uns die Hände... Da ist die Energie meiner jüngeren Schwester... Es zieht mich weiter, ich werde größer und kräftiger. Die Schwester bleibt noch oben. Mich zieht es in den Kanal, nun bin ich in einem Bauch...

P: Bestand eine gewisse Freiwilligkeit zu gehen?

Namenlose Seele: Ja, es gab keinen wirklichen Zwang. Sie gaben mir Unterstützung zu gehen. Damit ich kräftig genug bin, genügend aufgetankt in der Warteposition. Nachher konnte ich nichts mehr steuern. Ich bin jetzt sehr entspannt...

Doch dann erlebt diese Kinderseele in der neuen Gebärmutter vermutlich eine medikamentöse Abtreibung:

Es ist, wie wenn meine Energie aus mir heraussprudle, aus dem Solarplexus, wie eine Fontäne. Das ist ein enormer Energieverlust... Ich bin wie lebendig begraben, wie gelähmt in einem Sarg... Das ist beunruhigend... Es ist unnatürlich... Die Hülle um mich herum ist sehr schwer... Die Schwere fühlt sich an wie die Ablehnung oder Depression der Mutter. Bei mir selbst – innerhalb der Hülle – ist Frieden. Es fühlt sich an, wie wenn ich durch Medikamente abgetötet werde... (Nach langer Zeit:) Als ob ich nicht mehr atme und ohne Herzschlag sei, wie gefangen, eingesperrt.

Ich höre wie Staubsaugergeräusche. ... Nun wurde ich aus dem Uterus herausgezogen.

Diese Kinderseele erlebt erneut einen Tod:

Es wird heller. Ich bin total kraftlos, energielos. Die Begleiter müssen mich tragen, halten. Ich könnte nicht selbstständig im Licht sein. Das muss eine Abtreibung gewesen sein; nichts Natürliches. Zuerst wurde meine eigene Energie herausgesogen. Nun müssen sie mich aufpäppeln. Wie, wenn ein volles Glas umkippte und der Inhalt verlorengeht. Die Mutter konnte mit meiner Energie nichts anfangen... Ohne meine eigene Energie kann ich das nicht überleben... Ich fühle mich krank und leer...

P: Frag doch mal, was der Sinn dieser Aufgabe ist, auf die Erde zu müssen, um gleich wieder fortgeschickt zu werden.

Namenlose Seele: Es hat etwas mit Heilen zu tun, mit meinen Heilungskräften, mit Vertrauen in die göttliche Liebe, in das Licht. Urvertrauen. Ich bin sehr erschöpft. Mein Herz wird mit Licht aufgetankt. Ich merke, dass das alles okay ist; dass das alles nichts mit mir persönlich zu tun hatte. Es scheint ein Lernprozess zu sein für die Mutter. Erfahrung von Schuld und Sühne und damit umzugehen. Mein Teil ist, mich abzugrenzen, zu merken, dass es nichts mit mir zu tun hat, und mit dem Licht in Kontakt zu bleiben. Ich spüre Wut auf meine Mutter, spüre, dass ich okay bin. Ich muss mich abgrenzen. Vielleicht gehört nicht einmal die Wut zu mir...

P: Deine Mutter... was müsste sie tun, damit es dir gut ginge?

Namenlose Seele: Es hat mit der Wut zu tun... wenn sie zu schnell über meinen Tod hinweggeht... Wenn sie es wegschiebt, wie wenn das nichts mit ihr zu tun hätte... Das macht wütend; denn es hat nichts mit mir zu tun... Wichtig wäre für mich ein Abschied. Kein Abschieben, sondern ein echt gefühlter, liebevoller Abschied. Ich brauche einen Platz in der materiellen Welt. Ich sehe bunte Blumen, Farben, eine Art Grab. Etwas Sichtbares, so dass man sieht, dass es mich gegeben hat. Liebevolles Gedenken. Denn ich kann nichts dafür, dass ich für meine Mutter zum verkehrten Zeitpunkt gekommen bin. Für mich in der geistigen Welt war der Zeitpunkt der richtige. Ich bräuchte das Herzensgefühl der Mutter für mich, ein echtes Gefühl. Würde meine Mutter darüber sprechen, dass es mich gegeben hat, würde es für mich persönlicher machen.

P: Wie wäre es, wenn du einen Namen erhieltest?

Namenlose Seele: Das wäre sehr schön! Das gibt einen extremen Kraftschub im Herzen! Dadurch wäre mein Kommen nicht vergebens gewesen. Es ist, wie wenn das Glas nicht einfach umgefallen wäre und das Wasser wertlos versickert. Ich erhalte so das Gefühl: Ich gebe gern! Nun wird es mir leichter ums Herz... (...)

Wir lernen:

- Über Fehlgeburten zu sprechen, ist für die Würdigung der Seele des Kindes das wichtigste. Es wäre gut, die Fehlgeburten zu erwähnen, wenn jemand nach der Anzahl Kinder fragt. Sie integrieren. Das gibt dem kurzen Leben, das bereit war, auf die Erde zu kommen, seinen Wert und seinen Frieden zurück.
- Wenn die Kräftigung der Seele durch die Mutter nicht geschieht, – wenn das Wasser im Glas vergeudet wird – ist es für die Seele eine große Herausforderung, das Urvertrauen zurückzugewinnen.
- Die Wut der Mutter, schwanger geworden zu sein, richtete sich gegen die Kindsseele, doch es hatte nichts mit ihr zu tun. Die Wut blieb bei der Kindsseele hocken. Sie müsste bei der Mutter an einem anderen Ort hinaus. Zum Beispiel zum Vater. Die Option, einen Namen zu erhalten, veränderte alles!
- Nur nicht gleich zur Tagesordnung übergehen! Man braucht Zeit für den Abschied, bei dem man zum Beispiel ein kleines Ritual gestalten kann. Eine Nussschale mit etwas kleinem Wertvollem füllen und es einem Fluss übergeben. Das Kind braucht einen Namen.

Eines Tages kam eine Vietnamesin in meine Praxis. Sie erzählte mir, dass sie immer wieder von ihrem Haus in Vietnam geträumt hatte, in dem sie aufgewachsen war. Außerdem träumte sie oft von Babys. Sie spürte, dass diese Träume wichtig waren, verstand ihre Botschaft jedoch nicht, was sie veranlasste, eine Schamanin aufzusuchen. Die Schamanin kam in Kontakt mit diesem Baby, einem Ungeborenen.

Die Schamanin erkannte, dass seine Nabelschnur auf der Erde blockiert war, was den Embryo daran hinderte, seinen Weg in sein geistiges Zuhause fortzusetzen. Ein Engel erschien und befreite das Kind aus seiner misslichen Lage. Die Schamanin fühlte, dass noch etwas anderes Wesentliches geschehen musste, damit das Kind frei war: Es brauchte einen Namen. Sie bat die Vietnamesin, ihm einen zu geben. Vermutlich hatte die Mutter der Vietnamesin einen unbemerkten Abgang. Eine ihrer Töchter träumte, dass etwas noch nicht in Ordnung war, und so kam es Jahrzehnte später zur Erlösung…

Die Frage bleibt offen: Wieso konnte der Engel nicht schon längst von sich aus das Baby befreien? Wieso ist zusätzlich die Hilfe von Menschen erforderlich? Und was geschah damals, dass die Nabelschnur eingeklemmt wurde?

Der Tod und Sinn des Zwillings in utero

Es gibt Menschen, die als Zwillinge im Mutterleib heranwachsen, diesen jedoch ohne Zwilling verlassen. Vermutlich wissen die wenigsten von diesem im Uterus verstorbenen Zwillingsbruder oder der Zwillingsschwester, doch sie kennen zeitlebens unter anderem folgende Zustände, die sie möglicherweise nicht einordnen können:

Verlassenheitsgefühl, das Gefühl, nicht dazuzugehören, Außenseiterin zu sein, im Stich gelassen zu werden. Diese »grundlosen« Gefühle können vom Verlust des Zwillings stammen. Seien wir ein weiteres Mal neugierig. Wieso kommt eine Seele als Zwillingsgeschwister in den Mutterleib, um sich alsbald wieder zu verabschieden?

Auch Ursula hatte nichts von einem Zwilling gewusst. Bis sie eines Tages während einer inneren Reise in der Gebärmutter ihrer Mutter landete und dabei feststellen musste, nicht allein zu sein. Sie teilte den Raum mit einem Bruder! Sie hatte davon nichts gewusst. Ihre Worte: »Ich war im Mutterleib und nicht allein! Es ist ein Bub… Das ist eigenartig… Er war dann weggegangen. Es war furchtbar, danach allein zu sein. Es war schlimm zu wissen, dass ich nun allein auf die Welt muss…« Auch ihre Mutter hatte nichts von einem Zwilling gewusst, jedoch eine komplizierte Geburt erlebt, von der sie nie erfahren hatte, weshalb diese so kompliziert war. Nach Ursula gebar die Mutter (weitere) Zwillinge.

Ursula entdeckte und erfuhr während der inneren Reise, dass sie ohne diesen Bruder niemals auf die Erde gekommen wäre. Sie wäre nicht bereit gewesen; sie hätte sich nicht getraut. Also machte eine weitere Seele mit ihr ab, sie auf die Erde zu begleiten. Der Haken dabei: Der Zwillingsbruder verließ sie bald wieder, noch bevor Ursula das Licht der Welt erblickt hatte. Der Zwillingsbruder hatte noch andere Aufgaben. Das machte Ursula enorm zu schaffen, jahrelang litt sie unter Verlassenheitsgefühlen und der Frustration darüber, im Stich gelassen worden zu sein. »Er ließ mich einfach sitzen! Ich ging nur, weil das so abgemacht war. War seine andere Aufgabe denn wichtiger als ich? Das gibt mir ein weiteres diffuses negatives Gefühl, nicht so wichtig zu sein.

Diese Gefühle attackierten sie schnell auch im Alltag. Der Rückzug ihrer engsten Freundin machte sie fast krank. Bald erfuhr sie mehr über den Sinn dieser ersten prägenden Erfahrung im Mutterleib. Sie erlebte sich auf einer weiteren Reise nach innen wieder im Mutterleib. Zusammen mit dem Zwillingsbruder war es kuschelig, warm und geborgen. Es war schön, jemanden zu spüren, der so nah war. Zu zweit zu sein war, wie ein spielerischer Tanz, zusammenzusein und wieder auseinanderzugehen. Es war so friedlich, fröhlich, leicht und verspielt! Doch wieso geht eine Seele wieder, wo sie es doch so schön zusammen hatten? Lassen wir den Zwillingsbruder sprechen:

»**Ich wusste, dass** dir das Schmerz bereiten würde. Doch ich wusste auch, dass du nun Zugang zu dieser Fröhlichkeit hattest. Ich wollte, dass du trotz des Schmerzes die Leichtigkeit mitnehmen und so die Trauer und den Schmerz überwinden kannst. Ohne viel zu denken. Diese Leichtigkeit kannst du andern weitergeben, trotz der schwierigen Situation und den schweren Gefühlen, die das Leben manchmal herbeiführt.«

Mein Bruder nimmt mich tröstend in den Arm, wie ein kleines Kind. Ich merke, er ist immer da, ich kann immer zu ihm gehen. Ich beginne, die Trennung zu verstehen. Sie war, nicht weil ich zu wenig wichtig war..., seine Aufgabe aber war, die Leichtigkeit von innen heraus vielen andern weiterzugeben, weil unsere Welt so schwer ist. Ich sehe, wie er an verschiedenen Orten wirkt. Er lehrte mich, die Leichtigkeit, Fröhlichkeit und Verspieltheit trotz allem Schwierigen, das geschieht, zu behalten. Sie über eine Brücke von Schmerz mitzunehmen und andern weitergeben. Ich sehe Bilder von Krieg, KZ, Ghettos. Darin sind immer wieder Leute, die singen und fröhlich sind, Licht in den Alltag bringen. Er macht das schon seit Jahrhunderten. Er hilft auch Menschen, die schon auf der Welt sind. Er ist wie ein Geistwesen..., hm..., er ist nicht nur Energie, er hat Form... Ich sehe sein Gesicht, Arme, ein Körper bis etwa in die Mitte. Dort, wo er gebraucht wird, da ist er. «

So haben wir eine Seele mehr kennengelernt, die uns Menschen hier auf Erden unterstützt. Es fällt auf, wie viele Seelen in diesem Buch auftauchen, die helfend unterwegs sind. Wird einem allgemein die Aufgabe des Helfens oder des Heilers eigen, sobald man sich in höheren Gefilden befindet? Schauen wir weiter. Noch eine Schlussbemerkung zu Ursulas Geschichte: Trotz der guten Absicht des Zwillingsbruders waren Ursulas Gefühle, wie wir wissen, schwer, sie litt unter dem Verlust und darunter, von ihm im Stich gelassen worden zu sein. Dazu ihr Zwillingsbruder:

»Ich hätte wohl länger bei dir in der Gebärmutter bleiben sollen, damit du die Leichtigkeit für Zeiten der Schwere mehr hättest aufnehmen können. Auch alte Seelen machen Fehler...«

Ursula besuchte nach dieser geistigen Reise einen Humor-Workshop. Als ich sie nach ein paar Wochen wieder traf, strahlte sie. »Seither ist in mir die Leichtigkeit im Vordergrund, nicht mehr die Gefühle des Verlassenseins. Das ist super! Diese Leichtigkeit, einfach zu sein, ohne zu grübeln und ständig zu denken.« – Der Zwillingsbruder hatte dazu Samen gesät, die nun, fast sechzig Jahre später, hoffentlich definitiv aufgehen konnten. Es wäre den beiden guten Seelen von Herzen zu wünschen!

Der Tod von Vater oder Mutter in Bezug auf ihre (kleinen) Kinder

Dieses Kapitel widmet sich Söhnen und Töchtern, die im Kindes- oder Jugendalter einen Elternteil verloren haben. Es untersucht die Beziehung des Verstorbenen zu den Hinterbliebenen.

Erinnern wir uns an Pias geistige Reise zum Überblick über das zu erwartende Szenario nach dem Tod (Kapitel »Die Entscheidungsmöglichkeiten der Seele nach dem Tod«, Seite 37). Seelen können vorwärts ins Licht gehen, oder sie werden von den Hinterbliebenen nach hinten gezogen, was sie zurück ins Irdische führt. Dass es noch eine dritte Variante gibt, erfahren Sie gleich. Ein weiterer Ausschnitt aus Pias Reise:

> **Wenn sich verstorbene** Mütter oder Väter von kleinen Kindern *bewusst* entscheiden, bei den Kindern zu bleiben, um sie zu beschützen, haben sie den Stress und das hektische Karussell nicht. Sie haben sich selbst entschieden, noch bei den Kindern zu bleiben und sie zu unterstützen. Ich sehe eine Seele, die ihr Kind streichelt. Das Kind weiß, dass Mama da ist. Es wird ruhig... Sie gibt ihm Sicherheit und Vertrauen.

Viele Erwachsene glauben, ein verstorbener Elternteil sei »weg«, nur weil er tot ist. Nichtsdestotrotz können verstorbene Elternteile ihre zurückgebliebenen Kinder besuchen, auch wenn diese Kinder dies nicht merken oder für möglich halten. Ein Fall aus der Praxis:

Eva ging es nicht gut. Die Beziehungen zu Männern gingen in den letzten Jahren alle in die Brüche, sie hatte nie erfahren, weshalb. Ihr Vater starb, als sie Jugendliche war. Sie suchte mich auf, weil ihre Homöopathin ihr dies geraten hatte. Diese wusste, dass ich mit Verstorbenen arbeitete und vermutete einen Zusammenhang zwischen ihrem verstorbenen Vater und Evas emotionalem Zustand. Eva selbst wusste nicht so recht, was sie bei mir sollte, dennoch ließ sie sich auf eine geistige Reise ein.

> **Auf ihrer ersten** Reise sah Eva eine volle Stunde lang nur schwarz.

Wenn jemand derart herausgefordert wird, reise ich innerlich oft auch selber mit, um den Prozess besser begleiten zu können. Ich schloss also meine Augen und sah das Schwarz ebenfalls. Nur Schwarz. Ich begrüßte gedanklich das Schwarz und fragte es, was es sich von Eva wünsche. Ich hörte: »Sie muss mich akzeptieren!«

Ich teilte dies Eva mit. Eva war bereit, das Schwarz zu akzeptieren. Die Sitzung war beendet.

Ich war gespannt, ob Eva wiederkommen würde, nachdem sie das erste Mal »nichts« gesehen hatte. Sie kam wieder.

Doch auch während der zweiten Reise erblickte sie nur schwarz. Das ist wahrlich eine Herausforderung! Doch dann: Vielleicht nach etwa einer halben Stunde erhielt sie innerlich einen Blumenstrauß. Ich selbst hatte meine eigenen Bilder und den Eindruck, das Schwarz sei nichts anderes als ein rabenschwarzer Bühnenvorhang, in dem sich ein Schlitz geöffnet hatte, durch den ihr von Unbekannt die Blumen überreicht wurden.

Es dauerte nicht lange, da fühlte ich eine unsichtbare Hand auf meiner Schulter. Jemand stand rechts neben mir. Ich vermutete, es sei ihr Vater. Wie üblich, bat ich den geistigen Besucher, mir ein unverkennbares Zeichen zu geben, wenn meine Intuition stimmte. Ich sah geistig, wie ein Mann mit Strohhut am Stiel einer Margerite kaute. Ich sah die Margerite ganz deutlich. Ich notierte mir den Blumennamen auf dem Kärtchen, damit Eva am Schluss sehen konnte, dass ich ihr keinen Bären aufband. Ausschnitte aus der Reise:

Patricia (P): Frag doch mal, wieso du einen Strauß erhalten hast.

Eva (E): Weil ich gerne Blumen mag. Ich freue mich über den Strauß.

P: »Frage oder fühle doch mal, von wem du den Strauß erhalten hast.

(Ich vermutete, wie gesagt, vom Vater)

E: Ich weiß es nicht. Es ist eine männliche Energie.

Dann erblickte Eva innerlich einen Bären. Schnell fühlte sie sich mit ihm vertraut. Die beiden waren zusammen unterwegs. Sie fühlte sich durch ihn gestärkt, ihr Kopf und ihr Nacken entspannten sich. Sie fühlte in ihrem Rücken Rückhalt und Stärke.

(Ich vermutete, der Vater zeige sich in Gestalt des Bären. Verstorbene zeigen sich uns oft in Tierform.)

Am Schluss der inneren Reise fragte ich, ob sie den Blumenstrauß noch sähe.

E: Nein.

P: Kannst du dich an die Blumenarten erinnern?

E: Nein, nicht wirklich.

P: Bist du bereit, den Blumenstrauß zu bitten, nochmals zu erscheinen?

E: Ja, ich sehe ihn.

P: Wie sieht er aus?

E: Es ist ein Wiesenblumenstrauß.

P: Welche Blumen sind darin? Ich erkläre dir am Schluss, weshalb ich dich das alles frage...

E: Ich kenne mich nicht gut aus mit Blumennamen. Sie haben alle weiße Blütenblätter und sind innen gelb.

P: Danke, das reicht.

Eva kam mit ihrem Bewusstsein in meinen Praxisraum zurück, und wir sprachen über die Reise. Ich sagte ihr: »Dein Vater war hier im Raum. Von ihm waren die Blumen...«. Eva ignorierte meine Aussage. Ich beharrte: »Das ist real. Er ist noch jetzt hier im Raum.« Ich hätte beschreiben können, wo und wie er aussah. Erneut ignorierte sie das. Sie erwiderte: »Ich kann es mir nicht vorstellen, es ist so abstrakt...«

Eva war sonst eine fröstelige Person. Heute nach der Reise war ihr total warm, fast heiß. Sie sagte: »Mein Vater schenkte der Mutter oft Rosen. Hätte ich Rosen erhalten, hätte mich das nicht so gefreut. Margriten sind natürlicher, das freut mich mehr.« Ich sagte ihr etwas zu spontan: »Du kannst deinen Vater jederzeit um Hilfe bitten, wenn du willst.« – Doch ich merkte, dass ich mir dabei nicht wirklich sicher war, ob das für ihren Vater auch gut wäre…

Ich möchte an dieser Stelle eine kleine Interpretation anbringen: Für mein Gefühl war das Schwarze die Tatsache des Todes. Der schwarze Bühnenvorhang war die Trennung zwischen dem Leben vor und nach dem Tod. Diese Trennungslinie zeigt sich oft in Gestalt eines Vorhangs.

Eva verließ die Praxis. Ich hatte das Gefühl, der Vater sei noch da. Ich fühlte etwas an der Schulter. Ich sah, wie er nickte. Ich beichtete ihm: »Ich bin nicht sicher, ob es richtig war, deiner Tochter empfohlen zu haben, dass sie dich einfach fragen und rufen darf. Ist das gut für dich? Ich weiß nicht, in welcher Ebene du dich befindest…« (Ich darf du sagen.)

Verstorbener Vater: »Du kannst das schon machen. Es schadet nicht. Ich bin sowieso für sie da. Wie auch für die andern. Die Cousine, Helen und Margrit, meine Frau.« Ich fragte ihn: »Brauchst du etwas von mir, von uns?« »Ja. Trost. Mitgefühl.«

Seine Antwort und sein Bedürfnis überraschten mich. Ich hätte nie an ein solches Bedürfnis gedacht! Leider war ich zu müde, um mehr zu erfahren, und ich beendete das Gespräch. Er verließ meinen Raum und ging zur Tochter. Ich sah geistig, wie er seinen Arm um ihre Schulter hielt, damit sie aufrecht gehen konnte. Wie schade, dass sie seiner Gegenwart gegenüber so verschlossen war!

Noch immer war ich damals im (falschen) Glauben, Verstorbenen gehe es nach dem Tod einfach gut. Weshalb er Trost und Mitgefühl von uns brauchen könnte, verstand ich erst vollends nach der gleich folgenden Reise von Alexandra.

Auch Alexandra hatte ihren Vater als Jugendliche verloren. Er verstarb mit vierzig Jahren durch einen Fahrradunfall. In der folgenden Reise berichtete er Alexandra viel Wesentliches über seine Zeit nach dem Tod in Bezug auf seine hinterbliebene Familie. Sein Schicksal betrifft nicht nur ihn und Alexandras Familie, es ist ein häufiges Los der Verstorbenen.

Vater (V): Ich habe an den neuen Ort viel Kraft mitgenommen. Für mich war es nicht schmerzlich, in diese große Kraft zu gehen. Ich wusste, dass du immer beschützt bist. Diese Energie ist immer zwischen uns, sie verbindet uns, egal in welcher Welt wir sind. Es ist wie ein Schutzband um dich herum. Es ist rot-orange, wie lodernde Flammen. Wir waren immer miteinander verbunden, aber du hast die Verbindung abgeschnitten, weil du so traurig warst und die Energie nicht fühltest. Ich bin glücklich in dieser Welt. Ich versuchte, dir Zuversicht, Freude und Gelassenheit zu schicken. Du hattest es nicht verstanden, dass ich schon so im Frieden sein konnte, während ihr noch so verstrickt ward im Tod, der Trauer und im Schock. Du konntest es deshalb nicht annehmen. Ich wollte nicht, dass bei euch ein solches Chaos ausbricht! Das tut mir leid! Ich war sehr nahe bei euch, unmittelbar bei euch, in der Wohnung, in der Familie. Ihr habt das nicht gemerkt. Der Schock hüllte euch schwarz ein. Mein Trost erreichte euch nicht. Ihr dachtet, es sei vorbei, es gäbe keinen Kontakt mehr zwischen uns. Ihr hättet mit mir sprechen können, ganz normal. Ich war rund zehn Jahre bei euch. Ich habe mich mit der Zeit verflüchtigt. Es machte mich hilflos, weil ich mit meiner Energie bei euch nicht durchkam, weil es so schwarz war. Mit der Zeit habt ihr mich vergessen. Das förderte die Verbindung nicht und machte mich traurig. Die Hoffnung gab mir Kraft, zu bleiben. Einen Verstorbenen zu vergessen, dadurch kann man den Schmerz nicht überwinden. Es ist wichtig, das Herz dem Leben gegenüber wieder zu öffnen und das Schöne zu sehen! Nun, wo du und deine Mutter nicht mehr so schwarz seid, sind wir nicht mehr getrennt voneinander.«

Patricia (P): Was bewirkte es bei deinem Vater, dass ihr euch geöffnet hattet?

V: Es erleichterte mein Herz. Dadurch kann ich von euch loslassen, da ich weiß, dass es euch gut geht. Ich bin nun frei, *verbunden*, aber nicht mehr *gebunden*. Ich versuchte, euren harten schwarzen Panzer aufzuweichen, mit Licht einzuhüllen. Ich wollte nicht gehen und euch in der Starre allein zurücklassen.

P: Was würde er Trauernden raten?

V: Transparent zu bleiben, sich nicht abzukapseln wegen der Trauer. Im Herzen ein Türchen offen lassen, damit Lichtenergie hineinfließen kann. Das braucht Zeit. Lasst das Herz offen! Diese Starre kann bis zum eigenen Tod anhalten und darüber hinaus. Man kann diese Starre in ein weiteres Leben mitnehmen. Es ist gut, dass immer mehr Menschen wissen, dass das Leben nach dem Tod weitergeht. Dies hilft, den Kontakt zum Verstorbenen zu halten, seine Türe im Herzen – wenn auch nur einen Spalt – offen zu halten. Wenn die Öffnung im Herzen nur sehr schmal ist, der Kanal eng, kann nur sehr wenig Licht hineinfließen und der Aufweichungsprozess dauert viel länger. Auch für den Verstorbenen macht es das Herz enger, weil dieser kaum eine Möglichkeit hat, mit den Hinterbliebenen Kontakt aufzunehmen. Diese schwarzen Panzer sind sehr stark! Es schaut aus wie eine schwarze Säule um einen Menschen herum.

Er zeigt ein Dreieck im Herzen der Hinterbliebenen, daraus kommt Licht.

Dann begann Alexandras Vater an seiner Tochter zu arbeiten, ihr Herz zu heilen. Er schickte ihr durch das Dreieck im Herzen Licht und sagte zu ihr:

»Verweile einen Moment lang so, damit du die volle Öffnung wieder erlangen kannst. Alle Zellen deines Herzens werden nun wieder aktiviert, alles Verkümmerte der letzten Jahre geheilt. Hab Geduld, du spürst es dann schon, wenn es wieder gut ist.

Ich zeige dir, wie gern ich dich in all den Jahren hatte. Du hast es nicht gemerkt. (Tränen bei Alexandra.) Nun kann die Energie wieder frei zwischen uns fließen.«

Alexandra sieht, wie die Energie gelb herausfließt, wie in einen Wirbel hinein.

Vater: Nun ist alles gelöst zwischen uns, aufgelöst, im Sinne einer Lösung. Es ist alles gelöst, obwohl wir verbunden sind.

P: Ist er jetzt, wo du längst erwachsen bist, noch in einem aktiven Kontakt mit dir?

V: Es ist wichtig, dass der Kontakt immer bleibt, auch für die nächsten Generationen, die dir folgen. Nur weil der Großvater gestorben ist, heißt das nicht, dass man ihn nicht lebendig halten soll. Sprich mit deinen Kindern über mich, mach keinen Unterschied, ob ich lebe oder nicht. Halte mich als einen normalen Teil der Familie, schneide mich nicht ab. Ich existiere, auch wenn ich »gestorben« bin.

In diesem Moment geschah bei Alexandras Vater ein Quantensprung und er gelangte auf eine andere Ebene. Alexandra sah innerlich, wie sich viele Arme einer Qualle (Medusa) auflösten. Es waren die Verbindungen vom Vater zu ihr und zu ihrer Mutter. Sie spürte, dass sie noch immer mit dem Vater verbunden war, doch auf eine andere Art. Da sie mit dem Vater nun in Frieden war, konnte sich dieser aus seiner Ebene fortbewegen. Er sagte: »Ich muss mich nun zuerst neu orientieren...! Das ist eine bewusste Neuorientierung, die nun erst stattfinden kann.«

Die Farben der Sphäre veränderten sich. Nun ist viel hellgrün und hellblau.

Vater: Ich bin weit weg von der Erde. Das geschah durch dieses Gespräch. (A sieht die Erdkugel weit weg.) Vorher war ich nahe der Erde...

Alexandra sah weiße Schleier; er entfernte sich noch weiter von der Erde. Sie umarmten sich zum Abschied. Alexandra sagte: »Vater ist fern und doch so nah. Ich kann einfach mit ihm sprechen, und er antwortet mir. Die beiden Dimensionen sind so nahe beieinander und doch so fern...«

Was lehren uns Evas und Alexandras Fälle?

- Zu glauben, dass der Kontakt zu einem Verstorbenen nicht mehr möglich ist, erschwert den Heilungsprozess für beide Seiten enorm. Der Hinterbliebene einerseits kommt nicht aus seiner schwarzen Starre heraus, da er sein Herz nicht offen hält. Der Verstorbene andererseits kann sich nicht von der Erde entfernen, da er merkt, dass es seinen Liebsten nicht gut geht. Dadurch wird auch sein Herz schwer, eng und traurig. Die Verbindung bleibt *ge*bunden, statt *ver*bunden. Der *Ver*storbene ist nicht frei, um in höhere Sphären zu wechseln, der Hinterbliebene ist nicht frei, geheilt und in wirklichem Frieden.

- Im Frieden zu sein hat nichts zu tun mit der Verdrängung eines Todes! Verdrängt man den Tod und den eigenen Schmerz, kann man in einer schwarzen Energiesäule verhangen bleiben, dies weit über den eigenen Tod hinaus; möglicherweise nimmt man diese Starre gar mit in ein nächstes Leben. Diese Starre kann sich in Form innerer Schwere, Erstarrung oder Trägheit zeigen, von der man nicht versteht, woher sie stammt.
- Geben wir nochmals Alexandras Vater das Wort: »Das Wichtigste für Kinder früh verstorbener Elternteile ist zu wissen, dass sie *unendlich geliebt* werden von denen, die gegangen sind. Sie sollen versuchen, diese Liebe in ihren Herzen zu spüren. Das hilft, das Herz offenzuhalten. Dies ist der Kanal zu ihnen von der unendlichen Liebe Gottes – oder wie immer man zu dieser Intelligenz sagen will –, die einfließen kann durch denjenigen, der gestorben ist. Versucht, diese Liebe zu spüren! Sie wird von demjenigen gesendet, der gestorben ist. Doch dieser ist nur der Mittler des großen Flusses und Wasserfalls. Durch den Verstorbenen wird die Energie gebündelt. Man soll sich Zeit einräumen, sich nicht vom Alltag einnehmen lassen. Es erfordert Zeit. Wenn man sich nur wenig Zeit dafür nimmt, dauert der Prozess sehr viel länger! Dieser Prozess braucht eine gewisse Anzahl Zeit! Es ist ein Zeitgefäß, diesem soll man sich widmen, sonst zieht es sich sehr in die Länge.
- Durch Meditation kann man dem Licht Raum geben; es wagen, voll da hineinzugehen. Auch wenn der Tod schon lange her ist und man meint, es sei vorbei, ist es nicht so, da man ihn nur verdrängt hatte. Heilung ist mehr, als den Tod anzunehmen. Wenn die Gefühle wie Wut und Trauer stark kommen, kann man sich vorstellen, diese dem Licht zu übergeben. Helles Sonnengelb. Es reicht schon, zu denken, man gebe die Gefühle dem Licht. Es dauert länger, wenn man sich mit diesen Gefühlen identifiziert, als wenn man sie ins Licht gibt. Dies ist, wie wenn man

das Gefühl mit einem Schwert durchschneidet. Man kappt das Gefühl, damit man darin nicht erstarrt…

- Nicht jeder einzelne der Hinterbliebenen muss diese Heilarbeit in sich machen, damit auch der Verstorbene gehen kann; einer pro Generation reicht.
- Es ist die Trauer und das mangelnde Vertrauen in unsere hellsinnige Wahrnehmung, die uns vom Verstorbenen trennt. Durch die Trauer entsteht energetisch eine schwarze Säule um uns. Diese verhindert den emotionalen Kontakt zur dahingeschiedenen Seele, welche unseren Schmerz erkennt und uns trösten möchte.

Mehr über den Kontakt zu Verstorben in den Kapiteln »Wann ist der Kontakt zu Verstorbenen sinnvoll, wann nicht« (Seite 256) und »Wie sich Verstorbene uns zeigen« (Seite 258)

Der Tod geistig behinderter Menschen

Was erlebt ein geistig behinderter Mensch auf seinem Übergang in das geistige Leben? Wird er beschützt und abgeholt wie die Kinder? Ich bat Mary, die Mutter von Benjamin, zum Tod ihres damals 18jährigen Sohnes geistig zu reisen, um mehr darüber zu erfahren. Sie willigte ein und erwähnte, sie habe seinen schmerzhaften Tod vor über einem Jahr eigentlich verarbeitet. Sie sei sicher, dass er im Licht sei. – Doch dann die Überraschung…

Ein Ausschnitt aus ihrer Reise, die uns zwar nicht im Detail zeigt, was er erlebt hatte, dennoch einen gewissen Einblick über seinen Zustand ermöglicht.

Mary: Da ist etwas Dunkles… Ich will dieses Dunkle nicht sehen! Ich höre immer *Gugu*… Das machte Beni immer… Es kommt mir vor, wie wenn das *Gugu* mich irgendwo hinziehen will… Ich lasse mich ziehen… Es zieht und zieht und macht… Es zieht mich in eine Sackgasse… Es geht nirgends hin… Er führt mich zu unserem Stubenschrank und zeigt zur Schokolade! Ich sehe Beni wie früher! »Iss Schoggi und genieße es!« will er mir damit vermutlich sagen. Ich gebe ihm ein Stück… Er ist zufrieden.

Ich sehe ihn nun im Sarg. Ich spüre riesige Wut darüber, dass mich der Heimleiter nicht sofort informiert hat, als er starb. Er starb im Heim. Diese Wut war mir vorher nicht bewusst. Mir wird's hundsmies und elend... Ein riesiger Bär hilft mir. Er putzt die Maschinerie der Belebungsversuche weg.

Ich glaube, wenn ich dort gewesen wäre, wäre Beni nicht gestorben!

Der Bär sagt: »Es war Benis Wille!«

Der Bär schützt mich davor, dass ich nicht alles zerstöre. Es verwirrt mich zu wissen, dass Beni gehen wollte... Konnte Beni wirklich selbst entscheiden? – Ich kann einfach nicht loslassen!!!

Ich höre Benis Stimme: »Lass mich einfach in Frieden!«

P: Bist du bereit, Beni in Frieden gehen zu lassen?

M: Ja! (Sofort darauf:) Ich sehe Erde, eine Blumenzwiebel steckt darin. Daraus wächst eine wunderschöne Tulpe. Ich höre Benis Stimme: »Du brauchst dich nicht zu sorgen! «

Die Tulpe ist wunderschön, rot, darin das Gelb und Schwarz. Ich fühle mich in der Tulpe drin. Die Tulpe sagt: »Genieße es, hier zu liegen und die Energie dieser Farbe aufzunehmen! Ich brauche Liebe, Zärtlichkeit und Achtsamkeit!«

M: Das gebe ich dir gerne.

P: Spürst du eine Verbindung zu Beni?

M: Ich spüre Schwingungen von Zärtlichkeit. Um den Körper herum, links am Oberkörper, auch an den Beinen... (...)

Mary nach der Reise: »Ich wusste nicht, dass ich ihn noch nicht losgelassen hatte. Auch nichts von dieser enormen Wut, die noch immer da war... Diese Reise musste wohl sein. Nun erst konnte Beni wirklich gehen... Und er erinnerte mich daran, das Leben zu genießen. Auch ohne ihn... Wenn das nur nicht so schwer wäre ..

Diese Reise lässt viele Fragen offen und bietet Interpretationsspielraum. Befand sich Beni nach einem Jahr noch in astraler Erdnähe? Wollte er nicht gehen, weil die Schokolade noch zu viel Anziehungskraft auf ihn hatte? Können irdische Genüsse wirklich ein Grund sein, noch ein bisschen in Schranknähe zu verweilen…?

Was zeigt uns dieser Fall?

- Beni konnte schon im Moment des Todes wieder selbst entscheiden.
- Um zu gehen brauchte er den Segen und Frieden der Mutter.
- Zu sprechen war ihm möglich.
- Er wusste seine Mutter weise zu beraten: »Genieße dein Leben!«
- Er war bei bester Laune, ob er sich noch in Erdnähe befand oder in neuer Gestalt als Tulpe und damit verwandelt in einer verfeinerten Dimension.
- Die Verbindung von Mutter zu Kind und umgekehrt bleibt bestehen: Seine Liebe zur Mutter kann er weiterhin durch Zärtlichkeit ausdrücken, die sie an ihrem Körper fühlen kann. Diese sensorischen Wahrnehmungen sind also durchaus ernst zu nehmen.
- Der Verstorbene braucht von seiner Mutter Freiheit und die Akzeptanz seiner Entscheidung, gehen zu wollen; und auch Liebe, Zärtlichkeit und Achtsamkeit. Auch er spürt diese Gefühle.
- Loszulassen ist vielschichtig. Wir meinen, losgelassen zu haben, haben das aber in der Tiefe noch nicht getan. Innerlich zum Tod eines Kindes zu reisen, ist äußerst ratsam!

Tod durch eine Sucht

Kann das Verlangen nach einem irdischen Produkt – wie eine Schokolade im obigen Kapitel – eine Seele tatsächlich in astraler Erdnähe zurückhalten? Wie sieht es aus mit Drogen wie Alkohol und anderen Sucht- und Rauschmitteln? Suchtmäßige Sexualität? Kann es sein, dass der Zug zum Suchtmittel stärker ist als der Sog in die geistige Welt? Was geschieht, wenn der Tod durch eine Überdosis eintritt? Alexandras verstorbener Vater gab uns darüber Informationen:

> **Was in der** Astralwelt geschieht, das heißt, welche Erfahrungen man darin noch machen muss, ist abhängig von seinem Leben auf der Erde. Dinge können in der Astralwelt nachwirken, etwa bei Sucht oder bei etwas, das einen sehr eingenommen hatte. Da kann es sein, dass man in der Astralwelt noch wie im Hamsterrad

läuft, bevor man in weitere Dimensionen geht. Weil es Energien sind, die nachwirken. Das kann kurz sein oder sehr lange. Die Zeit hier hat einen anderen Maßstab als auf der Erde. Es ist Gottes Gnade, aus dem Hamsterrad herauszukommen. Das ist dasselbe wie das Herz, das offen ist. Wenn da ein Lichtstrahl aus der Astralwelt einwirken, eindringen kann, dann kann es schneller gehen, bis man aus dem Rad herauskommt. Auch hier ist das Dreieck des Herzens entscheidend; wie offen es ist. Auf der Erde wie in der Astralwelt. Doch das Licht ist immer da. Auch wenn es verborgen oder hinter einem Nebel scheint. So befinden sich diese Menschen wie in einer Suppe, und wissen nicht, wie es weitergeht. (...)

Möglicherweise könnte man die folgende Reise als »Gottes Gnade« einordnen:

1996 war für mich ein besonderes Jahr der Experimentierfreude. Meine Neugierde auf das Unbekannte und die Offenheit dafür war groß, und ich begab mich zu allen möglichen und unmöglichen Themen auf innere Reisen. In meiner Praxis betreute ich damals eine vielleicht 25jährige Sozialhilfeempfängerin. Ich wollte etwas über den Hintergrund ihres eingeschränkten Lebens erfahren und begab mich dazu auf ein geistiges Abenteuer. Dabei traf ich auf ihn:

Ich sah innerlich einen älteren Mann; salopp gesagt, sah er aus wie ein Penner. Offensichtlich hatte er sein physisches Ende während eines Vollrauschs gefunden. Auf meiner geistigen Reise traf ich ihn in einer Art Tiefgarage – vermutlich ein Spiegel seines öden seelisch gefangenen Zustandes. Ich merkte, dass der Mann vom dauerhaften Alkoholmissbrauch mental weit abgebaut hatte. Noch immer schien er in einem rausch- oder schlafähnlichen Zustand zu sein, und wer weiß wie lange schon dämmerte er auf dem kalten Betonboden vor sich hin.

Etwas weiter entfernt von ihm befand sich an der Betondecke eine kreisrunde Öffnung, vergleichbar mit einem offenen Schacht am Strassenrand. Dies war sein Weg ins Licht. Doch leider war dieser Weg für ihn unerreichbar, wegen der Höhe und auch, weil er ununterbrochen rauschähnlich schlief.

Um sein sinnloses und leidvolles Dasein abzukürzen, half mir eine Giraffe – eines meiner Krafttiere -, ohne deren Hilfe ich mich niemals auf solche Expeditionen einlassen würde. Die Giraffe, der es wohl bewusst war, dass der Mann nicht ansprechbar war, packte ihn am Kragen und schleuderte ihn durch das runde Loch, durch das das Licht von oben drang...

Leider kann ich Ihnen die Informationen, die nun spannend wären, nicht mehr liefern. Diese wären: Welchen Effekt hatte die Erlösung des verstorbenen Alkoholikers, der offensichtlich in einem systemischen – also familiären – Zusammenhang mit dem Leben der Sozialhilfeempfängerin stand? In welchem Verwandtschaftsgrad stand dieser Mann zu ihr und wie lange befand er sich schon in seinem »Hamsterrad«, dem astralen Rausch? Dennoch vermittelt uns dieser Fall ein paar Eindrücke über den Zustand nach dem Tod, wenn dieser in einem Vollrausch eintritt. Ich vermute, dass diese Seele schon sehr viele Jahre in der astralen Tiefgarage verbracht hatte.

Was können Hinterbliebene tun, um verstorbenen Süchtigen aus ihrem elenden Zustand herauszuhelfen? Dass dies sinnvoll ist und wichtig, zeigt der Zusammenhang mit der Sozialhilfeempfängerin. Ein Süchtiger in der Ahnenreihe kann einen blockierenden Einfluss auf die Hinterbliebenen bewirken, solange dieser nicht erlöst ist.

Es stellt sich auch die Frage: Wie lange braucht Alkohol, um sich in der Astralwelt abzubauen? Warum zieht es ihn nicht automatisch in das Reinigungs- und Mutmacher-Bad, wie wir es im Kapitel »Prozess der Erleichterung« (Seite 62) gesehen haben?

Der Tod von Menschen mit Demenz

Bevor wir einen weiteren Fall studieren, wollte ich von der Tiefenimagination wissen, was sie uns allgemein über das Weiterleben nach dem Tod von dementen Personen oder Menschen mit Alzheimer zeigen will. Marianne, die beruflich selbst viel mit alten Leuten zu tun hat, hat sich auf diese Frage eingelassen. Wir erfahren dabei, dass vor, während und kurz nach dem Tod vor allem der Kanal des Fühlens (wie ich liege, wo meine Hände sind...) und Hörens offen ist, während das Gehirn praktisch leer ist. Das rationale Denken wurde schon zu Lebzeiten »verpixelt«. Das Gehirn denkt bei Demenz vorerst auch nach dem Tod noch in den alten, bekannten Mustern, wie vor dem Tod.

Die Seele dementer Menschen wird nach dem Tod wie ein Baby getragen und versorgt. Wie wir schon in vielen Fällen gesehen haben, gelangt die Seele früher oder später in einen Sog, der nach oben in eine Helligkeit aus hellem Pink und Gelb und Weiß führen kann. Die Seele, noch immer im dementen Zustand und wie ein Kleinkind, kann darin wohlig schwimmen. Dies haben wir schon bei verstorbenen Kindern beobachtet und scheint hier entsprechend zu sein, wenn auch jeder Sterbeprozess individuell ist.

Picken wir uns einige Stellen aus Mariannes geistiger Reise heraus. Zum Beispiel die Stelle während der Beerdigung, wo sich die Angehörigen um ihr verstorbenes Familienmitglied sorgen. Lassen wir die Seele einer Dementen sprechen:

> **Links ist nun** etwas Festeres, Dunkles, das mich bremst. Es sind die Sorgen der Hinterbliebenen. Es ist der Zeitpunkt der Beerdigung. Sie bremsen nur, sie können mich nicht zurückholen, der Sog ist zu stark. Es kann immer nur vorwärts gehen, aber nicht zurück. Ihre Sorgen können mich nur bremsen.
>
> Ich spüre links ein Ziehen…

Gleich erfahren wir, weshalb man eine demente Seele nicht zurückhalten kann, wie dies bei gesunden Seelen durchaus möglich ist. Demenz oder Alzheimer sind gleitende Zustände, nicht jeder demente Mensch ist gleich stark dement; es kann zum Glück durchaus auch bei diesem Menschen klare Momente geben. Vermutlich bezieht sich die folgende Aussage auf stark Demente.

> Patricia (P): Du sagtest, die Dementen können nicht zurückgeholt werden; es könne nur vorwärts gehen. Wieso können bei ihnen keine Seelenanteile oder die ganze Seele zurückgehalten und an die Erde gebunden werden? Warum kann eine demente Seele nicht an der Erde haften bleiben, wie es bei gesunden Seelen oft vorkommt?

Marianne aus der Tiefenimagination (M): Weil bei Demenz die Fähigkeit, sich zu sorgen, schon zu Lebzeiten aufgelöst wurde. Die Dementen spüren die Sorgen der Hinterbliebenen auf der Herzebene, auf der Fühlebene, aber es geht nicht ins rationale Denken, darum kann es dort nicht anhängen. Der Impuls der Angehörigen kann die Seele nicht packen...

P: Dann hat es etwas mit einem funktionierenden Gehirn zu tun, dass man jemanden zurückhalten kann?

M: Mit Bewusstseinsteilen des Gehirns. Wenn ein Mensch im Sterbeprozess jemanden schon vorher radikal loslässt, ist es nicht möglich, von ihm etwas zurückzuhalten. Beim stark Dementen ist die Möglichkeit, nicht ganz loszulassen, schon weggefallen.

Wie in jedem Prozess nach dem Tod regeneriert auch die demente Seele früher oder später. Dies kann durch einen lang andauernden Badeprozess geschehen, wie im Kapitel »Prozess der Erleichterung« (Seite 62) ausführlich beschrieben. Im Falle von Alzheimer-Patienten oder dementen Menschen scheint die Seele dabei erwachsen zu werden, sie verwandelt sich vom Babyzustand zu einer eigenständigen Person; auch erneuert sich dabei das (astrale) Gehirn.

Marianne (M): Der Prozess nach dem Tod ist eine Heilung, ein Ganzwerden. Dies geschieht bewusst oder unbewusst. Herz und Verstand werden zusammengeschlossen, die Seele wird in dieser Hinsicht wieder *ganz*. Gewisse Dinge muss man mit dem Kopf, dem Verstand begreifen. Bei anderen Dingen reicht es, sie im Herzen zu spüren.

Weiter aus ihrer geistigen Reise:

Ich sehe Stufen zur Terrasse eines Hügels. Ich bin jetzt eine erwachsene Person, die steht. Jemand anders ist auch noch da, etwas Großes, Helles, größer als ich. Ein Engel vielleicht. Als ob ich auf alle Landschaften blicke, die ich in meinem Leben schon einmal gesehen habe. Unten in der Landschaft bewegen sich die Leute wie Ameisen. Ich sehe nicht, was sie tun, es ist weit weg...

Es ist, als ob das Innere meines Gehirns wieder gefestigt wäre Vorher »schwamm« die Wahrnehmung im Kopf, nun ist sie strukturierter. Klare Gedanken zu fassen, ist jedoch unwichtig. Wir gehen weiter, der Engel kommt mit. Mein Herz wird enger...

P: Frag den Engel, weshalb dein Herz nun enger wird.

M: Weil im Herzen mehr Eindrücke gespeichert wurden, die normalerweise im Kopf gespeichert und dort eventuell verarbeitet worden wären. Es gibt so etwas wie eine Verbindung vom Herzen zum Nacken hoch und weiter zum linken Hinterkopf; jetzt zum ganzen Kopf bis zur Stirn. Als ob ein Kabel eingesteckt würde. Nun löst sich das Ziehen wieder auf. Die Daten, die unbewusst im Herzen gespeichert worden waren, wurden ans Gehirn übermittelt. Was im Herzen war, war nicht benennbar. Wenn es in den Kopf kommt, wird es klarer; ich kann es benennen. Nun ist es viel heller, gleichmäßiger, rechts und links. Die gesunde Funktion des Gehirns wurde wieder hergestellt. Ich habe das Gefühl, komplett zu sein, vollständig! Ich spüre den Kopf und den Körper ganzer, gleichmäßiger. Als Baby war das Gefühl, nur aus Körper zu bestehen, das Gehirn war wie in Wasser, wie nichts dort oben. Nun ist es wieder ganz angeschlossen. Nun geht der eigentliche Sterbeprozess erst los...

Der langsame Tod Hochbetagter

Warum können alte Mensch oft nicht sterben, obwohl sie ihren Tod sehnlichst herbeiwünschen? Der Prozess des Sterbens kann sich bei alten Menschen auf Jahre in die Länge ziehen. Eine Person kann durchaus mehrmals ihren Körper verlassen, diesen von oben herab wahrnehmen, dabei die Zeit des »Schwindels« erleben, ein Drehschwindel nach rechts, später nach links, mal schneller, mal langsam, dann wieder schneller, als ob jemand dem Wirbel ab und zu etwas Tempo machen würde. Was es mit dieser energetischen Drehbewegung auf sich hat, werden Sie gleich sehen. Gerade die Seelen alter Menschen können viel Zeit benötigen, bis sie endgültig loslassen können, wollen und es schließlich tun. Angehörige sagen dann: »Wir dachten schon, er sei gestorben oder er sterbe...« Eine

Freundin berichtete mir, sie habe bereits seine verstorbene Frau und weitere Seelen in der Stube gefühlt, doch der gute alte Mann lebte noch lange weiter.

Das hohe Alter ist naturgegeben die Phase der Erstarrung und Vertrocknung. Der Fluss des (geistigen) Lebens hat etwas Mühe, wieder in Schwung zu kommen. Der Sterbevorgang benötigt jedoch einen gewissen Schwung der Spirale, um den Verstorbenen mitnehmen zu können. Was bringt diesen notwendigen Energiefluss wieder in Bewegung? Braucht er ganz einfach nur Zeit? Was ist er überhaupt und wohin führt er?

Die Tiefenimagination zeigte mir in einem Selbstversuch, dass hochbetagte Menschen wie aus zwei Hüllen bestehen. Die äußere Hülle ist fein, in mehreren vertrockneten Schichten angelegt. Sie erinnert an den Aufbau eines Wespennests mit seinen feinen, zerbrechlichen Schichten. Im Innern, der Mitte des Körpers, ist die zweite Hülle, oder anders gesagt, das lebendige Eigene der Person, ihr Wesen, ihr Kern. Dieser längliche Kern ist nur noch ein schmaler Rest, doch von Vertrocknung keine Spur! Das ganze erinnert an eine Mumie, in deren länglicher Mitte noch munter Leben fließt.

Betrachten wir die energetische Drehbewegung, die für die Bildung des Tunnels notwendig ist, um aus dem Körper austreten und somit sterben zu können. Die Drehbewegung besteht aus einer Linksdrehung, abwechselnd mit einer Rechtsdrehung und erinnert stark an die Drehbewegung der Chakren. Durch diese Drehbewegung entsteht ein Tunnel oder ein Rohr. Das Material der Röhre ist transparent und erinnert an dünnen Stoff. Die Drehungen können auch wieder stoppen und das ganze tunnelartige Gebilde kann sich damit wieder auflösen und später von neuem bilden. Die Entstehung des Tunnels kennen wir vom abfließenden Badewasser her, das sich drehend durch das Abflussloch drängt, wobei durch die stetige Drehung innen ein Rohr entsteht. Ein ähnliches Phänomen beobachten wir bei einem Orkan, der eine Windhose bildet.

Differenzierter betrachtet ist es eine Doppeldrehung zweier gegenläufiger Schichten: Innen dreht es spiralförmig nach links, außen herum nach rechts. Nach einer Weile wechselt es: Innen dreht es nach rechts, recht flott, dann wieder nach links. Diese buchstäblich fein*stoff*liche Röhre oder Tunnel kann sich eine gewisse Zeit über dem Hals, über dem Herzen und auch über der Stirn der Sterbenden befinden. Die innere geistige Umgebung kann dabei heller werden. Der Tunnel ist vorne, an seinem weit vom Körper entfernten Ausgang, zu Beginn noch recht eng. Der Tunnel öffnet und erweitert sich auf den Zeitpunkt des Todes, und die Seele kann dadurch entweichen.

In dieser ganzen Zeit können Sterbende innere Geschichten erleben, die in ihrem Leben stattfanden, als sie noch jung waren. Die Zeiten geraten dabei etwas durcheinander. Für alle diese Vorgänge brauchen die alten Menschen viel Zeit und ihre Ruhe.

Mein Selbstversuch zeigte mir noch etwas anderes eindrücklich auf. Es betrifft die Wahrnehmung der unteren Unterarme und vor allem der Hände der alten Menschen. In diesen Körperteilen besteht eine unglaubliche Sensibilität so dürr und knochig die Arme und Hände auch sein mögen. Diese Stellen liebevoll zu berühren oder zu streicheln, ist ein wundervolles Geschenk.

Mehrere Fälle aus der Praxis bewirkten übrigens den oben beschriebenen Energieschwung. Ausführliche Beispiele dazu finden Sie in den Kapiteln »Wie wir erfahren, was der Sterbende braucht – so erleichtern Sie das Sterben« (Seite 234), »Sie kann einfach nicht sterben« (Seite 236), »Und plötzlich konnten sie sterben – systemischer Zusammenhang« (Seite 238), außerdem im Kapitel »Alternativen zur aktiven Sterbehilfe« (Seite 147).

Weitere Fälle, Hintergründe und wertvolle Hilfen für die Sterbebegleitung von schwer Kranken oder Senioren und Seniorinnen finden Sie im Kapitel »Sterbende begleiten« (Seite 225).

Menschen im Koma

Was braucht ein Mensch, der zwischen Leben und Tod weilt? Um dies herauszufinden, dienen mir in der Praxis die Kommunikation und die Tiefenimagination. So waren es auch im folgenden Fall das geistige Gespräch mit der Seele des Patienten und mit seinen Krafttieren, die ihn unterstützen. Ein Mensch im Koma hat letztlich zwei Möglichkeiten: Zurück ins Leben oder vorwärts in den Tod. Die Worte der Angehörigen und der Ärzte spielen vermutlich eine entscheidende Rolle, wie sich der Patient entscheiden wird. Fehlt ihm die Kraft für seinen Weg, bleibt er im Koma. Die Entscheidung können wir dem Patienten nicht abnehmen, doch wir können ihm zu Kraft verhelfen. Ich schicke voraus, dass ich heute nur noch ausnahmsweise für andere Menschen geistig reise. Stellt sich eine nahestehende Person aus der Verwandtschaft des Betroffenen zur Verfügung, überlasse ich ihr die Hilfeleistung. In diesem Fall war es Astrid, die Freundin des zusammengebrochenen Martin. Martin erlitt beim Sport einen Herzstillstand.

Aus meinem Protokoll:

Astrid war bereit, innerlich zu ihrem Geliebten zu reisen. Nachdem ich sie in eine Entspannung geführt hatte, erblickte sie längere Zeit vor ihrem geistigen Auge schattenartige unnennbare Gebilde. Nach etwa dreißig Minuten erschien ihr ein Kreis, der innen weiß und außen schwarz war. In diesem Moment füllte sich mein Praxisraum extrem mit Martins Energie. Ich kannte Martin; seine Schwester Angelika hatte ihn vor nicht allzu langer Zeit für eine innere Reise zu mir geschickt. Er hatte damals einen Leoparden, der ihm als Krafttier zur Seite stand.

Mein Praxisraum war gänzlich von Martins Energie erfüllt. Ich erschauderte und begrüßte Martin im Geist. Ich wusste, Martin ist nun hier bei uns, Astrid hat ihn erreicht. Ich verschwieg Astrid jedoch meine Wahrnehmung und ließ sie unbeeinflusst davon innerlich weiterreisen.

Ich fragte Martin geistig, was er braucht.

Ich hörte: *Kraft!*

Irgendwann tauchte sein hellfelliger Leopard mit den dunklen Tupfen auf, riesig groß, wie auch Martins Energie im Raum war, und später ein Elefant, der ebenfalls überdimensioniert groß war.

Ich staunte. Und schloss daraus: Seine *Kraft,* die er dringend benötigte, erschien auf seinen geäußerten Wunsch fast sofort in Form der Krafttiere! Das ist wichtig erfahren zu haben.

Zeit verstrich. Die Energie im Raum veränderte sich, und ich erblickte Martin nun als Person. Es war, als sei er gerade erwacht, und er sagte erstaunt über seinen inneren Zustand und geistigen Aufenthaltsort: »Ach, hier bin ich gelandet!« Er hatte offenbar das erste Mal verstanden, was überhaupt mit ihm geschehen war.

Ich reflektiere: Wie kam es, dass er nach Tagen des Schlummerschlafes erwacht war? Es geschah wohl einerseits durch den innigen Wunsch seiner Freundin, mit ihm in Verbindung zu treten, *und* durch die Hilfe seiner Krafttiere, dem Leoparden und Elefanten, die ihm die dazu notwendige Kraft verschafft hatten.

Etwas später hatte sich Martin auf den Bauch gedreht und war extrem wütend, *dass* es passiert war und er in diesen grässlichen komatösen Zustand gefallen war.

Er beruhigte sich wieder, lag erneut auf dem Rücken und hielt die Augen geöffnet.

In diesem Moment hatte auch Astrid innerlich seine Silhouette erblickt. Sie begann heftig zu weinen. Ich sah, wie Martin winkte.

Wir schlossen die erste Sitzung ab. Ich war froh, dass Astrid mit ihrem Lebensgefährten Kontakt aufnehmen konnte und er bekommen hatte, was er benötigte: Kraft.

Die zwei, drei darauffolgenden Tage reiste ich selbst kurz zu ihm und sah jeweils, dass er sich an mich klammerte. Ich empfahl ihm, sich an seinem Leoparden – also an seiner eigenen Kraft – festzuhalten, anstatt an mir, was er auch bereitwillig tat.

Am übernächsten Tag erhielt ich einen Anruf von Martins Schwester Angelika. Sie weinte und informierte mich, dass die Ärzte beschlossen hatten, demnächst die Maschinen abzustellen. Sie gingen davon aus, dass Martin, falls er überhaupt wieder aus dem Koma erwachen würde, schwer behindert sein würde. Ich vernahm, dass die ganze restliche Familie einschließlich seiner Freundin Astrid ihr Einverständnis dazu gegeben hatte. Angelika allein ging von der Annahme aus, dass er sich, gäbe man ihm genügend Zeit, weitgehend hätte regenerieren können.

Wenig später ein zweiter Anruf von Angelika aus dem Spital. Sie weinte. Die Ärzte würden heute sämtliche lebenserhaltenden Maßnahmen beenden. Ich hörte innerlich eine Stimme von oben:

»Es ist besser so.«

Ich schloss gleich darauf meine Augen und reiste innerlich zu Martin. Es war kurz nach halb drei. Ich sah: Martin befand sich wütend an einem dunklen Ort. Er wollte einen Deckel öffnen, was ihm aus irgendwelchen Gründen nicht gelang. Ich erschrak und dachte zuerst, er befände sich lebendig in einem Grab, aus dem er sich verzweifelt zu befreien versuchte. Schließlich schaffte er es und entwich in Leichtigkeit. Ich beobachtete, dass sich seine Energie dabei komplett veränderte, unendlich verfeinerte, nur noch aus Licht und einer gespensterhaften weichen Form bestand. Es war mir klar, dass er nun gestorben war.

Wie eine Kamera schwenkte mein inneres Bild zum Deckel zurück. Offenbar wollte mir die »innere Kamera« den Rand des Schachtes mit dem schweren Deckel zeigen, der aus *Stahl* bestand! Es war kein Sargdeckel, das erkannte ich sofort. Es war ein unglaublich schwerer Deckel, der ihn davon abgehalten hatte, in eine andere Dimension zu gelangen. Dieser Deckel hatte ihm den Weg versperrt, sterben zu können! Ich war sehr erleichtert über seinen Erfolg!

Später dachte ich darüber nach: Wieso war dieser Deckel so schwer? Waren das die lebenserhaltenden Maßnahmen, denen er trotzen musste, um sterben zu können?

Einen Tag später Anruf von Angelika: Martin war gestern wahrscheinlich schon *vor* drei Uhr gestorben. Die Maschinen wurden erst *nach* drei Uhr abgestellt. Martin hatte dann jedoch bereits die für Tote typischen leichenblassen Lippen und das Leichendreieck um Nase und Mund. Ich dachte: Martin hatte sich entschieden zu sterben. Es war ein harter Kampf für ihn, seinen Weg gehen zu können. Vielleicht hatte ihn dabei der Entschluss, dass ihn ein wichtiger Teil der Familie aufgegeben hatte, wesentlich beeinflusst. Die Liebe der Angehörigen und ihr Wunsch, zu ihnen zurückzukehren, hat offenbar eine entscheidende Kraft.

Warum auch immer Martins Entscheidung so ausgefallen ist, ich kann sie verstehen. Denn kehrt jemand in seinen physischen Körper zurück, ist es für ihn ein Wiedereintauchen in ein dunkles und enges Gefängnis – den (kaputten) Körper. Die Alternative dazu ist das helle Licht – und Freiheit.

*

Ist Ihnen bewusst, dass jederzeit und wo immer Sie sich auch befinden, eine *Kraft* in Ihnen ist, mit der Sie kommunizieren können und die Sie intuitiv führt? Es ist Ihre innere Kraft und Führung. Sie ist immer bei Ihnen! Wir können diesen Kontakt zu ihr schon im Laufe des irdischen Lebens dank geistigen Reisen oder Meditation trainieren.

Und noch etwas ist wichtig: Es reicht nicht, bedürftig zu sein, nein, man muss den Wunsch nach geistiger Hilfe aussprechen! Ich vergleiche dieses Prinzip manchmal mit einem Besuch in einem Restaurant. Es reicht nicht, still für sich einen Kaffee zu begehren, man muss sein Bedürfnis dem Servierpersonal mitteilen. Dann kommt er meist sofort. Ich hoffe, wir alle denken daran, falls wir uns mal selber in übler Lage befinden!

Hilfe bei einem allfälligen Familienzwist

Einen Sohn, ein Geschwister oder einen geliebten Partner zu verlieren, ist schwer genug. Zu wissen, dass seinem Tod die eine Hälfte der Familie zugestimmt hat, wo doch noch Hoffnung bestand, kann den Familienfrieden erheblich stören. Auch hier kann die Tiefenimagination weiterhelfen. Es kann ausreichen, wenn sich *ein* Glied der Familie auf eine Reise nach innen begibt, um dem ganzen Gefüge eine neue Balance zu geben. Dazu ein Reisetipp:

Bitten Sie während der inneren Reise die Person, die Sie am wenigsten verstehen, darum, diese Person *zu werden*, das heißt, in die Gefühle dieser Person hineintauchen zu dürfen. Dadurch fühlen und sehen Sie durch die Augen der betroffenen Person. Sie verstehen sie dadurch *von innen* heraus. (Und sie trainieren Ihr buddhisches Bewusstsein ;-).

Ein Beispiel. Es stammt aus einem ganz anderen Zusammenhang und hat nichts mit dem Zwist nach dem Tod eines Komapatienten zu tun. Doch zeigt es auf, was es bringen kann, während der inneren Reise in die Person hineinzuschlüpfen, um ihre Gefühle, Taten und Entscheidungen besser verstehen zu können; von *innen heraus* zu verstehen. Eine Workshop-Teilnehmerin traf innerlich auf einen ihrer Vorfahren, der seine Frau vergewaltigt hatte. Ein scheußliches Bild, wenn man sich die Gefühle der Frau vorstellt. Um die Handlung des Urgroßvaters, oder in welchem Verwandtschaftsgrad er und seine Frau auch immer standen, besser verstehen zu können, fragte sie ihn:

»**Urgroßvater,** darf ich du werden?«

Der geistige Urgroßvater bejahte, und sie wurde mitsamt ihren Gefühlen Urgroßvater. Sie fühlte, wie *er* sich fühlte und was *er* dachte. Ich erinnere mich sinngemäß an ihre Worte:

»Nichts in seinem Leben machte ihm Freude; alles war schwere Arbeit. Das einzige, das Spaß machte, war, mit seiner Frau zu schlafen, auch wenn diese das nicht wollte. Ja, und das war wirklich ein tolles Gefühl! Eigentlich das einzige, weshalb es sich lohnte, weiterzuleben.

In diesem Sinne wünsche ich auch Ihnen, dass Sie für einen Moment in die Haut des Angehörigen schlüpfen, um ihn und seine Motivation für seine Entscheidung besser zu verstehen. Bestimmt hilft das mit, dass Sie alle wieder zusammen an einem Tisch sitzen und das Familienleben genießen können. Gut möglich, dass dann auch der Verstorbene mit dabeisitzt und den Frieden und neuen Zusammenhalt genießt – wer weiß! Eine Anleitung zum geistig Reisen finden Sie im Kapitel »Sich auf den eigenen Tod vorbereiten – eine Reiseanleitung« (Seite 208).

Der Tod von Gewaltopfern

Ich habe mich gefragt, wie es Menschen ergeht, die keineswegs in Frieden sind, da sie ein scheußliches Schicksal erlebt haben und daran gestorben sind. Werden diese Seelen auf Grund ihres brutalen

Loses von der geistigen Welt um so schneller erlöst? Oder spielt das traurige Ende keine Rolle, sondern nur der innere Friede, das Verzeihenkönnen und die Fähigkeit zur Liebe? Das wäre wahrlich eine große Herausforderung.

Es gab in meinem Leben eine Zeit, in der ich ohne Auftrag geistig zu Verstorbenen reiste. Ich kannte die Seelen, die ich antraf nicht, doch das spielte keine Rolle für mich. Ich spürte meine Offenheit für die geistige Welt und wollte sie erkunden. Mein damaliger Tiefenimaginations-Lehrer Christian Lerch unterstützte und begleitete mich in meinem Forschungsdrang. Hier aus der Erinnerung eine Kurzfassung einer solchen Reise in die Zwischenwelt Verstorbener.

> **Auf einer inneren** Reise stieß ich auf eine Gruppe verstorbener Juden aus dem Zweiten Weltkrieg. Wahrscheinlich fanden sie ihr physisches Ende nach langer Quälerei in einer Gaskammer oder starben an Erschöpfung in einem KZ. Sie hielten sich eingeschlossen in einem dunklen Kellergeschoss aus Beton auf, das aus zwei nebeneinanderliegenden offenen Räumen bestand. Der Boden des vorderen Raumes war teilweise mit Wasser bedeckt, im hinteren Raum lag ein hoher Haufen menschlicher Schädel.
>
> Die jüdische Gruppe war noch immer voller Hass über die vergangenen Geschehnisse und reagierte meinen guten Absichten gegenüber äußerst misstrauisch, aggressiv und abweisend, ja geradezu böse. Aufgrund ihrer Geschichte war das durchaus verständlich. Es war ein Kampf für mich, ihnen helfen zu dürfen. Mit viel Liebesbeweisen und Geduld konnte ich schließlich etwas Vertrauen gewinnen und sie überzeugen, ins Licht zu gehen. Dieses hatte die ganze Zeit während meiner Anwesenheit durch eine Öffnung von oben in den hinteren Raum hineingeschienen...

Ein solches Erlebnis macht betroffen. Sie hätten wirklich etwas anderes verdient, als jahrzehntelang in denselben Gefühlen herumzuhängen, die ihnen nichts bringen, außer weiteren schlechten Gefühlen. Es scheint wie ein Karussell zu sein, das niemals stoppt; ein Hamsterrad. Diesbezüglich könnte man die Abläufe der Natur als unbarmherzig bezeichnen und gnadenlos. Doch es scheint für alle Seelen dieselbe Regel zu bestehen: Energetisch schwere

Gefühle kann, muss und darf man ausleben, so lange, bis man sie und das Erlebte loslassen kann. Möglicherweise gehören die Emotionen von Gewaltverbrechen auch zur Kategorie der Energien, die in der Astralwelt noch lange nachwirken, bis »Gottes Gnade« sie beendet. Was wäre geschehen, wenn es diesen Seelen in den Sinn gekommen wäre, eine höhere Kraft um Hilfe zu beten? Vermutlich aber hatten sie den Glauben an solche Kräfte längst verloren…

Der Tod von bösen Menschen

Kommen wir von den Opfern zu den Tätern. Nehmen wir einen Menschen ins Visier, der während seiner Erdenzeit vor allem Eigenschaften ausgelebt hat, die energetisch gesehen schwer machen. Zu solchen Eigenschaften zähle ich massive Hassgefühle, Machtmissbrauch, Brutalität, Tyrannei, schwerer Missbrauch anderer Menschen, terroristische oder kriminelle Machenschaften, terrorisierende Quälgeister, Menschen mit übermäßiger Habsucht, wie sie in der Wirtschaft und im Bankenwesen leider modern geworden sind, und so weiter…

Wenn es ein jüngstes Gericht gibt, eine Gerechtigkeit, einen Ausgleich für die Greueltaten, die jemand zeitlebens ausgeführt hatte, dann müsste sich diese erhoffte Gerechtigkeit spätestens zur Zeit nach dem Tode erweisen, so denken wohl viele. Ein gewisser Wunsch nach Genugtuung und Schadenfreude ist verständlich. Doch wie sieht es hinter dem Tor aus, das in geistige Gefilde führt? Nun müssten doch die Hölle und das Fegefeuer ins Spiel kommen, falls es diese Schreckensvorstellungen wirklich gibt, und die bis anhin noch in keiner geistigen Reise auch nur ansatzweise aufgetaucht sind.

Wir haben ein weiteres Experiment gestartet und dabei nicht schlecht gestaunt. Rudolf – ein Mann mit tiefem Bewusstsein, wie sich herausstellte – ließ sich auf diesen Versuch ein. Die Aussagen sind gewöhnungsbedürftig, doch mehrfach bestätigt. Damit Sie unseren eigenen Fragen, Zweifel und Widerständen besser folgen können, drucke ich fast das ganze »Interview« ab, nur leicht gekürzt. Die Reise mündete in eine Lehre über größere Zusammenhänge des irdischen Lebens und vom Sinn der Polaritäten. Was also zeigt die Tiefenimagination über das Leben nach dem Tod von absolut bösen Menschen? Rudolf durfte sich nicht alleine auf diese Reise begeben, ein weißes Pferd wollte ihn auf alle Fälle begleiten. Offenbar wusste die Tiefenimagination, dass Rudolf ohne diese Begleitung die Reise vorzeitig abbrechen würde. Hier die Reise zu gewalttätigen, brutalen, gierigen Menschen:

Schimmel: Du kannst auf keinen Fall alleine gehen. Wenn es schwierig wird galoppieren wir davon.

Rudolf (R) erzählt: Wir gehen auf ein Tor zu, durchschreiten es. Es ist ganz schwarz... unendlich schwarz... Der Schimmel leuchtet. Ich bekomme Kopfschmerzen... Die Richtung ist vorgegeben, doch es ist nur schwarz. Eine solche Schwärze habe ich noch nie erlebt! Ich höre eine Stimme. Sie sagt: »So beginnt es, das Leben nach dem Tod...« ... Es ist ekelhaft hier. Ich bin froh um den Schimmel, sonst würde ich fliehen.

Wir gelangen in eine Höhle. Nun bin ich allein. Feuer brennt. Es ist warm. Ich sehe abartige Szenen... Alle sind nackt und schwitzen... Einer mit Schwert schlägt einem anderen den Kopf ab, setzt den Kopf wieder auf, dann steht der Geschundene auf, schlägt dem andern den Kopf ab, setzt ihn wieder auf, und so geht das hin und her... Blutlos. Alle schwitzen... Alles ist bewegt, nichts ist ruhig... Von weitem meint man, es sei Gruppensex, weil alle nackt sind; doch von nahe gesehen, bringen sie sich um, gerade zieht wieder einer ein Messer... Ich kann nicht einmal zwischen Mann und Frau unterscheiden.

Ein Rabe taucht auf. Er sagt: »Komm, ich zeige dir noch etwas anderes...« Ich fliege mit ihm aus dem Zeug heraus an einen Ort, wo es ganz blau ist. Hier sind alle starr, erstarrt, in hellblauen Gewändern. Der Rabe sagt: »Siehst du, dies sind diejenigen, die meinten, sie seien gut. Das ist auch nicht viel besser.«

Patricia (P): Warum sind die so erstarrt?

Rudolf (R): Die Erstarrten antworten alle zusammen: »Sobald wir etwas bewegen, sind wir nicht mehr gut. Wenn wir das Bein bewegen, sind wir nicht mehr gut. Immer wenn wir etwas tun, könnten wir einen Schaden anrichten...« Sie sind voller Angst. Es ist so eine fade Energie dort. Öde!

Rabe zu Rudolf: »Und, weißt du nun, was gut und schlecht ist?«

Rudolf sinniert: Es ist eine starke Energie bei den Brutalen, wie ein Rausch... Hier bei den »Guten« ist es so leblos und fade...

Rabe: »Siehst du, es ist gar nicht so einfach mit der Beurteilung von gut und schlecht...« Der Schimmel taucht auf. Rudolf fragt: »Ist das alles?«

Das Pferd wiehert und deutet auf eine Tür. Sie befindet sich zwischen den beiden Seiten. »Geh dort durch, ich warte hier«, sagt es. Rudolf befolgt seine Anweisung. Hinter der Tür befinden sich Menschen. Weise. Frauen und Männer. Einer sagt: »Die Menschen werden das nie glauben und du auch nicht, aber es kann keiner wählen, auf welche Seite man gehört. « (...) Nun gelange ich in einen Raum. Hier sind alle zusammen, diejenigen, die schwitzten und die Erstarrten. Sie feiern und lachen und sagen: »Alles nur ein Scherz! Alles nur ein Scherz!« *Sie lachen!*

Sie tanzen und machen und rufen: »Alles nur ein Scherz! Alles nur ein Scherz.« Wie ein Chor. Sie wollen mich hineinziehen. Ich habe Widerstand... (...) Nun zieht es mich hinein, ich komme auch in diesen Modus hinein, mache mit. Es scheint, dass die andern zum Feiern endlos Energie haben, nur ich werde kurzatmig und müde.

Ich schaue zurück und sehe die Verschwitzten, die aus dem Feuer kommen. Sie sind links und einer nach dem andern purzelt heraus und stimmt in den Chor ein: »Alles ist ein Scherz. Alles nur ein Scherz.« Sobald man aus der Feuerphase ausgestoßen wird, kommt man in den Alles-ist-ein-Scherz-Modus hinein. Was soll das alles? Ich möchte diese Frage am liebsten herausschreien!

Es wird ruhiger. Nebelschwaden bilden sich, sie verdecken etwas. Eine weiße Schlange erscheint. Sie erklärt: »Weißt du, sobald es das Gute gibt, muss es auch das Böse geben, sonst kann es das Gute nicht geben. Das ist bei euch unten so...«

In mir bildet sich starker Widerstand. Ein Krokodil kommt dahergeflogen und schnappt diesen sofort weg. Es kann fliegen! Ich bin fasziniert. Es grinst und lacht immer dabei.

P: Frag es mal, wieso es immer lacht.

Krokodil: »Deine Verurteilungen. Hör mal auf damit!«

Rudolf: Ich werde traurig und sage zur Schlange: »Weißt du eigentlich, wie viele Tiere und Menschen immer wieder abgeschlachtet werden? Hast du das schon mal gesehen?« Die Schlange sagt: »Ja. Das gehört dazu.«

Rudolf: Irgendetwas türmt sich vor mir auf. Ich kann es noch nicht erkennen... Es ist ein Berg mit einem Gesicht... Er sagt: »Sag das denen dort unten: Es kommt nicht drauf an, ob man gut ist oder schlecht.« Er sagt das mit einer sonoren Stimme. Diese duldet kein Widerspruch. (...) Rudolf versteht nicht: »Kommt es wirklich nicht drauf an, ob ich alles zerstöre oder nicht?«

Die sonore Stimme sagt: »Nein. Wenn du etwas zerstörst, dann tu es mit Liebe. Wenn du etwas zum Wachsen bringst, dann tu's mit Liebe. Und ganz.«

P: Verstehst du, wie man mit Liebe jemanden quälen kann? Ist das dann nicht Hass... oder Sadismus?

R: Ich versteh sowieso nichts... (Stöhnt)

Sonore Stimme: »Die Liebe bezieht sich auf das, was man ganz tun *muss*. Das eine muss ganz quälen, das andere muss ganz gequält werden... Dann erfüllt jeder seinen Auftrag. Du kannst nichts dafür, wenn du *nicht* quälst, und du kannst nichts dafür, wenn du quälst.«

P: Wer oder was entscheidet das denn? Dies entbindet ja jede Person von ihrer Verantwortung!

Stimme: »Der einzelne hat sowieso keine Verantwortung. Das ist eine Illusion. Vergiss es! Das ist eine Täuschung. Doch das Gefühl, Verantwortung zu tragen, bleibt, wenn du dort unten bist.«

Rudolf: (...) Das könnte einem das Gefühl geben, man könne tun, was man wolle, und es komme nicht darauf an.

Stimme: »Wenn du das wirklich erkannt hast, hast du auf der Welt nichts mehr zu tun. Dann braucht es *dich* nicht mehr und du brauchst die *Welt* nicht mehr...« (...)

Schlange: »Es sind zwei Türen... es gleicht sich aus mit der Zeit. Es ist nicht neutral, ob jemand gut war oder böse. Es sind völlig verschiedene Energien, die am Schluss zusammenkommen und eins werden.« Sie lacht und sagt: »Auf der Welt unten sagt man dazu ›verheiratet sein‹ Es ist ein Zurücksinken. Dadurch wird es so wie es vorher gewesen war. – Ich zeige dir was!«

Rudolf: Ich sehe Tropfen. Sie teilen sich. Der eine Teil wird weiß bemalt, der andere schwarz. So beginnt es... (...) Neben mir öffnete sich eine Tür. Ich schaue hinunter. Es gibt nur Männer dort unten. Einer ist Hitler, einer Stalin. Sie schauen hoch.

Ich rutsche... (...) Nun bin ich unten. Bäh, ist das eklig! Alles ist voller Scheiße! Es stinkt! Es ist so widerlich! Sumpfig. Viele Leute sind hier unten, ein paar kenne ich... Sie sprechen nicht. Es ist wie in einem Theater. Hitler und Stalin sind ausgehöhlt, ich könnte in sie hineinsteigen. Es ist wie ein Gewand, eine Hülle, einschließlich Gesicht und allem.

Im Moment werden sie hier unten nicht gebraucht. Sie sind regungslos. Auch die vielen Leute sind nur physische Hüllen. Keiner bewegt sich.

Ich habe das Gefühl, jemand könnte in sie hineinschlüpfen und es ginge gleich wieder los... Ich höre: »Das könnten wir gleich wieder aktivieren, aber wir erfinden immer wieder neue...«

»Wir« sind wie Angestellte an einem Theater. Sie erhalten den Auftrag, ein Kleid oder eine Hülle für einen Bösen zu machen, der wieder auf die Welt kommt...

Die Seele, die schwarz angemalt wurde, wird hineingeschickt. Die schwarze Seele sagt: »Ich bin nun an der Reihe.« Niemand geht freiwillig in eine solche Hülle hinein.

Ihr habt Telefone bei euch unten. Wir schicken Gedanken. Wir schicken einen Gedanken und der setzt (den Tropfen?) in Bewegung. Ein Tropfen wird geteilt. Ein Teil sagt plötzlich: »Ich gehe jetzt hinunter.« Er steht hinten an und er teilt sich in einen mit einem schwarzen und in einen mit einem weißen Kleid. Dann geht es weiter.

P: Alles, was hier läuft, ist von einem Gedanken aus einer Überwelt gesteuert?

Sie sagen: »Frag doch mal, woher die Gedanken bei euch unten kommen. Die kommen auch von uns!«

P: Wieso denken sie denn polar? Wieso denken sie nicht in einer Einheit?

Nun kommt ein riesig großer Vogel. Er sagt: »Sonst gäbe es keine Spannungen mehr.«

P: »Warum soll es diese Spannungen geben? Warum wollen die in der Überwelt, dass wir in Spannungen leben?«

Der Berg: »*Ich beginne, mich so selbst zu sehen*. Durch die Spannungen. So schaue ich mich an. (...)«

P: Kommen wir nochmals zurück zur Hauptfrage dieser Reise. Was geschieht mit bösen Menschen nach ihrem Tod?

Rudolf: Sie müssen sich wieder sauber duschen. Heiß und kalt. Die schwarze Farbe, die ihnen angemalt wurde, müssen sie wieder abduschen. Man darf sich nur mit sauberen Händen an den Tisch setzen. Es ist nichts Böses, es ist keine Strafe. Es ist einfach ein Sich-Waschen nach getaner Arbeit. Da ist nichts Verdammtes, keine Strafe! Wenn man fertig ist mit seiner Arbeit, dann duscht man, damit man sich anständig an den Festtisch setzen kann.

P: Wie lange kann ein solcher Prozess dauern?

Rudolf: Fünfzig Jahre, plus, minus. Hitler ist durch. Gaddafi steckt noch drin. Saddam Hussein auch.

Der Berg und die Tiere an seinem Fuße sind die letzte Autorität, erfahren wir später aus Rudolfs Reise. Seine Reise provoziert und lässt viele Fragen offen, auf die wir im Kapitel »Größere Zusammenhänge« (Seite 190) eingehen werden. Abschnitte aus dieser Reise werden darin wiederholt und weitergeführt.

Der Selbstmord

Einen lieben Menschen durch Suizid zu verlieren, ist für die Hinterbliebenen äußerst schmerzhaft und kaum verdaulich. Oft wirken der Verlust und Schuldgefühle ein Leben lang nach. Ob es für eine Seele in Ordnung ist oder nicht, aus einer bestimmten Situation heraus zu flüchten, kann ich nicht beurteilen. Die Tiefenimagination wies mich diesbezüglich auf wichtige Punkte hin:

- Das Leben ist in erster Linie dazu da, Erfahrungen zu machen und aus ihnen zu lernen. Doch:
- Selbstmord wird oft gewählt, weil man Situationen hier nicht aushält und glaubt, dass der Suizid ein Ausweg sei. Dies kann ein großer Irrtum sein, und der Grund, warum es den Seelen drüben nicht zwingend besser geht. Denn:
- Durch Suizid wird man nicht automatisch erlöst oder geläutert, einfach weil man den Körper loslässt und auf die andere Seite geht. Man nimmt die Belastung und die Emotionen mit. Schlimmer noch: Erst nach dem Tod merkt man, was man sich und den andern mit seiner (Kurzschluss-)Handlung angetan hat und dass es definitiv kein Zurück mehr gibt. Man verlässt das ganze Umfeld, das einen vorher ein gewisses Zuhause bot und vielleicht auch unterstützte. Wo man auf Erden Berater hatte, ist man nach dem Freitod in gewisser Weise allein auf sich gestellt und mit den Phänomenen der Zwischenwelt konfrontiert.
- Zurück wollen meiner Erfahrung gemäß vor allem oft junge Menschen, die sich naiv und unvorbereitet das Leben genommen haben. Das Leben geht auch ohne Körper weiter, unabhängig davon, ob man das glaubt oder nicht.
- Oft ist den Selbstmördern nicht bewusst, was es heißt, den Körper mit all seinen Qualitäten zu verlassen, wie Sinnlichkeit und körperlicher Genuss. Nur mit dem Körper kann man erfahren, wie schön es ist, physisch umarmt zu werden, gut zu essen, oder sein Haustier zu spüren, es zu streicheln oder die Natur zu erfahren…

Meine Beobachtung ist, dass Selbstmörder, die auf das Leben nach dem Tod nicht vorbereitet waren, sehr lange in ihren letzten Emotionen hängenbleiben, da sie sich mit ihrer neuen Situation nicht abfinden können und deshalb nicht weitergehen. Gemäß meiner Erfahrung ist es für eine Seele weniger entscheidend, ob sie sich das Leben willentlich verkürzt oder nicht; entscheidend ist ihr Grad an Bewusstsein über sich selbst und über die geistige Welt. Es ist vorteilhaft, ohne falsche Vorstellungen zu sterben, um im Fluss des Lebens zu bleiben und diesen nicht unendlich lange zu blockieren. Doch auch das Erleben einer Blockade ist eine Erfahrung, aus der man (schmerzhaft) lernen kann…

Wenn man sich mit einer Illusion über das Leben nach dem Tod umbringt, wird man überrascht, verwirrt, hilflos und wütend darüber sein, dass alles anders ist, als man erhoffte. Die Seele ist dem Chaos der Gefühle und dem unendlichen Schmerz der Hinterbliebenen ausgesetzt, dies vor allem, wenn sie ohne deren Einverständnis gegangen ist. Sie wird es schwer haben, ihre Liebsten zu trösten, da sie sie in ihrem Schock und Leid nur noch schwer erreichen kann. Die Seele braucht sehr viel Zeit, sich an die neue Tatsache zu gewöhnen und ihren Weg zu gehen. Doch wohin?

Es ist eine Illusion zu meinen, Zustände von Liebe und Frieden, Sicherheit und Ruhe, Freiheit, Entlastung, Sorglosigkeit und Geborgenheit, Freude und Leichtigkeit erhalte man nur nach dem Tod. Diese Zustände kann man genauso erleben, wenn man im Körper bleibt und zum Beispiel innerlich reist. Um die Gefühle oder Zustände zu erfahren, die man so im Leben nicht erreicht, braucht keiner seinen Körper zu verlassen! Die Lösung für Verzweiflung im Leben ist nicht der Freitod, sondern die innere Führung, die die Lösung kennt und auf die man trifft, wenn man, wie schon gesagt, zum Beispiel innerlich reist. Todkranken Menschen habe ich ein eigenes Kapitel gewidmet (»Freitod bei unheilbarer Krankheit, aktive Sterbehilfe und Alternativen dazu« auf den kommenden Seiten ab Seite 142)

Die Frage nach der Konsequenz

Eine Frage, die mir öfter gestellt wurde, war diejenige nach der Konsequenz für eine Seele, die Suizid begeht. Bewirkt die vorzeitige Lebensbeendung für die Seele etwas Negatives? Die Antwort darauf kam in einer geistigen Reise. Ein Ausschnitt daraus:

Ich sehe ein eigenartiges Bild vor mir. Die Seele ist nicht ganz zusammenhängend. Wie ein Puzzle, wie gespalten, wie ein zerbrochener Spiegel. Die Hauptform bleibt bestehen, alles ist vorhanden, doch es gibt Brüche oder Spalten dazwischen... Die Seele braucht in diesem Zustand einfach viel Zeit, damit sie geheilt wird. (...)

Wenden wir uns zunächst den Jugendlichen zu. Ich selbst kenne Selbstmordgedanken aus meiner eigenen Jugendzeit. Wir diskutierten offen auf dem Pausenplatz des Gymnasiums über die Möglichkeit des Suizids – als Notausgang, um dem steten Druck zu entgehen. Es war entlastend, eine Hintertür zu wissen. Niemand von uns machte zum Glück davon Gebrauch. Damals wusste ich noch nicht, wie es Jugendlichen nach einem solch definitiven Akt gehen kann, und leider wusste ich auch noch nichts davon, dass ich mich schon zu Lebzeiten in meinen Nöten hätte von der geistigen Welt unterstützen lassen können...

Der Freitod von Jugendlichen

Als ich an diesem Buch arbeitete und in meinem Bekanntenkreis davon erzählte, wurde mir ab und zu die Frage nach den Selbstmördern gestellt. Da ich darüber selbst nichts wusste, begab ich mich auf geistige Reisen, um ihre Situation zu erforschen. Auf meinen inneren Reisen wurde ich zu verschiedenen Verstorbenen geführt. Interessanterweise befanden sich alle in einem Tal, das von oben betrachtet friedlich aussah, es aber nicht war. Es war das Tal der Selbstmörder.

Als erster begegnete mir in diesem Tal ein Junge, der sich vor einen Zug geworfen hatte. Er saß noch immer auf dem gegenüberliegenden Bahngleis, gebeugt, und kam über seinen Gram über das Endgültige, das er getan hatte, nicht hinweg. Ich setzte mich neben ihn auf die Schiene und legte zum Trost schweigend meinen Arm um ihn. Offensichtlich froh um etwas Mitgefühl, umarmte er mich und begann herzzerreißend zu schluchzen. Es war fürchterlich traurig, ausweglos, und ich spürte, wie sehr er seine Mutter, seine Familie und seine Freunde vermisste. Ich erfuhr, dass er die Entscheidung, sich vor die Lok zu werfen, innerhalb einer Sekunde getroffen hatte. Eine Kurzschlusshandlung, im Affekt, ohne über die Folgen nachzudenken. Ich hatte keine Ahnung, wie lange der Jugendliche seine Tat schon bereute. Es gab kein Zurück, keine zweite Chance. Er konnte sich nicht einmal umbringen. Über eine solche Situation hatte ich mir zuvor noch nie Gedanken gemacht. Es war unsagbar elend und lähmend. Ich spürte: Solange diese intensiven Gefühle von Trauer und Bedauern in ihm waren, konnte keine Entwicklung stattfinden. Er konnte nicht vorwärts und zurück sowieso nicht. Dieser Zustand konnte »ewig« dauern!

Schier endloses Verharren in den Gefühlen der letzten Momente im Diesseits, Trägheit, Herumhängen ohne Eigeninitiative oder Perspektive, ohne Ausrichtung nach vorne, dies war der Grundton der Erlebnisse bei meinen Besuchen der Seelen, die in der Zwischenwelt hängengeblieben waren. Ein Arzt aus einem längst vergangenen Jahrhundert verstärkte diesen Eindruck noch. Auch er hatte sich nach seinem Suizid innerlich noch nicht vom Fleck bewegt. Ich fragte die geistige Welt, weshalb dies so sei, erblickte vor meinem inneren Auge ein paar Bildsequenzen und verstand intuitiv: Hier, im Jenseits, in der Astralwelt, wo der physische Körper, der Job und die Notwendigkeit, sich ernähren zu müssen, keine Rolle mehr spielen, hier, in der Welt der Gefühle, regieren die blanken Gefühle ohne Ablenkung oder Zerstreuung. Sie beherrschen uns – außer wir lernen sie zu beherrschen – und zu transformieren. Aus Mitleid mit der Situation des Jugendlichen, fragte ich die Tiefenimagination, was der Junge – Vertreter für andere Seelen in ähnlichem Zustand – von den Hinterbliebenen bräuchte, um sich von sich immer wiederholenden Gefühlen lösen zu können. Verschiedene Begriffe tauchten auf:

»Mitgefühl!«

»Respekt vor der Handlung dieser Personen!«

»Keine bösen Worte!«

Kennen Sie das lateinische Sprichwort *De mortibus nihil nisi bene?* Zu deutsch: Über die Toten nichts außer Gutes! Im Laufe dieses Buches erfahren Sie, was gute beziehungsweise schlechte Worte für die Seele bewirken können.

Was Hoffnung der Angehörigen bewirkt

Meine geistige Reise ging weiter. Etwas Spannendes und äußerst Wertvolles geschah. Der Begriff »Hoffnung!« tauchte innerlich auf. Differenzierter: »Hoffnung, dass die Person ihre innere Ruhe und Frieden findet, dass sie an einem guten Ort ist.« Dabei erschien eine Art Tunnel oder Gang aus Licht, der, wie Tunnel es üblicherweise tun, zu einem anderen Ort hinführte. Er führte sozusagen durch das Elend hindurch an einen lichtvolleren, angenehmeren Ort. Ich begriff: Sprechen wir Hoffnung und gute Wünsche für jemanden aus, eröffnen wir energetisch einen Durchgang, der an einen besseren inneren Ort führt. Nützen wir dieses Werkzeug! Es war mir zuvor nicht klar, wie bedeutungsstark Hoffnung für eine andere Person ist. Hoffnung ist weit mehr als nur ein Festhalten an einem guten Wunsch. Indem wir hoffen, gestalten wir einen energetischen, feinstofflichen Tunnel durch die leidvolle Situation hindurch. Wir schaffen geistig einen Weg zur Lösung.

Zum Trost: Nicht jeder, der den Freitod gewählt hat, dreht schier endlose Gefühlsrunden in einer Zwischenwelt. Zu Beginn meiner geistigen Reisen zu Suizidalen wollte ich einen Freund aus meiner Kindheit besuchen, der sich trotz Frau und zwei kleinen Kindern vor Jahren wegen Mobbings an der Arbeitsstelle umgebracht hatte. Ich erfuhr von der geistigen Welt, es gehe ihm gut und ich soll mich um andere kümmern.

Wie sich Selbstmörder selbst »retten« könnten

Die trost- und bewegungslose Situation der Seelen auf dem »Bahnsteig« ließ in mir die Frage aufkommen, was denn die Selbstmörder für sich selbst tun könnten, um sich aus ihrer misslichen Lage zu befreien. Welche Möglichkeiten haben sie, um auf ihrem Weg voranzukommen, ihr ständig sich drehendes Gefühlskarussell zu stoppen? Die Antwort aus der geistigen Welt kam augenblicklich. Sie lautete:

»Annehmen, was ist.

Die Situation akzeptieren!«

Das schien mir vollkommen logisch. Akzeptiert man voll und ganz, was ist, entfallen die negativen Gefühle. Dadurch, dass die negativen Gefühle sich auflösen, sich neutralisieren, wird die eigene Schwingung leichter und der Weg aus der (schweren) astralen Welt kann fortgesetzt werden. Die Aufgabe lautet also, dem Grübeln ein Ende zu setzen und es nehmen, wie es ist. Sich innerlich zu sagen: »Okay, es ist nun so, und wie geht es weiter?«

»Was dann?« wollte ich wissen. Und hörte zugleich:

»Das ist schon viel! Der Rest ergibt sich von selbst!«

Interessant, was nach dieser Botschaft auf dem Bahngleis geschah:

Ein weiterer Jugendlicher, den ich Ihnen noch nicht vorgestellt und von dem ich erfahren hatte, dass es bei ihm vor seinem Suizid um viel Zorn und gegenseitige Schuldzuweisung gegangen war, stand auf und begab sich Richtung Unterführung. Ich fragte ihn, wohin er gehe. Er meinte knapp: »Nach Hause!« Ich dachte, er wolle nach Hause zu seiner Familie. Dann fügte er hinzu: »Ich habe begriffen!«

Ich sah, wie er locker die Treppe hinunterstieg und in den unterirdischen Gang einbog. Voller Erstaunen entdeckte ich, dass es am Ende der Unterführung ganz hell, ja grell war, und nun erst verstand ich, was er mit »nach Hause« gemeint hatte: Er ging ins Licht! Ein riesengroßes Engelwesen wartete auf ihn…

Sie werden sich nun vielleicht an den Kopf greifen und sich fragen, weshalb er denn nicht schon früher ins Licht gegangen ist, wo es doch so nahe war. Die Sache ist die: Das Licht ist immer da, doch es braucht die Bereitschaft und das Ziel, in seine Richtung zu gehen.

Dazu muss man sich innerlich und äußerlich auf das Licht hin bewegen. Man kann es rufen, wenn man es nicht sieht; es bitten, zu erscheinen. Es fragen, was es von Ihnen braucht, um zu erscheinen.

Die Tiefenimagination, in Gestalt eines Drachen, riet einer jungen Frau, die selbstmordgefährdet war und mich in meiner Praxis aufsuchte:

> »**Lerne, in dieser** Welt zu leben! Arbeite an dir! Wir sind ein Team! Zusammen schaffen wir das!« Sie fragte skeptisch: »Bin ich denn kein hoffnungsloser Fall?« – »Nein! Nicht zusammen mit mir! Habe Spaß! Gehe mit deinen Freunden aus! Genieße das Leben! Sei du selbst! Verstelle dich nicht! Vertraue dich Freunden an, erzähle ihnen von dir, sie werden dich verstehen. (...)«

Erfahrungsgemäß wird auch mit der inneren Hilfe das Ringen mit den verschiedenen Kräften und Gedanken erst einmal bleiben. Wichtig ist es, sich eng und immer wieder mit den unterstützenden inneren und äußeren Kräften zu verbinden.

Freitod von Erwachsenen

Verzweiflung, zu große Last und die Hoffnung auf Ruhe und Erlösung sind vermutlich nur einige der Kräfte, die einen vorzeitig in den Tod treiben können. Ich habe die Tiefenimagination gefragt, was sie potentiellen Selbsttötern mitteilen will. Die Tiefenimagination verurteilt in keiner Art und Weise potentielle Selbstmörder. Sie zeigt jedoch in unbeschönigten, ungeschminkten Bildern Tatsachen auf, die hart klingen, wenn ich sie in Worte fasse. Doch genauso zeigt sie auch auf, dass Freitöter bedingungslos geliebt werden, wie jede andere Seele auch, und dass es in erster Linie um die Erfahrung geht, auf die jeder Mensch Anrecht hat. Und – wie könnte es auch anders sein – sie zeigte für die Betroffenen eine Lösung auf: die Tiefenimagination, die Führung und Unterstützung der Krafttiere. Die Verzweifelten können sich an sie wenden und sie in Anspruch nehmen. Denn, wie schon in der Einführung dieses Buches erklärt, sind die Krafttiere weise Aspekte unserer Seele, die uns sicher durch das Leben führen und die Lösung kennen.

Die Tiefenimagination weist immer wieder darauf hin, dass sich viele Menschen in falschen Vorstellungen wiegen, was das Leben nach dem Tod betrifft. Die von Stress, Druck und Sorgen deformierte und verunstaltete Seele gelangt durch das Betreten des Wunschschlosses Tod nicht einfach auf ein Ruhekissen. Die Tiefenimagination zeigt mir – etwas überspitzt gesagt – wie die Seele lange Zeit deformiert bleibt und nach und nach auf dem Boden der Wirklichkeit landet. Die Freiheit »hinter dem Vorhang« ist zuerst einmal eine vermeintliche.

»**Ich sehe eine** Seele, frierend… Sie ist ganz klein, krumm, wie ein alter Greis, wie das widerliche Wesen aus dem Film *Herr der Ringe*, das durch die Sümpfe zieht, dünn und dürr, mit Glatze, in ein senfgelbes Tuch gehüllt. Sie ist wie ein behindertes, verunstaltetes Wesen. Kläglich verkrüppelt, armselig. (…)«

Es ist die Verzweiflung, die eine Seele so deformieren kann, und die Tatsache, dass sie mit dem Leben nicht mehr zurechtkommt. Zu glauben, die Seele werde schlagartig erlöst, ist leider ein Trugschluss. Auf diese Seele wartet, wie auf jede andere Seele in einem ähnlichen Zustand auch, eine lange Entwicklung der Heilung und Ganzwerdung.

Christine und ich besuchten unabhängig voneinander während vieler Monate geistig Alice, eine gemeinsame Freundin, die sich das Leben genommen hatte. Wir wollten sie drüben geistig begleiten, ohne auf ihre Entscheidungen Einfluss zu nehmen. Alice war eine rationale und sehr starke Persönlichkeit und eine vehemente Verfechterin des Freitods; sie glaubte an kein Weiterleben. Nach ihrem Tod dauerte es eineinhalb Jahre, bis sie im Jenseits einen Zustand erreichte, bei dem man von einer grundsätzlichen Erlösung sprechen konnte. Diesen Zustand erreichte sie durch tiefe Meditationen, auf die sie sich im Diesseits nie eingelassen hätte. Eine ihrer entscheidenden Entwicklungsprozesse war, *ans Ende ihrer Vorstellungen* zu gelangen. Dies hätte sie auch erreichen können, ohne sich umzubringen, sprich, ohne ihren Körper zu verlassen und den Hinterbliebenen unendlichen Schmerz zuzufügen.

Freitod bei unheilbarer Krankheit, aktive Sterbehilfe

»Respektiere den Weg eines jeden einzelnen! Es hat alles einen Grund, auch wenn du ihn nicht verstehst.«

Ermahnung der Tiefenimagination

Die Diskussion darüber, sich im Alter Entwürdigung, allzu viel Leid und Schmerz zu ersparen, ist längst entbrannt. Sterbehilfeorganisation wie *Exit* oder *Dignitas* bieten in der Schweiz professionelle Hilfe an. Ist jemand unheilbar krank, wird der Freitod von immer mehr Menschen in Erwägung gezogen.

Vielleicht erinnern Sie sich an meine Nahtoderfahrung. Ich lag auf der Liege und sauste innerlich plötzlich in Richtung Tunnel, doch eine Lichtgestalt wies mich mit den Worten zurück: »Es ist noch nicht Zeit!«, und ich kehrte zurück. – Es scheint also einen »richtigen« Zeitpunkt zu geben… Ich kehrte damals um. Ich konnte noch. Wie steht es um Seelen, die nicht mehr umkehren können, weil sie sich »vor ihrer Zeit« todsicher umbringen? Wann ist »die richtige« Zeit? Wer oder was bestimmt diesen Zeitpunkt? Und wie steht es mit der Selbstbestimmung und dem Recht auf den eigenen Tod, selbst wenn die lebenswichtigen Organe wie Gehirn, Herz und Atemzentrum noch arbeiten?

Schweizerische Sterbehilfen bieten bei drei Zuständen ihre Unterstützung an: bei einer zum Tod führenden Krankheit, bei einer unzumutbaren Behinderung und bei nicht beherrschbaren Schmerzen. Der Sterbewillige oder dessen Angehörige müssen ein legales, letales Medikament organisieren, das der Sterbewillige noch selber einnehmen kann, das ihn in ein tiefes Koma führt und danach zum Ausfall des Atemzentrums. Auch dieser Frage bin ich auf geistigen Reisen nachgegangen. Diesmal war der Fokus auf Menschen gerichtet, die zu den drei von den Sterbehilfen definierten obengenannten Gruppen gehören. Ich bat die Tiefenimagination darum, mich erfahren zu lassen, was im Koma geschieht und wie die Betroffenen »drüben« wieder aus diesem Zustand hinauskommen. Eine Zusammenfassung des Geschehens:

Ich befinde mich lange Zeit in einem Zustand eines traumlosen, tiefen Schlafes. Etwas drückt mich immer intensiver in die Tiefe. Ich fühle mich einer Ohnmacht sehr nahe. Es ist okay für mich, wenn ich tatsächlich ohnmächtig würde. Jeglicher Wille fehlt. Er hätte zu viel Kraft gekostet. Das einfachste ist, mitzugehen, mitzumachen, mich in die Tiefe drücken zu lassen. Das braucht am wenigsten Energie. Ich befinde mich in einer großen Ruhe, meist ohne Gedanken. Zu denken hätte Kraft gekostet, die mir nicht zur Verfügung steht. Das Körperempfinden hat sich schnell aufgelöst.

Ich befinde mich ständig in diesem Zustand von »einfach sein«. Nun ist etwas plötzlich im Licht, eine feine Schwingung, ich werde abgeholt, gleichzeitig bin ich aber in diesem komatösen Zustand…

Ich tauche wie aus dem Wasser auf, es ist wie ein Erwachen. Ich erkenne: Ah, da ist noch etwas anderes, es gibt eine Oberfläche. Jemand trägt mich, unterstützt mich, hält mich von unten. Ich erkenne eine Tür… Ich habe keine Willenskraft, auf sie zuzugehen, obwohl ich spüre, merke, einfach weiß, dass dahinter Licht ist ….«

Die mangelnde Willens*kraft* ist wohl das markanteste in diesem Zustand. Es bleibt nichts anderes übrig, als sich gehenzulassen. Der Zustand ist nicht unangenehm, sofern man die Dunkelheit akzeptieren und die Kontrolle loslassen kann und mit der Energie mitgeht. Aber man hat gar keine andere Wahl.

Ich frage mich, was geschieht, wenn die Wirkung des tödlichen Schlafmittels nachlässt. Kommt dann die Willenskraft zurück? Ist das das Ende des Komazustandes? Wird es dann möglich sein, die Tür zu einer anderen Dimension zu öffnen und dadurch in einen nächsten Zustand zu gelangen? Dies ist absolut notwendig, um aus diesem – nicht unangenehmen – Zustand herauszukommen.

Ich finde, dies ist durchaus eine Möglichkeit, den Körper zu verlassen. Der Prozess des eigentlichen Sterbens beginnt ja erst danach, wie wir in den bereits beschriebenen Fällen gesehen haben. Der Übergang ist sanft und behütet. Auf diese Weise im Kreise der

Familie sterben zu können, hilft bestimmt weit mehr, Frieden zu finden, als sich irgendwo zu erschießen oder aufzuhängen, im Wissen darum, dass es für die Finder ein Schock sein wird.

*

Sandra, die Tochter von Manuel, der sich im fortgeschrittenen Alter für den Freitod entschieden hat, hat den Suizid ihres Vaters hautnah miterlebt. Sie erzählte:

Mein Vater litt unter AMS (Amyotrophe Lateralsklerose). Sämtliche Muskeln werden dabei nach und nach gelähmt. Bei ihm ging der Verlauf sehr schnell. Er wollte kein Pflegefall werden; er konnte schon bald weder zeigen noch schreiben, nur noch schlucken. Noch schlucken zu können war die Voraussetzung für *Exit*. Man musste das tödliche Mittel selbst einnehmen können. Er hätte vermutlich noch weitere zwei, drei Monate gelebt. Er brauchte unsere Pflege. Er war im Rollstuhl und konnte sich nicht mehr mitteilen. So hilflos zu sein, war für ihn unerträglich.

Zur Unterstützung des ganzen Vorgangs hat die Familie die Hilfe eines Psychologen und eines Arztes beigezogen und gemeinsam viele Gespräche geführt.

Nach der Einnahme des tödlichen Mittels dauert es zwei bis fünf Minuten, bis man einschläft. Die Leiterin überließ es mir, ihm den Giftbecher hinzuhalten. Es blieb uns keine Zeit, uns bei ihm zu verabschieden, alles ging so schnell. Vater schlief sogleich ein.

Den Giftbecher zu geben – diese Tat blieb an mir haften. Damals war es nicht schlimm. Erst später wurde es ein Thema für mich. Ich hoffte, dass von diesem Akt nichts Schlechtes an mir haften bleibt. Ich verdrängte es, doch es kam immer wieder hoch.

Vater spielte immer den Starken. Am Vormittag seines Todes besuchte ihn noch eine Schulfreundin. Dieser verriet er, dass er nicht wisse, ob er stark genug sei, es zu tun. Ich weiß nicht mehr, ob wir ihm angeboten hatten, er könne auch noch im allerletzten Moment alles rückgängig machen. Seine Aussage macht mich noch heute sehr betroffen. Dass wir ihn eventuell am letzten Tag nicht mehr gefragt hatten, beschäftigt mich bis heute, acht Jahre danach…

Ausschnitte aus Sandras innerer Reise zur Unterstützung ihres Vaters und für sich selbst. Sie sah ihren Vater zuerst als starken Baum. Doch bald darauf:

Optisch ist der Baum nur noch ein kleines Pflänzchen. Es benötigt einen äußerst sorgfältigen Umgang. Es muss geschützt werden. Ich sehe, wie der Pflanze die Lebensenergie ausgeht. Vorher war sie noch dieser kräftige Baum… Das ist die Geschichte von meinem Vater…

Das kleine, kranke Pflänzchen braucht enormen Schutz. Ich darf es kaum berühren. Eine große Kugel ist um es herum und beschützt es. Das ist der Zerfall. Wir hatten das Pflänzchen ausgerissen, anstatt es zu schützen. Es verwelkte nicht von selbst. Das war »kurz und schmerzlos«. – Von den Gefühlen her stimmt das nicht, aber diese drei Wörter kamen spontan. Es ist das Gefühl, es fortgeworfen zu haben…

Ich weiß ja, ein Teil von ihm war nicht mehr zu retten. Diesen Teil beschleunigten wir auch noch. Das gibt mir ein trauriges Gefühl. Es liegt nun am Boden und ist tot… ohne Lebensenergie. Ausgerissen und dann verdurstet und verhungert…«

Patricia (P): Frage das Pflänzchen, was es jetzt von dir braucht

Pflänzchen: Aufgehoben zu werden.

P: Bist du bereit?

Sandra: Ja. Ich merke, es ist tot, aber doch sehr kostbar.

Ich halte es nun in der Hand. Das fühlt sich an, als ob es noch immer Lebenssaft in sich trüge. Es symbolisiert mir meinen Vater. Und wir räumten das Pflänzchen schon auf die Seite…

P: Frag es, was es von dir braucht.

Pflänzchen: Angenommen zu werden. Aufbewahren… An die Natur zurückgeben.« Das Pflänzchen liegt nun auf dem Boden. Ein Sturm kommt und deckt alles zu. Bereits wachsen andere Pflänzchen darüber. Das Leben geht weiter.

Das Bild des Baums steigt hoch. Es sagt, ich solle den *Baum* in Erinnerung halten und nicht das schwache Pflänzchen… (…) Ein Hase kommt vorbei. Er hat einen Wunsch: »Hopple lebensfroh durchs Leben, schlage Haken!« Der Hase hat etwas sehr Lebensfrohes! Ich spüre das in meinem Herzen. Wie er aus lauter Freude hüpft…! Ein schönes Bild. Es weckt in mir wieder Fröhlichkeit. Ich bedanke mich.

Das Gespräch danach:

Sandra: Wenn es nach Vaters Gefühlen gegangen wäre, hätte er sich nicht umgebracht. Er wollte für seine Enkelkinder weiterleben; sie waren sein Highlight. Aber die Angst vor der totalen Abhängigkeit und sich nicht mehr mitteilen zu können, war größer. Das Pflänzchen lag dann einfach auf dem Boden. Ich bin froh, dass *ich* es nicht ausgerissen hatte, die ich ihm den Giftbecher hingehalten hatte. Das erleichtert mich…

*

Es gibt Menschen, die sich sehr schwer damit tun, dass sich jemand aus ihrer Verwandtschaft umbringt oder sich mit einer aktiven Sterbehilfe das Leben verkürzt. Es gibt Kranke, die aus diesem Grund den Angehörigen ihre Absicht verheimlichen und sie aus ihrem vermutlich nicht einfachen Prozess ausschließen (müssen). Um die Entscheidung des Betroffenen besser verstehen zu können, bat ich Sandra, in die Energie des Pflänzchens zu gehen, mit andern Worten, das Pflänzchen zu werden. So würde sie die Entscheidung ihres Vaters aus seiner Sicht erleben und verstehen können. Sandra war sofort bereit. Um dies zu tun, bitte ich immer auch um die Einwilligung des Betroffenen, hier also des Vaters.

Patricia: Frage das Pflänzchen, ob es okay ist, es zu werden, um seine Situation von innen heraus zu spüren und zu verstehen.

Sandra: Ja. Ich bin schon in ihm drin… Ich kann nicht mehr aufrecht stehen… Ich spüre die hängenden Blätter… Die hängenden Zweige sind schwer. Ich bin in einer Schutzkugel… Ohne sie würde mich der Wind umblasen. Der Schutz gibt mir Halt. Die Kugel ist nicht eng, sie hat Raum. Das Pflänzchen verträgt nichts. Wichtig ist das Licht, dass es hell hier drin ist. Gleichzeitig ist es nicht mehr das Leben. Das wird deutlich. Der Schutz hält mich vom Leben fern. Ich bin so schwach... Eigenartig, es ist das Gefühl, als warte ich auf den Tod hier drin. Ich merke, dass ich gar nicht mehr leben kann. Ich bin so hilflos. Vegetiere vor mich hin. Ich bin geschützt, aber dafür ist kaum mehr etwas Lebendiges da. (...) Das Pflänzchen bräuchte ganz viel Hilfe und Zuwendung. Es ginge darum, etwas zuzulassen, das schwierig ist. Die Schwäche zuzulassen. Das Pflänzchen wünscht sich, behütet zu sein, kann es aber nicht zulassen. Das Wort, das kommt, ist »es geschehen lassen«. Es annehmen, langsam schwächer zu werden. Es ist äußerst schwierig, die Hilflosigkeit auszuhalten. Diese Hilflosigkeit... Umsorgt zu werden und es nicht annehmen können, ist ein Dilemma. (...)

Das Gespräch danach:

Sandra: Der Vater und ich hatten so viele Ähnlichkeiten! Wie schwierig es ist, geschehen zu lassen. Wir kürzen lieber etwas ab. Ich habe mich nach Vaters Tod selbst bei *Exit* angemeldet; als Mitglied. Aber ich weiß echt nicht, ob ich mich umbringen würde... Ich werde mich wohl lieber frühzeitig um meine dunklen Seiten kümmern...

Alternativen zur aktiven Sterbehilfe

Bestimmt stellt sich für viele leidende, alte und kranke Menschen die Frage nach einer Alternative zum Freitod. Es ist nicht jedermanns Sache, sich umzubringen. Ich behaupte: »Ja, es gibt eine Alternative, wenn auch der Eintritt des Todes nicht exakt berechnet und im voraus im Kalender eingetragen werden kann.«

Ich selbst hoffe, dass ich eines Tages altershalber – und hoffentlich bei bester Gesundheit – mit meiner Seele und meinem Körper vereinbaren kann, dass ich selbstbestimmt und dennoch bald auf natürliche Weise sterben kann. Ich hoffe und gehe davon aus, dass mein Kontakt nach innen dann noch immer derart eng ist und trägt, dass eine solche Übereinkunft in Einklang mit meiner Seele möglich ist. Dass diese Annahme nicht an den Haaren herbeigezogen ist, zeigen folgende Fälle. Es handelt sich um Reginas alte und kranke Eltern. Ich schicke voraus, dass beide Elternteile zwar schwer krank waren, aber nicht suizidal. Dennoch schien der Wunsch zu sterben konkreter zu werden, vielleicht auch durch den Umzug ins Pflegeheim. Reginas Mutter pflegte ihren Mann vierzehn Jahre lang. Er litt an Parkinson. Der Vater saß seit zwei Jahren im Rollstuhl, die Mutter litt seit Jahren an einer Nierenerkrankung. Regina wurde von innen her aufgefordert, geistig zu ihren Eltern zu reisen. Diese Reisen bewirkten einen Abschied, harmonischer könnte er nicht sein. Ihre erste Reise war am 4. 4. 2014 in meiner Jahresgruppe, in der die Teilnehmerinnen zu individuellen Themen innerlich reisen können. Achten Sie auf die Daten. Dies ist ein würdevoller Abschied, auf geistiger Ebene vorbereitet:

> **Regina: Ich sehe** eine Festtafel im Garten, daran sitzen meine Eltern, meine Geschwister mit ihren Familien und meine eigene Familie. Plötzlich schweben meine Eltern samt Stuhl und Vaters Rollstuhl in die Höhe. Raben holen sie ab, auch mich und meine Familie. Die Raben fliegen mit uns auf einen Hügel. Die Eltern stehen nebeneinander. Vater will, dass wir uns in Reih und Glied vor sie hinstellen, damit er uns einzeln mit einem Kreuzzeichen segnen kann. Er segnet uns. Danach fliegen wir zurück und setzen uns erneut an den Festtisch. Nun wird die Familie meines Bruders von den Raben abgeholt, dann die Familie meiner Schwester. Alle sitzen am Schluss wieder zusammen am Festtisch, außer den Eltern, die nicht weit von uns auf dem Hügel bleiben.

Genau zwei Monate nach dieser inneren Reise, also am 4. 6. 2014, starb Reginas Mutter. Bei einem weiteren Treffen der Jahresgruppe reiste Regina erneut.

> Regina: Ein grünes Tor öffnete sich mir. Ich trat ein, vor mir war der Garten des Elternhauses. Es ist der Besitz, der einst an uns übergehen wird. Mein Vater saß im Rollstuhl und betrachtete die Rosen. Er wollte eine pflücken, für Mutters Grab. Dabei stach er

sich, und Blut tropfte auf den Rasen. An dieser Stelle begannen dunkelrote Rosen zu blühen und verbreiteten sich in Windeseile. »Auf Rosen gebettet«, fiel mir ein. In diesem Moment betrachtete ich sein Haus plötzlich mit andern Augen. Bislang nahm ich dieses Erbe als Last wahr, als Bürde (Umbau, Mieter suchen, der ganze Steuerkram.) Nun sehe ich das Haus als ungeregelte Hinterlassenschaft. Ich erkannte plötzlich seinen Lebenswert und erkannte ihn an. Eine Träne kullerte über Vaters Wange. Ich fragte ihn: »Was brauchst du?« Er sagte: »Ruhe und Frieden.« Ein Herbststurm brauste heran und fegte alles weg, was blühte. Zurück blieben Ruhe und Leere…

Bei einem weiteren Treffen in der Jahresgruppe berichtete Regina uns: »Am 14. 10. 2014 starb mein Vater. Schon wieder eine Zahl mit einer Vier drin. Das sind genau drei Wochen nach meiner geistigen Reise. In der Nacht dieses 14. Oktobers um etwa halb Vier hörte ich Vaters Stimme. Er sagte: »Ich gehe«. Mir wurde es ganz heiß, und ich erwachte. Ich war mir sicher, dass um 6 Uhr der Anruf aus dem Pflegeheim kommen würde, um mir Vaters Tod mitzuteilen. Doch er kam nicht. Stattdessen vernahm ich innerlich Vaters Stimme erneut. Er sagte: »Du musst noch etwas warten.« Das ist typisch für ihn. Er fürchtete sich zeitlebens vor dem Tod und mochte nicht darüber sprechen… Um halb Vier nachmittags war es dann soweit.

*

Ja, und dann gibt es noch eine weitere Alternative zum Freitod. Sie ist diejenige des Annehmens und vermutlich die Herausforderndste. Lässt man das Leiden bis zu seinem Ende zu, gilt es, auch die Trauer zuzulassen und die Kontrolle aufzugeben. Ich stelle fest, dass das Schwierigste das Ausmaß und die Tiefe der eigenen Gefühle ist. Lassen wir nochmals Sandra sprechen.

Ich sehe einen Abgrund. Es geht darum, ganz loszulassen. Es geht darum, die Trauer zuzulassen. Dort unten ist große Trauer und dennoch das Gefühl, aufgehoben zu sein… Ich kann nicht ganz loslassen. Ich fürchte mich vor dieser Trauer!

Tiefenimagination: »Spüre, dass du aufgehoben bist.«

Sandra: Meine Kontrolle lässt die Trauer nicht wirklich zu. (Sie weint.) Ich erkenne, dass ich in der Trauer immer noch die Kontrolle haben muss.

Der Abgrund... mein Vater wusste nicht, wohin es geht, wenn er sich fallenließe; keine Kontrolle zu haben. (...) Es geht um Beherrschtheit. Ich glaube, das ist ein Familienthema...

Patricia : »Vor was müsst ihr euch schützen?«

Sandra: Vor der Tiefe der Gefühle. Die Tiefe der Trauer und gleichzeitig vernünftig sein sollen.

Das ist in Kurzfassung die emotionale Lebensgeschichte von Manuel, Sandras Vater. Manuels Mutter verstarb bei seiner Geburt. Die Brüder blieben beim Vater, Manuel wuchs in einer Pflegefamilie auf. Er hatte den Schutz und die Geborgenheit seiner eigenen Mutter nie kennengelernt und den Kontakt zu seiner Familie viel zu früh verloren. Manuels Trauer war groß. Er musste in der fremden Familie von klein an vernünftig und stark sein. Ich hoffe, sein innigster Wunsch ging bald in Erfüllung, und er hat seine leibliche Mutter getroffen. Diese war möglicherweise schon sein Leben lang bei ihm...Verstehen wir aus der Tiefe heraus das Leben eines Menschen, erübrigt sich das Verurteilen seiner Handlung. »Respektiere den Weg eines jeden einzelnen! Es hat alles einen Grund, auch wenn du ihn nicht verstehst« war eine Ermahnung der Tiefenimagination. Wie Recht sie doch hat!

Todessehnsucht bei Kindern

Ab und zu melden Mütter ihre Kinder in meiner Praxis an, weil diese am liebsten sterben möchten. Diesen Kindern möchte ich ein paar Worte widmen und stelle Ihnen zwei Fälle vor.

Ronja war fünf Jahre alt. Ihre Mutter berichtete: »Im Vergleich zu den Problemen Ronjas scheinen die Probleme unserer anderen Kinder beinahe belanglos. Ronja ist, seit sie zwei Jahre alt war, sehr impulsiv, aggressiv und verletzend. Manchmal scheint sie mir sehr unglücklich in ihrer Haut. Sie hat schon von Suizid gesprochen. Wenn sie mit andern Kindern streitet, wünscht sie diesen den Tod. In ihren heftigsten Wutanfällen, die oft in Schreikrämpfen enden, zerstört sie alles, was ihr in die Finger kommt. Auch auf dem Schulweg gibt es Probleme. Ein Junge will nicht mehr in den Kindergarten, weil Ronja ihn offenbar so terrorisiert.«

Um in ihre eigene Mitte und dadurch zu ihrer Lebensfreude zurückzufinden, reichte alle paar Wochen eine kurze Reise zu ihren Krafttieren. Die Todessehnsucht verschwand bereits nach der ersten Heilreise. Das Mädchen, ein tolles Kind, ist zugänglich geworden und hat neue Freunde gefunden.

Das andere Mädchen, von dem ich berichten will, war ungefähr zehnjährig. Ihre innere Reise jedoch, die randvoll mit Toten verbunden war, entsprach derjenigen einer erwachsenen Person. Die Reise dauerte etwa 75 Minuten – für Kinder ungewöhnlich lange. Ein Fuchs tauchte auf und jagte mit ihr buchstäblich von einer Leiche zur nächsten. Ich muss gestehen, ich kippte beim Begleiten dieser Reise fast vom Stuhl. Meine Augen wurden immer größer, mein Mund immer offener, die Fragezeichen in meinem Kopf tanzten immer wilder. Ich weiß nicht, was für ein Drama in diesem Kind steckte, aber ich verstand ihren Zug zum Tod nur allzu gut. Sie war voller Tod! Voller Leichen, die an den Bäumen hingen, die sie bedrohten, umzingelten, bis es keinen Ausweg mehr gab. Schrecklich. Ich ordnete ihr an, am nächsten Tag die Schule ausfallen zu lassen, um sich zu erholen. Dem Kind ging es nach der Heilarbeit sehr viel besser. Sie wurde offener und fröhlicher.

Die Übergangszone und was der Seele weiterhilft

Jede Seele betritt naturgemäß als erstes eine Zone des Übergangs, wenn auch nur sehr kurz und diese kurze Zeit vielleicht gar in einem Schlummerzustand. Doch nicht für alle Seelen ist diese Zeit fast bedeutungslos. Die astrale Zone der Erde muss überwunden, die eigene astrale Körperhülle abgestreift oder erleichtert werden. Grund genug, diese besondere, erdähnliche Zone nochmals unter die Lupe zu nehmen. Was verraten all die Fälle dieses Buches über die Übergangszone?

Vielleicht erinnern Sie sich an die krebskranke Sibylle. Auf ihrer Reise zur Frage des Todes sah sie Zwillinge; der eine verkörperte den Tod, der andere das Leben. Beide waren sehr lebendig und lebensfroh. Sibylle entdeckte: »Leben und Tod sind identisch!« – Okay, doch wie muss man sich das genau vorstellen? Die Seele trifft »drüben« also alles an, was es auf Erden auch gibt. Dennoch: Die Übergangszone folgt anderen Gesetzmäßigkeiten. Beginnen wir bei der »Geografie«.

Die Reichweite der astralen Zone

Betrachten wir die Größe dieses astralen Landes. Alexandras verstorbener Vater beschrieb es so: »Die Astralwelt ist wie ein eigener feinstofflicher Planet.« Dieser feinstoffliche Planet durchdringt unseren Planeten Erde, so dass die Astralwelt genau da ist, wo Sie sich jetzt gerade befinden. Dies ist der Grund, weshalb sich die Verstorbenen oder die Geister genau am selben Ort aufhalten können, wie auch wir Diesseitigen es tun. Sie befinden sich sozusagen in einem feinstofflichen »Parallelplaneten«.

Die geistige Welt ist ein enorm großes Feld. Allein die Astralwelt soll sich vom Erdinneren bis ans Grenzgebiet, wo sie auf die Astralsubstanz des Mondes trifft, erstrecken. Die alten Weisen nannten diese Zone *sublunare Welt*. Auf inneren Reisen »landet« das Bewusstsein immer mal wieder irgendwo draußen im Weltall, zwischen den Sternen oder gar auf anderen Planeten. Inwiefern dies der äußeren Wirklichkeit entspricht, kann ich nicht verifizieren. Es sind die inneren Bilder, die diese Örtlichkeiten so wahrnehmen und benennen lassen. Oft aber sagen die geistig Reisenden, sie seien sehr weit weg gewesen. Seelen, die sich im Erdinneren aufhalten, befinden sich in der schwersten Atmosphäre. Je weiter sich eine Seele von der Erdoberfläche entfernt, um so leichter wird sie. Es folgen Zitate aus geistigen Reisen über Aufenthaltsorte von Seelen in der Durchgangszone.

Leben im Erdinneren:

Nun sehe ich eine Völkerwanderung... Wie eine Ameisenstraße geht sie rechts hinauf. (...) Sie kommen unterirdisch dorthin. Es ist fast eine biblische Szene. (...) Sie sind jeden alters, auch junge. Sie steigen aus dem Erdinneren eine Wendeltreppe hinauf. Ich sehe Erdfarben, Schlammfarben, alle gleich, staubig, dreckig, mit erdfarbenen Rucksäcken. Sie sind wie schwer beladen, müde, abgekämpft. (...)

Leben auf der Erdoberfläche:

Ich befinde mich in einem dunklen Wald. Nun stehe ich auf einer Anhöhe und sehe eine braune Bergkette. Es ist unwirtlich, kahl, karg. Es ist weder bepflanzt noch gibt es Häuser. Es ist wie in einem anderen Land...

Ich befinde mich wie in Afrika. Es riecht wie in Afrika – die Hütten, die Menschen. Es ist farbenfroh und sehr lebendig.

Ich bin im Urwald.

Leben im Universum:

Nun bin ich im Weltall, zwischen Sternen und Planeten.

Ich bin selber ein Staubkörnchen. Oder ein Stern. Ich bin ein Teil des Kosmos. Ich sehe Leuchtkörper um mich herum. (...) Zeit und Raum sind aufgehoben.

Das Weltall rückt nun »schwupps« noch weiter weg; ich bin an einem andern Ort, noch weiter weg. (...)

Aufenthaltsdauer

Seelen können sich in einem Zeitraum von wenigen Stunden bis wenige Tage, etliche Jahre oder gar Jahrhunderte in der ihnen entsprechenden Stufe der Astralwelt befinden; so lange, bis ihre Triebe und zu verarbeitenden Emotionen auf keine Resonanz mehr stoßen, bis ihre erdbezogenen Bedürfnisse ausgelebt sind; bis sie von ihren Lieben, ihren Geschäften oder anderen irdischen Pflichten oder lebenslangen Interessen, Vorstellungen, Sorgen und Gewohnheiten loslassen können. Bis man ja sagt zum entscheidenden Fortschreiten in weitere geistige Sphären.

Sensorium

Die beiden Leben vor und nach dem Tod sind Zwillinge, also (fast) genau gleich. Obwohl die Materie nur noch feinstofflich ist, kann man sie – wie auch hier auf Erden – berühren, ertasten, sie fühlen, sehen und sie gar riechen und schmecken, ja, man kann sogar den Kopf daran anschlagen und sie manchmal auch durchschreiten. Hier ein paar Beispiele:

»Es riecht nach Rosen.«

»Es stinkt fürchterlich, wie nach Scheiße! Ekelhaft! Widerlich! Kaum zum Aushalten!«

»Ich schmecke Ton, der Geschmack von Tonerde in meinem Mund.«

»Ich fühle den Schal, den sie um mich legt.«

»Es ist so kalt hier.«

»Es ist heiß! Die Menschen schwitzen.«

»Da ist eine sehr lange Wand. Sie lässt mich durch; ich kann sie einfach durchschreiten!«

Wie kann es sein, dass man in der geistigen Welt riecht, fühlt, schmeckt, sich ekelt und man sogar schwitzen muss…?

Physikalische Erklärungen

Die Astralsubstanz ist genau wie die uns bekannte irdische Substanz in verschiedene Dichtegrade aufgeteilt: fest, flüssig, gasförmig; ätherisch, superätherisch, subatomar und atomar; wobei diese Bezeichnungen das physikalische Verhältnis bezeichnen, das immer feiner wird, und sich nicht auf ein chemisches Atom oder Molekül beziehen. (Aus: Arthur E. Powell, Der Astralkörper, Edition Adyar)

Da jede physische Körpersubstanz ein genaues astrales Gegenstück hat, sind physisch feste Stoffe von astral fester Materie umgeben und durchdrungen, physisch flüssige Stoffe von astral flüssiger Materie, gasförmige Zustände von gasförmiger astraler Materie und so weiter und so fort. Dies erklärt, dass manch Feinfühliger verstorbene erdgebundene Seelen wahrnehmen kann und sie etwa als kalter Luftzug oder leichten Widerstand fühlt. Geist ist *nicht* nichts, er ist feinstoffliche *Materie*.

Das weitgehend identische Abbild ist der Grund, weshalb Verstorbene, die noch nicht ins Licht gegangen sind, verzweifelt mit ihren Angehörigen sprechen wollen, von ihnen aber nicht wahrgenommen werden. Nur sensible Leute, die Zugang zum astralen Hören oder Sehen haben, werden diese erdgebundenen Seelen wahrnehmen und mit ihnen kommunizieren können. Das Buch vom Arzt George Ritchie *Rückkehr von morgen* bietet ein eindrückliches Beispiel.

Jeder physische Gegenstand ist von Astralsubstanz umgeben und durchdrungen und kann nicht von ihr getrennt werden. Jedes Mineral, jede Pflanze und jedes Tier besitzt Astralsubstanz, ja selbst die Berge, Seen und unser Planet.

Wie geht es den Seelen in der Übergangszone?

Die menschliche Seele unterliegt Gefühlen und Stimmungslagen, unabhängig davon, ob sie sich in ihrem physischen Körper befindet oder nicht. Wir haben gesehen, dass verstorben zu sein nicht gleichbedeutend ist mit automatischem Wohlgefühl. Wie kann es Seelen in der Durchgangszone emotional ergehen, wo sie noch nicht in ihrem wahren Daheim angekommen sind? Zitate aus Fällen:

»Mir ging es gleich nach dem Tod gut, ich fühlte schnell Frieden in mir. Schwieriger war für mich, euren Schock über meinen Tod zu sehen und mitzuerleben, dass bei euch das Chaos ausbrach…«

»Es ist hart, in diese Zone hineinzukommen und dort jahrelang herumzuirren. Es kann wie eine Odyssee sein.«

»Ich brauche Trost und Mitgefühl!«

»Ich fühlte mich hilflos, verwirrt, orientierungslos…«

»Ich kam schnell in eine Schwerelosigkeit hinein, so dass es schwierig war, eure Gefühle nachzuvollziehen.«

»Ich bin wütend und verzweifelt über meine Lage!«

»Mein Ziel war mir von Anfang an klar, ich wollte auf diese schöne Wiese und nicht in die Steilwände hinein, in der viele andere wie versteinert dahinvegetierten und nicht vom Fleck kamen! Mir ging es gut! Dieser Ort ist sehr angenehm, es gibt wenig Menschen, alles ist harmonisch und natürlich.«

»Es ist sehr unangenehm in diesem neuen Körper! Ich höre grade, dass man sich daran gewöhnt; dass das immer so ist nach einer Transformation…«

Wer sich alles in der Übergangszone aufhält

Damit wir von der Übergangszone und ihren Begebenheiten nicht allzu sehr überrumpelt werden, wollen wir sie etwas besser kennenlernen. Reisen wir in ein fremdes Land, bereiten wir uns ja auch vor; wieso also nicht für den »Parallellplaneten Astralwelt«? In der Astralwelt werden wir nicht immer alleine sein. Sie ist ein Tummelfeld voller »Bewohner«, zeitweise äußerst dicht. Ich erinnere an Mathias, der selbst an kein Weiterleben nach dem Tod glaubte: »Ich habe das Gefühl, es gäbe überall Geister; die ganze Luft oder die ganze Aura ist voll von Geistern. Die Luft ist Geisterwelt. Der ganze Leerraum zwischen den Menschen ist mit Geistern angefüllt!«

Wer sind diese unendlich vielen Geister oder astralen Bewohner? Es sind Seelen, die noch nicht gemerkt haben, dass sie tot sind. Andere sind daran, sich vom Irdischen zu lösen. Viele Verstorbene bleiben am Ort hängen, an dem sie zuletzt emotional verknüpft waren, verharren jahrelang als Kranke im Bett, sitzen weiterhin in der Stube auf dem Sofa bei ihrem Lebenspartner oder bewachen noch immer ihr Hab und Gut. Anderseits leben in der Astralwelt die Verstorbenen, die sich längst verirrt haben. Und Wesen wie diese hier:

Etwas zieht an mir herum, hin und her. Ich spüre das körperlich. Es sind Wesen, die an mir herumrupfen. Ich fühle mich wie ein Spielball. Ich möchte sie abschütteln. Ich schreie sie an: »*Lasst mich in Ruhe*!«

Sie sind so hartnäckig! Es sind verschiedene Wesen, und alle wollen mich auf ihre Seite ziehen. Das ist ein eigenartiger Zustand... so etwas Aufgelöstes... es wird wie... ich kenne diesen Zustand gar nicht... es ist eine negative Energie, die sich bindet. Anders negativ als ich es sonst kenne. Es ist wie verwischt, nicht abgegrenzt, ich werde verzogen. Ich weiß nicht, wo ich beginne und wo ich aufhöre, ich bin wie aufgelöst. Es ist sehr unangenehm!

Eine Ausstrahlung des ZDF (YouTube vom 17. 4. 2015 über »Nahtoderfahrungen«) berichtet eindrucksvoll von der Erfahrung eines Mannes, der von einer Nahtoderfahrung der schrecklichen Art berichtete. Er war Materialist, in seinen Äußerungen oft respektlos, trank viel Alkohol und fluchte gerne. Er beschreibt, wie er ähnlich oben beschriebenen Wesen ausgeliefert war und sich kaum retten konnte. Schließlich hörte er eine Stimme. Sie riet ihm eindringlich: »Bete zu Gott!« Er war Atheist, glaubte also an keinen Gott, doch erinnerte er sich in seiner Not an Gebete, die er aus seiner Kindheit kannte. Diese Gebete, wenn auch nur Bruchstücke daraus, zeigten sofort Wirkung. Angewidert entfernten sich die niedrigen, gierigen, widerlichen Wesen, und er blieb schließlich alleine zurück.

Es lohnt sich nicht, ethisch in der unteren Liga zu spielen. Zu sehr freuen sich niedere Wesenheiten über unser Ausgeliefertsein – da wir lichtlose Resonanz bieten. Doch auch hier gibt es, wie wir gesehen haben, Schutz und einfache Lösungen.

Dann gibt es noch eine weitere Spezies, auf die ich aufmerksam machen will. Es sind eigenständige Wesen, die unsere eigenen Aspekte verkörpern. Sie sind emotionaler Art. Darunter befinden sich auch die *Verblender* und *Verführer*. Sie sind nicht böse, doch in gewisser Weise hinterlistig. Sie gehen auf unsere Wünsche und Träume ein, sie betören arglose Seelen, schmeicheln ihnen und stehlen ihnen unendlich viel Zeit, so dass sie nicht weitergehen. – Kennen wir das nicht auch aus dem irdischen Leben, etwa von Basaren oder von Werbern? Ich kann dazu nur sagen: Jetzt schon üben, nicht auf Blender und Schmeichler hereinzufallen, sondern sich abgrenzen und weitergehen. Ihnen ist das nächste Kapitel gewidmet.

Gewappnet sein: Die Verführer und wie man sich selbst helfen kann

In der Astralwelt wird man mit Aspekten seiner selbst konfrontiert und mit vielen anderen Phänomenen mehr, wie zum Beispiel die Verführer, Blender und Schönredner. Es sind Aspekte des Menschen, die eine Eigendynamik entwickeln und ein eigenes Leben führen. Wie das aussieht und wie man sich dagegen wehren kann, zeigen folgende zwei Beispiele. Auf meine Frage, was die Leser dieses Buches noch wissen müssen, erschien während der geistigen Reise eines Forschers folgende zusammengefasste Szene. Ein *Wolf* tauchte auf. Er fletschte seine Zähne und sagte:

> **Zähne zu fletschen** ist wichtig! Sonst wirst du aufgefressen! Lass dir nicht alles gefallen! Auf der andern Seite des Lebens ist dir nicht alles wohlgesinnt. Im Diesseits kannst du üben. Es geht nicht um Kampf, wie du das hier kennst, sondern darum, hineingezogen werden. Es ist wichtig, bei sich zu bleiben!
>
> Wenn du sie an dir vorbeiziehen lässt, ist es egal, ob sie dir wohlgesinnt sind oder nicht. Es kommen aber auch andere Kaliber. – Der Wolf lacht. Dann sagt er weiter:
>
> Vor dem Tod und danach besteht kein Unterschied! Man kann sich vor und auch nach dem Tod verirren. Sich verirren, verlorengehen. So entstehen die verlorenen Seelen... Darum ist es wichtig, symbolisch gesehen die Zähne zu zeigen. Sich nicht hineinziehen, verführen lassen. Es gibt noch andere Kaliber als die Netten. Sie besitzen eine viel größere Verführungskraft. Es gibt eine erste Phase – wenn du da nicht bei den verlorenen Seelen hängenbleibst, wird alles leichter. Aber es gibt eine Phase, in der alles an einem zerrt. Zehrt. Diese Phase gibt es bei allen, jedoch unterschiedlich stark. Stärker als du es dir im Moment vorstellen

kannst. Das ist nur ein Zwischenraum. Dort drin kannst du dich verlieren. (...)

Christine ließ sich auf die Begegnung mit einem solchen Verführer ein. Hier ihr Trick, sich von ihm wieder zu lösen:

Es bedarf eines festen Willens. Und ein Gefühl für sich selber: *Ich*. Ich sag jetzt ganz klar: »Geh weg! Geh Weg von mir! Hau ab und geh woanders lang!« – Das ist wie Gummi, fast klebrig... Das kriegst du nicht los!

Ich merke, wie Christine gegen das verführerische Wesen einen inneren Kampf ausführt. Ich rate ihr: »Ruf die Krafttiere zu Hilfe!« Nach einer Weile berichtet sie: »Die Spinnen haben das alles durchgeknibbelt, dann kam ein großer Krake, schirmte mich ab und schob mich da hinaus...«

Verführer können eigene Anteile der Person sein, in Gestalt oder Wesen. Sie beinhalten die eigenen Ausflüchte und Augenwischereien. Sie umgarnen dich, wie eine Droge. Es ist so schön, mit ihnen zusammenzusein, dass man nicht gehen will. Man ist immer nur in dieser Wolke. Bis zum Sankt Nimmerleinstag...

Die Sache mit der Dunkelheit

Die Astralwelt ist für das gewöhnliche Auge transparent. Befindet man sich darin, kann sie in gewissen Momenten oder auch in längeren Phasen dennoch dunkel bis schwarz erscheinen. Diese Dunkelheit hat mit dem inneren Zustand der einzelnen Seele zu tun; sie ist Ausdruck ihrer Emotionen wie Depression, Trauer, Angst, Einsamkeit, Isolation, Hoffnungslosigkeit, Resignation und so weiter. So wandelt die Seele durch einen düsteren Wald, der Angst macht, durch einen dunklen Tunnel, den sie zu passieren hat, oder sie sitzt in der Finsternis und Kälte herum. Verändern sich unser Zustand, unsere Emotionen und Gedanken, wird sich die Dunkelheit um uns herum lichten. Manchmal erfordert es etwas Mut und die Klarheit, das Dunkle verlassen zu wollen. Sitzen wir im Dunkeln, kann man auch um Hilfe bitten; diese kann eine bereits verstorbene Verwandte, Bekannte oder ein (Kraft-)Tier sein. Diese Gehilfen ermutigen die Seele und führen sie in eine angenehmere Umgebung. Alleine schon der Mut verändert die Finsternis, es sieht so aus, als ob Vertrauen, Entschlusskraft und Optimismus einen Ort direkt aufhellen könnten. Dunkelheit ist jedoch nicht immer negativ besetzt; man kann sie auch als neutral oder sogar als angenehm empfinden.

Sich die Eigenschaften der geistigen Welt zunutze machen

Betrachten wir das Phänomen Astralwelt mit ihren Eigenschaften, analysieren wir erfolgreiche Fälle und schauen wir, was die Tiefenimagination uns diesbezüglich lehrt. Im folgenden Abschnitt geht es um Wünsche und Vorstellungen.

> »**Alles, was du** dir vorstellst, erscheint hier sofort«, erklärt mir die Tiefenimagination. »Übe mal! Stell dir irgendwas vor. Zum Beispiel Erdbeereis.«
>
> Ich mag kein Erdbeereis, denke ich, stelle es mir aber dennoch vor. Sofort erscheint dicht neben mir eine Schale Erdbeereis. Kühlschrank, denke ich als nächstes. Wieder sehe ich sofort einen Kühlschrank. »Und was soll das?« frage ich. Ich höre: »Deine Vorstellungskraft ist stark. Übe, damit besser umzugehen, zweckmäßiger, damit sie dir auch etwas einbringt. Übe zu vergeben, zum Beispiel. Übe zu lieben. Übe, Kinder zu zeugen. (...)« Weiter höre ich:
>
> »Es ist entscheidend, was du dir im Moment des Übergangs vorstellst. Deine Gedanken und Wünsche sind markant wichtig, sei dir bewusst! Sie sind von größerer Kraft als auf Erden, denn sie gehorchen anderen Gesetzmäßigkeiten.« »Was tun, wenn ich mir einen Unsinn zurechtgedacht habe«, frage ich nach. »Ignoriere es einfach. Ignoriere es, und es wird sich auflösen.«

Betrachten wir ein konkretes Beispiel einer Seele in Not. Wir stoßen auf sie im Nebel, wo sie auf verirrte Seelen trifft, die an ihr zehren und zerren. Sie wünscht sich Hilfe, will klar und bestimmt aus dieser Situation heraus und – erhält augenblicklich ein Schwert. Es bedurfte dazu innerer Klarheit, ihren Willen und ein Ziel – wichtige Werkzeuge, um die Eigenschaften und Möglichkeiten der Astralwelt zu nutzen. Inneres Wischiwaschi wird die Seele viel Zeit in der astralen Welt kosten. Schauen wir, was die eingangs genannte Seele damals erlebte und wie sie sich half:

> **Es ist ein** Kampf. Diese zehrenden Seelen, dieser Nebel... *Ich will das nicht*! – Nun sehe ich plötzlich ein Schwert. Mit diesem kann ich die Verbindungsfäden zu den verirrten Seelen, die an mir hängen, mit einem Schlag abtrennen. Das fühlt sich sehr kämpferisch an! – Nun lichtet sich der Nebel...

Wir sehen im obengenannten Beispiel, wie schnell die astrale Umgebung auf unsere innere Klarheit reagiert. Kaum war der Seele klar, dass sie diesen Zustand nicht wollte, erhielt sie ein Hilfsmittel, das Schwert. Durch ihren Kampf gegen die anhängenden Seelen lichtete sich sogar der Nebel.

Erinnern wir uns, wo wir uns als erstes nach dem Tod befinden: Es ist die Astralwelt. Sie ist eine geistige Welt, die viel mit unseren Emotionen, Ängsten, Schattenseiten, Lüsten, Begierden und Wünschen zu tun hat. Was so verwirrend an dieser Zone ist, ist der bildhafte oder gestaltete Ausdruck daraus und das Wesen der Seelen an sich – ein gemischter Salat verschiedenster Charaktere und emotionaler Zustände, die sich in Form von Nebel, schnellen Eindrücken oder verschiedenster Landschaften und Umgebungen zeigen. Es ist das emotionale und geistige Produkt von Gedanken, Vorstellungen, Wünschen, Aspekten und Eigenschaften unzähliger Seelen.

Wir können mit allem, was wir sehen, kommunizieren. Doch reden allein nützt nichts, wichtig ist, danach innerlich auf die Antwort zu hören und den Rat zu befolgen. Das ist absolut entscheidend, wenn wir als Seele schnell da herauskommen wollen. Eine Eigenschaft der Astralwelt ist, Schattenseiten, Emotionen und Wünsche bildhaft auszudrücken. Sie kann ein Spiegel unseres emotionalen Zustandes sein; und des emotionalen Zustands vieler anderer Seelen auch.

Survival-Kit für Verstorbene – Was Verstorbene tun können, wenn es ihnen nicht gut geht

In unserer Kultur gestalten die Hinterbliebenen für den Verstorbenen einen Trauergottesdienst, beten für ihn, singen Mantras oder finden eine schamanisch Tätige oder eine Heilerin, die eine geistige Reise unternimmt und vom Diesseits aus mithilft, den Verstorbenen ins Licht zu führen.

Mich interessierte, wie ein Verstorbener sich selbst helfen kann, wenn ihm sein Ort im Jenseits missfällt, er unglücklich, hilf- oder und ratlos ist. Dass wir als Seele unser Heil durchaus in der eigenen Hand haben, zeigen folgende Ausschnitte. Steigen wir beim nächsten Beispiel in der Phase der Orientierungslosigkeit ein, in der eine Seele kurze Zeit nicht mehr weiterwusste:

> »**Wo muss ich hin?**« Ich rufe, bekomme keine Antwort. Ich merke, dass ich auf mein Gefühl vertrauen muss, auf meine Intuition. Ich merke, es gibt keinen Hinweis von außen, ich muss mich nach innen richten, spüren, wohin es mich zieht. Die Frage, die ich mir stellen muss, ist: »Was brauche ich, damit es mir gut geht?«

Dieser Seele scheint es intuitiv bewusst zu sein, dass sie mit ihren Gedanken und Wünschen ihre künftige Welt selbst erschafft. Auch wenn sie sich keine konkrete Welt vorstellt, erscheint auf ihre Frage automatisch eine Landschaft:

> Ich sehe nun eine grüne Landschaft. So stelle ich mir Irland vor, grün und weit. Ich stehe in dieser grünen Landschaft. Ich erkenne: Die Landschaft entstand von selbst. Es ist wichtig, mir darüber im klaren zu sein, was ich brauche und was mir gut tut; dadurch kann es dort auch weitergehen.

Was geschieht, wenn eine Seele nicht merkt, was sie braucht und nicht nach innen spürt? Was geschieht mit Seelen, die sehr unbewusst sind und unklar?

> Dann öffnet sich von alleine eine Landschaft: Alles ist diffus... Hier ist es neblig, diffus. Ich bin orientierungslos... Es ist eine Nebelwelt.

Wesen rupfen an mir herum. Es sind verschiedene Wesen, und alle wollen mich auf ihre Seite ziehen; zu ihrem Vorteil, nicht zu meinem (...) Ich muss hier weg! Ich spüre: Je klarer du lebst, je bewusster du bist, um so klarer ist der Weg. Dieses Herumgezerre war äußerst unangenehm! Man wird zum Spielball, wenn man im Leben nicht übt, sich selbst zu sein. Man muss lernen, im Leben egoistisch zu sein! Gut für sich selbst zu sorgen, im positiven Sinne. Das ist eigentlich genau das Gegenteil von dem, was wir im Leben lernen. Wir lernen, dass wir nicht egoistisch sein dürfen. Doch die Klarheit ist entscheidend! Zu wissen, was man will und was man nicht will. Man kreiert sich das weitere Leben selbst. Niemand sonst tut das. Man tut es selbst. Bewusst oder sonst halt unbewusst. (...)

Ich vermute, die schon von vielen Forschern beobachtete und beschriebene Nebelwelt, in welche Seelen nach dem Tod gelangen (können), ist das energetische Produkt der Unklarheit, des geistigen Vernebeltseins unzähliger Seelen. Der Nebel ist manifestierte Energie diffuser Bewusstseinszustände. Dass man diesen keineswegs ausgeliefert ist – falls eine bewusste Seele damit überhaupt konfrontiert wird – und wie sich selbst eine »vernebelte« Seele retten kann, entnehmen Sie dem Kapitel »Merken, dass man seine Umgebung selbst gestalten kann« (Seite 165).

Was gibt der Seele im möglichen Gezerre Schutz und Sicherheit? All meine Erfahrungen lehrten mich dies:

- Gut auf die innere Stimme hören und sie um Rat fragen. Jede Seele besitzt ein höheres Bewusstsein. Mit diesem Bewusstsein kann man kommunizieren. Es ist Ihre weise innere Führung. Es wird in Worten oder Bildern antworten. Befolgen Sie den Rat!
- Ruhe bewahren. Sich nicht von negativen Kräften ziehen lassen. Falls dies doch geschieht, zu Klarheit kommen: Was will ich genau? Und dann für dieses Ziel bei Gott, dem Schöpfer, der höchsten Intelligenz um Hilfe bitten.
- Eine gesunde Portion Egoismus, das heißt, gut für sich selbst zu sorgen!

- Seine Gefühlslage annehmen. Sie akzeptieren. Sagen: Okay, es ist so. Sich hingeben, auch wenn die Gefühle noch so mühsam sein sollten.
- chauen, wo das Licht ist und in diese Richtung gehen. Das Licht ist immer irgendwo! Bitten Sie, es sehen zu dürfen! Fragen Sie das Licht – auch wenn Sie es nicht sehen können -, was es von Ihnen braucht. Hören Sie innerlich hin und erfüllen Sie den Wunsch des Lichts.
- Vertrauen, dass alles gut wird.

Dass diese Tipps für viele Seelen nicht selbstverständlich sind, zeigt ein Zeitungsbericht über einen Hellsichtigen. Er erzählte darin von einer verstorbenen Seele, die ihren Bruder umgebracht hatte. Diese Seele litt unter entsetzlichen Schuldgefühlen und wollte sich beim Bruder entschuldigen. Sie war vollkommen hilf- und ratlos, hatte keine Ahnung, wie sie sich selbst helfen konnte. Der Hellsichtige ließ den Leidenden ohne Hilfe links liegen. Das brachte ihm entsetzte Leserbriefe ein.

Was hilft, sich in der Wirrnis der Übergangszone zurechtzufinden

Was hilft den Seelen, sich in der Wirrnis der Astralwelt zurechtzufinden? Fragen wir Betroffene, sie müssen es ja wissen. Aus dem Gespräch mit einer Seele auf meine Frage, was für ihn die größte Herausforderung in der Astralwelt war:

Es ist hart, in diese Zone reinzukommen und dort jahrelang herumzuirren. Es kann wie eine Odyssee sein, wie ein großes Kabarett. Mir half es etwas, fokussiert zu sein. Ich war auf euch (die Hinterbliebenen) fokussiert und dass ihr aus diesem Panzer von Trauer herauskommt. Dadurch hatte ich einen Strahl auf euch gerichtet und musste nicht in alle Erfahrungen hinein. Ich bin sehr dankbar, dass ich dort nicht herumdriften musste, umherirren, fast verloren. Es half mir sehr, fokussiert zu sein. Weil es mir leid tat zu sehen, was mein Tod bei euch ausgelöst hatte, wollte ich in eurer Nähe bleiben. Mich abzugrenzen und den Fokus nicht zu verlieren, war die größte Herausforderung. Man kann hier nochmals alle Erfahrungen machen. Mich darin vom Fokus nicht abbringen zu lassen, war nicht immer einfach. Der Sinn meiner Aufgabe, euch zu helfen, half am meisten....

Klare Absicht, ein Sinn und ein starker Wille helfen, sich in der Astralwelt nicht zu verlieren.

Merken, dass man seine Umgebung selbst gestalten kann

Betritt die Seele die geistige Welt, wird sie auf ihrer Wanderschaft in verschiedene Gebiete gelangen. Die Art der Regionen, auf die sie trifft – Wüste, Ödnis, Wald, Berge… – sind nicht zufällig. Warum? Erinnern wir uns, wo sich die Seele nach dem Tod aufhält – es ist die Astralwelt, also eine Dimension, die uns mit unseren Emotionen und unseren Vorstellungen konfrontiert. »Die Art der Landschaften spiegelt den emotionalen Zustand der Seele wider«. *A. E. Powell* (AK 142) erklärt dies so: »Aufgrund der Bereitschaft der Astralmaterie, den Gefühlen und Gedanken zu gehorchen, werden die Formen, die den Menschen umgeben, vorwiegend ein Ausdruck der eigenen Gefühle sein, deren Natur hauptsächlich dazu beiträgt, ob man ein glückliches oder ein unbehagliches Leben führen wird.«

Christine, ausgebildete Seelenbegleiterin, beschrieb mögliche Szenarien so:

Ich bin jetzt im Grand Canyon, Steinwüste. Auf der Wanderschaft im Jenseits kann man auch hierhin gelangen. Hier kann man ganz schön lang drin steckenbleiben. Das ist ein Ort, an dem viele hängen bleiben. Dieser Ort ist gefährlich und lebensfeindlich, heiß und trocken. Da gehen viele hin... Diese Gegend hier ist nur für einen kurzen Aufenthalt geeignet. Es ist eine Mischung aus Trauer und Leere. Wenn du hier vorbeikommst, dann rate ich dir, ruf einen Vogel, flieg ein bisschen rum, schau's dir an und dann geh wieder. Die Gegend hat auch mit Aggression zu tun. Es hat etwas Aggressives hier. Es gibt aggressive Wesen hier. Hier leben Schlangen, Skorpione und Insekten. Ruf einen Vogel und geh wieder. Ich sehe nun einen Vogel, es ist ein Falke. Er sagt: »Wenn

> du im Jenseits herumwandelst, sei ein bisschen vorsichtig. Stapf nicht überall rum! Manchmal ist es besser, man sieht das ganze von oben. Ruf mich, wenn du an etwas Sandiges, Wüstenartiges gelangst, rufe mich ganz bewusst.«

In der gleich folgenden inneren Reise zeigt sich eindrücklich, wie wir uns unsere Wirklichkeit in dieser Ebene selber schaffen. Es ist niemand da, der uns einen bestimmten Aufenthaltsort zuweist; wir wählen diesen selbst. Aus der Reise von Erna:

> **Ich sehe einen** großen schwarzen Schlund. Er öffnet sich mir, er ist aus grobem Stein, schwarz. Er will mich in sich hineinziehen, aufsaugen. Er hat eine starke Anziehungskraft, mein Wille wird entzogen. Ich kann keinen Widerstand leisten! Es ist kalt. Böse. (...) Doch ich merke: Ich will da nicht hinein! ... Das Bild ist nun weg. Nun bin ich an einem helleren Ort. Ich merke noch einmal: Ich will nicht in das Dunkle hinein! Ich höre: »Du musst dort nicht hinein, wenn du nicht willst. Du bist frei, zu wählen.«
>
> Es ist sehr berührend, weil ich fühle, dass niemand in einen schrecklichen Ort hinein muss! Jeder darf ins Licht gehen. Der ehemals schwarze Tunnel hat nun jegliche Bedrohung verloren...

Nachdem Erna diese Entdeckung gemacht hatte, geschah etwas Sonderbares. Als ob viele andere Seelen ebenfalls begriffen hätten, dass sie nicht an einem Ort zu leben brauchen, der ihnen nicht gefällt, begaben sie sich auf die Wanderschaft Richtung Licht. Das Besondere daran: Sie kamen aus der Tiefe der Erde. Einen Teil aus ihrer Reise kennen wir bereits. Hier lesen Sie den gesamten Kontext und ihr Fazit daraus. Zurück also zu Ernas Reise:

> Nun sehe ich eine Völkerwanderung. (...) Die Leute starten vom Wegweiser, bei dem man entscheiden kann, ob man ins Licht oder in die Qual will. Sie kommen unterirdisch dorthin. Es ist fast eine biblische Szene. (...) Sie sind jeden Alters, auch junge. Sie steigen aus dem Erdinneren eine Wendeltreppe hinauf. (...) Sie sind wie schwer beladen, müde, heruntergekämpft. Sie erreichen den Wegweiser, verlieren ihre Schwere und tragen nun ein buntes Kleid! Es ist ein frohes Bild!

> Nun sehe ich alles von oben herab. Sie gehen über eine Hängebrücke mit tiefer Schlucht. Schroffe Felswände, zerklüftetes Gebiet. Ich bin weit weg von ihnen und entferne mich von dem Geschehen, weil ich weiß, dass das läuft; ich muss nichts dazu tun.
>
> Ich sehe zwei Wörter: Licht (Licht und leicht) und Heiterkeit.
>
> Es gibt nur Licht und Heiterkeit. Das ist das Absolute. Das ist die letzte Wahrheit. Es gibt nur das. Alles andere ist eine falsche Vorstellung, die sich zwar verwirklichen kann, wenn man an ihr festhält.«

Und dann geschah mit Erna etwas, das wir in der geistigen Welt auch erleben dürfen: Getragen sein, sich ganz hingeben können.

> Ich tauche nun in warmes, weiches Licht ein. Ich bin müde und sehr schwer. Es ist eine weite Zeitreise... Es geht wie in eine andere Dimension hinein... Ich muss gar nichts tun, es geht von alleine.. Ich kann kaum mehr sprechen... Bin bleischwer..., ein gutes Gefühl Bin so schwer, dass ich nichts mehr tun kann oder muss...; wie wenn ich transportiert würde, wie in einer Weltraumkapsel.... Ich kann kaum mehr sprechen... Bin nicht mehr auf der Erde. Im All...?

Stufen des Leichterwerdens verändern die Umgebung

Vielleicht erinnern Sie sich an die enorme Spannweite der Astralwelt. Sie soll sich vom Erdinneren bis zur Berührungsstelle des Astralkörpers des Mondes mit der Erde erstrecken. Mit zunehmender Entfernung von der schweren Erde verfeinert sich die Energie der Astralwelt beziehungsweise der Durchgangszone.

Gemäß der Theosophie verfeinern sich sowohl die Astralwelt wie auch der Himmel (Mental- und Kausalwelt) in jeweils sieben Stufen, die sich innerhalb ihrer Dimension wiederum in sieben Stufen verfeinern. Wenn Sie die geistigen Reisen studieren, erkennen Sie, dass sich sowohl der Zustand der Seelen aufhellt, als auch die Daseinsform stufenweise verändert. Die Seelen entrücken mehr und mehr der physischen Welt und deren Angelegenheiten. Sie befinden sich in tiefer Selbstbetrachtung und erschaffen sich ihre Umgebung durch ihre Gedanken und Gefühle weitgehend selbst und immer wieder neu. Den inneren Reisen ist gemeinsam, dass die Seelen ihre individuelle Bedeutung verlieren. Je mehr Stufen wir »erklimmen«, um so mehr Hüllen legen wir ab; es wird weniger wichtig bis bedeutungslos, wer und was wir auf Erden waren, selbst wenn die einzelne Seele das Bewusstsein zu existieren noch hat.

Beobachten Sie, wie klar der Weg sein kann, wie man vom Lebensfluss »automatisch« geführt werden kann und wie sich das Befinden nach und nach durch organische Transformationen verändert.

Ich befinde mich auf einem Grat. Vor mir liegt ein gleichmäßiger Weg mit Schottersteinen. Ich habe Gott Vater im Hinterkopf. Doch eigentlich bin ich mit unbekanntem Ziel unterwegs. Auf beiden Seiten geht es steil hinunter. Ohne Anstrengung. Ich brauche nichts zu überlegen, es gibt keine Abzweigung. Aber ich weiß nicht, wohin es mich führt.

Nun sehe ich nicht mehr so klar. Vorher hatte ich das Gefühl, etwas ziehe mich, wie ein Gummiband. Nun ist dieser Zug weg. Jetzt ist es dunkel und schwer... Ich bin... nicht mehr auf dem Grat... ich bin an einem andern Ort... Ich kann nicht sagen, wo... es ist kein konkreter Ort. Ich bin in etwas drin... *in einer Hülle*. Es ist schön. Es ist dunkel, elastisch, weich. Ich befinde mich wie in der Zelle einer Pflanze... Ich sehe und spüre meinen Körper.... Ich bin in diesem Raum oder in dieser Zelle, abgeschottet und abgeschirmt von allem, was es gibt... Es ist, wie wenn ich selbst ein Teil dieses Raums werde, ein Teil dieser weichen Masse. Ich verliere meine Körperlichkeit. Ich bin diese weiche Masse, die sich bewegt.

Nun bin ich wieder draußen, auf dem Weg. Am Ende dieses Weges sehe ich einen Leuchtturm. Da war vorher noch keiner!

Patricia: Frage doch den Weg, was vorher in der Pflanze mit dir geschehen ist?

Erna: Er sagt: »Du bist verwandelt worden; nun kannst du zum Leuchtturm kommen.« Ich stehe vor dem Leuchtturm. Der Turm ist unendlich hoch, er reicht bis zum Himmel hinauf. Er hat einen Lift. Ich betrete ihn. Es zieht mich hinein, hinauf... Alles verliert an Kontur. Es gibt keine Substanz mehr. Es wird heller, deutlich anders als vorher. Es geht ins Gelbe hinein. (...)

Lifte, Türen, Tore und Deckel führen in andere Dimensionen

Ein nächstes Phänomen der geistigen Welt sind Übergänge in hellere Dimensionen oder »Räume«. Wie auch bei uns auf Erden geschieht dies mittels Türen, Tore oder Deckel. Dieses Phänomen treffen wir zwischen allen Etagen der geistigen Welt an, also sowohl in der erdnahen astralen bis in die hohen, bereits himmlischen Welten. Türen, Tore oder Deckel verbinden einen energetisch tieferen (oder gröberen) Raum mit einem energetisch höheren, feineren Raum oder umgekehrt. Auch Lifte verschiedenster Art können uns in höhere Gefilde transportieren.

Das nächste Beispiel entstand vor rund fünfzehn Jahren. Carmela erlebte auf einer inneren Reise in meiner Praxis unerwartet folgendes:

Ein großer Vogel erschien und mit ihm grelles Licht. Carmela erhielt vom Vogel die Aufgabe, ein schweres Tor zu öffnen, was ihr eine enorme Kraftanstrengung abverlangte. Die Bemühung lohnte sich, denn dadurch wurde der Weg zum Licht frei. Zu ihrem Erstaunen sah sie nun, wie sich unzählige Menschen aus dem Körper der (alkoholkranken) Mutter herauslösten und in einer Kolonne direkt in dieses helle Licht hineinmarschierten. Als die letzte Person darin verschwunden war, forderte der Vogel sie auf, das Tor wieder zu schließen. Carmela tat wie geheißen und fühlte sich nach diesem wunderlichen Ereignis erschöpft.

Viele Jahre danach erfuhr ich, dass die Mutter seit diesem Geschehen keinen Tropfen Alkohol mehr trank und ihr Leben in Ordnung brachte. Bei schwer süchtigen, therapieresistenten Menschen müsste man also daran denken, dass sie möglicherweise von andern Seelen oder Seelenanteilen besetzt sind. Das Öffnen des Tors war die Voraussetzung dafür, dass die Seelen einen Dimensionswechsel vornehmen konnten.

Den Glauben an eine Hölle loslassen

Eines Tages fragte ich die Tiefenimagination, was die Leserschaft dieses Buches noch wissen muss. Mit andern Worten: Gibt es ein Thema, an das ich noch nicht gedacht habe und das für viele wichtig ist? Ja, das gab es. Ich hatte in der Tat keine Sekunde daran gedacht: Das Thema »Hölle«. Da ich auf keiner geistigen Reise eine Hölle angetroffen habe – und dies seit Jahren –, war dieses religiöse Schreckensszenario längst aus meinem Bewusstsein entschwunden. Ich habe weder eine Verdammnis noch Höllenqualen in einem Fegefeuer noch irgendwo gegrillte Seelen angetroffen; auch niemanden, der eine Seele verurteilt hätte. Wenn jemand eine unangenehme Frage gestellt hatte, dann war es ein hoher Aspekt der eigenen Seele, so zumindest meine Erfahrung. Angetroffen hatte ich hingegen die Konfrontation mit dem eigenen gelebten Leben, Sackgassen, Rollentausch (bei Gewalttätern), Schwärze (bei Gewaltverbrechern) und Ausdruck all der eigenen Emotionen und Reflektionen über sich selbst, denen man ausgesetzt ist – genauso wie schon im Diesseits. Was verriet mir nun aber die Tiefenimagination über das Thema der vielgefürchteten Hölle? Der Schluss der geistigen Reise lautete in etwa so:

Eine schier unendlich lange, dicke und dunkle Schlange kroch aus meinem Kopf heraus. Sie versinnbildlichte den unendlich langen Bewusstseinsprozess einer Seele im Laufe der verschiedenen Leben. Ab und zu war ihre Haut mit einem hellen Ring gekennzeichnet; dies waren Momente der Bewusstwerdung, Momente, in denen die Seele etwas Essentielles begriffen hatte. Dazu brauchte es ganz offensichtlich unzählige Jahrzehnte, ja Jahrhunderte und Erfahrungen verschiedenster Art.

Ich haderte mit der Schlange, da ihre Haut so dunkel war. Das Dunkle war mir unheimlich, unwohl. Ich lehnte es ab, da ich es unbewusst mit »böse« oder »schlecht« verband. Die Schlange verstand das nicht. Sie konnte nicht nachvollziehen, weshalb ich sie nicht schön fand. Schließlich half sie mir auf die Sprünge und klärte mich auf: »Im Leben geht es um die Erfahrung, die die Seele auf Erden macht, und die Chance, daraus zu lernen. Das

Dunkle ist nicht schlecht, es ist *un*erfahren…« Die Tiefenimagination zeigte mir eine Eiszeitszene: Ein Junge schlug mit einer Keule auf den Kopf eines anderen. Der andere erlitt Schmerz. Man tut etwas, erkennt den Effekt und lernt daraus. Mir war klar, der Junge wollte niemandem wirklich schaden, doch um zu merken, was eine Tat bewirkt, muss er die Reaktion sehen können. So kann Bewusstsein entstehen. So lernt man. Ich hatte fälschlicherweise »unerfahren« mit »böse« verknüpft… Lassen wir den Glauben an eine Hölle los – dies die Empfehlung der tiefen Imagination.

Sinn und Zweck der Übergangszone

Für mein Verständnis ist alles, was Natur ist, in sich logisch, auch wenn wir es (noch) nicht verstehen. Das betrifft auch die geistige Natur. Alles hat einen Sinn und ist letztendlich gut. Doch ganz offensichtlich ist die erste Zone nach dem Tod für viele Seelen nicht die einfachste. Man kann sich darin friedvoll, leicht und gut fühlen, sich aber auch verirren, sich traurig fühlen, sentimental, zornig oder verzweifelt. Dies zu erkennen, bedrückte mich etwas. Ich würde den Menschen gerne eine gute Botschaft übermitteln, so dass sie furchtlos und gelassen sterben können. Was genau ist der Sinn und Zweck dieser astralen Durchgangszone? Warum gelangen die Menschenseelen nach Verlassen des Körpers nicht direkt in den Himmel, damit es ihnen gut geht? Sie ahnen es vielleicht schon: Immer wenn ich etwas nicht mit Sicherheit weiß, frage ich die Tiefenimagination. So lange, bis mir die Botschaft klar wird. Die Tiefenimagination klärte mich also auf, und ich verstand. Die Durchgangszone vor diesem neuen Hintergrund zu sehen, stimmte mich wieder versöhnlich, heiter und zuversichtlich. Ich versuche Ihnen, mit eigenen Worten den bildhaften Inhalt zu übersetzen:

Das Leben in der Durchgangszone mit all ihren Zwischenwelten ist die logische Folge des Lebens einer Seele auf Erden, um in die harmonische Leichtigkeit zu gelangen, die wir Himmel nennen. Die Prozesse sind dieselben wie auf Erden, nur ungeschminkt und unbeschönigt, mit einer Ausnahme, von der man vorzugsweise Kenntnis hat (siehe Kapitel »Gewappnet sein: Die Verführer und wie man sich selbst helfen kann« ab Seite 158). Man könnte sagen, die Durchgangszone ist die Welt der Gefühle und auch der Begierden, die offengelegt werden. Die Tatsache, schlussendlich ehrlich sein zu müssen, hilft der einzelnen Seele, zum Wesentlichen in sich selbst zu finden. Autos, Karriere, Geld, Macht… all diese Ablenkungen entfallen mit der Zeit. Die Durchgangszone ist ein *Muss*, um zu sich selbst zu kommen, sich zu heilen, sich anzunehmen, Mut zu schöpfen und um voranzugehen und sich dem Leben voll Vertrauen hinzugeben, *ganz* zu werden, *heil* zu werden. Dieser Prozess kann durchaus lustig und heiter sein, voll kindlicher Fröhlichkeit! Ich erinnere an die Badeszenen im »römischen Bad«, in der die Seelen ihre Ängste im Wasser verloren und sich mit neuem Mut getankt immer und immer wieder in den Tunnel wagten. So lange, bis sie schlussendlich bereit waren, sich dem Ungewissen voller Vertrauen hinzugeben. Der Lohn ist die Transformation und der freie Weg in neue, leichtere Gefilde.

Die Verirrungen und Ablenkungsmöglichkeiten in der Durchgangszone sind in etwa vergleichbar mit unserer modernen Welt voller Verlockungen und Impulse wie Internet, Fernsehen, Filmchen da und Filmchen dort. Es ist eine Welt voller schnell wechselnder Eindrücke, was verwirren kann. Wer heute schon übt, seinen selbstbestimmten Fokus zu halten und beim Wesentlichen zu bleiben, wird drüben ein Profi sein. Wer heute schon übt, sich ganz anzunehmen, all seine Schattenseiten kennenzulernen und mit ihnen Freundschaft zu schließen, wird drüben nur einen kurzen Spurt hinlegen müssen, wenn er nicht einfach friedlich schlafen kann, und die Durchgangszone ist für ihn Vergangenheit.

Dass eine Übergangszone nötig ist, um in den Himmel zu gelangen, ist nur logisch. Der Himmel besteht aus einer äußerst leichten Energie. Das Schwere, Dunkle und Unharmonische hat darin keinen Platz. Um in der Leichtigkeit seinen Platz einnehmen zu können, müssen wir das Schwere ablegen und mit unseren Aspekten in Einklang kommen. Wie das? Indem wir das Schwere, Dunkle in uns annehmen, uns waschen, uns heilen und regenerieren lassen. Frieden finden, verzeihen.

In diesem Sinne betrachte ich die astrale Durchgangszone nun als »Königsmacherzone«, denn als Könige und Königinnen werden wir nach mehr oder weniger langem Werdegang den Himmel betreten. Die goldene Krone als Symbol der Ganzheit und Heilung schmückt unser Haupt. Mit Hilfe von geistiger Führung, die wir rufen können, geht alles sehr viel schneller!

Höhere Sphären

Verlassen wir die ersten Schichten der Durchgangszone und ihre Zwischenwelten und steigen wir hinauf in die höheren Gefilde. Bleiben wir bei den Begriffen der Körperhüllen, dann tauchen wir nun in die Dimensionen der Mentalwelt, der Kausalwelt und schlussendlich in Buddhi ein. Was erwartet uns dort, in diesen höheren Welten, dem Himmel, für die wir hier auf Erden immer weniger Begriffe und Bilder haben?

Doch zuerst beschäftigen wir uns mit dem Phänomen der multiplen Dimensionen. Diverse feinstoffliche Dimensionen sind ineinander gelagert und durchdringen unsere dreidimensionale Dichte. Wie kann das sein? Genauso, wie im Kleinen der Astralkörper und der Mentalkörper als Hüllen unseren physischen Körper umgeben und durchdringen, tun dies auch die großen Welten: die Astralwelt, die Mentalwelt und die Kausalwelt, um bei unserer Nomenklatur zu bleiben. Auch sie umgeben und durchdringen unsere physische Welt. Einfacher gesprochen: Die Dimensionen, wie immer man sie auch bezeichnet und wie tief, schwer oder hochenergetisch sie auch schwingen, berühren unser Erdenleben und durchdringen es. Ein Beispiel:

Dimensionen durchdringen unser Leben – Das Beispiel einer Heilerin

Jede Dimension schwingt höher als diejenige unter ihr. Es soll mindestens dreizehn Dimensionen geben, mit zusätzlich zahlreichen

Unterdimensionen. Menschen mit einer niedrigen Bewusstseinsfrequenz können erst einmal nur das Dreidimensionale sehen. Je höher unser Bewusstsein schwingt, um so mehr nehmen wir weitere Dimensionen mitsamt ihren Phänomenen und Naturgesetzen wahr. Ich habe in der Praxis eine eindrückliche Erfahrung gemacht, wie sich Mehrdimensionalität dem hellsichtigen Auge eröffnen kann. Es hat mir »die Tiefe nach hinten« einer weiteren Dimension offenbart. Eine Heilerin aus einer geistigen Welt tauchte auf. Sie zeigt uns mit ihrem Beispiel, welche Möglichkeiten auch wir vielleicht haben werden, wenn wir uns in jenseitig höheren Gefilden aufhalten werden. Dort sitzen wir ja nicht untätig herum oder verschlafen unsere Zeit, ganz im Gegenteil, wir betrachten uns selbst und gehen sinnvollen Beschäftigungen nach. Genau wie im folgenden Fall von Sonja, der feinstofflichen Heilerin.

Claudia, Psychomotorik-Lehrerin, kam in meine Praxis. Sie hatte von mir und meiner Arbeit schon viel gehört und wollte die Kraft der Tiefenimagination nun selber erfahren. Claudia war um die fünfzig und erschöpft von der Arbeit, der Pflege ihrer alten Eltern und von ihrer Beziehung. Trotz ihrer Erschöpfung war sie eine quirlige Frau. Äußerst lebhaft erzählte sie mir aus ihrem gegenwärtigen Leben, so dass es mir beim Zuhören fast schwindlig wurde. Schließlich entspannte sie sich auf der Liege und begab sich auf ihre geistige Reise.

Wie immer setzte ich mich in gewisser Distanz neben die Reisende. Bei Erwachsenen setze ich mich nicht allzu nahe, um mehr energetische Informationen aufnehmen zu können und um mich nicht allzu sehr in ihrem Kraftfeld aufzuhalten.

Schon fast zu Beginn von Claudias innerer Reise erblickte ich eine feinstoffliche Indianerin. Sie befand sich links vor mir, mit dem Gesicht Claudia zugewandt, so dass ich ihre schwarzen glänzenden Haare und ihre Gestalt vor allem von hinten wahrnehmen konnte. Ich fühlte, dass diese Indianerin jung war. Die Präsenz der Indianerin war für mich nichts Außergewöhnliches, tauchten in meiner Praxis während des Begleitens doch immer wieder Helfer auf, etwa Indianer oder andere Unterstützer. Ich nehme Begleithilfen gerne an, und so achtete ich darauf, was mir die Indianerin jeweils empfahl. Meist deutete sie mit dem Finger vor ihrem Mund an, dass ich schweigen solle. Schaute die Indianerin erwartungsvoll zu mir zurück, wusste ich, dass ich Claudia ansprechen durfte und nachfragen konnte, was bei ihr gerade geschah. Zuverlässig betraf das Momente, in denen ein Erlebnis vorbei war und Claudia von mir auf einen neuen Impuls wartete. Als Claudias Reise vorüber war, setzte sie sich auf, und nur allzu schnell begann ihr quirliger Redefluss von neuem. Ich hörte in mir: »Nicht zu viel reden!« – Doch, aus welchem Grund auch immer, nahm ich die Information nicht allzu ernst.

Als sich Claudia wieder auf den Stuhl gesetzt hatte, berichtete ich ihr, dass die ganze Zeit eine feinstoffliche Indianerin anwesend war. Doch anders als sonst, verschwand die geistige Reisebegleiterin diesmal nicht. Ich spürte und sah geistig, dass sie noch immer da war und sich gerade jetzt zu ihrem Tipi, das sich vielleicht zwanzig Meter links neben mir auf einer Wiese befand, begab. Doch einen halben Meter neben mir ist baulich gesehen die Praxiswand... Nun kommt das Entscheidende:

Hellsichtig jedoch sah ich nicht nur die Wand, sondern ebenso Weite und das Indianerzelt. Die erweiterte Dimension, die ich wahrnahm, kümmerte sich in keiner Weise um meine Praxiswand. Für diese geistige Dimension existierte sie schlichtweg nicht. Und dennoch verband sich die erweiterte geistige Dimension und feinstoffliche Landschaft nahtlos mit meiner Praxis.

Intuitiv war mir klar, dass die Indianerin im Zelt etwas holen ging. Von nun an erzählte ich Claudia, was mit der Indianerschamanin gerade geschah. Wir waren beide sehr gespannt.

Ich sah, wie die Schamanin zu uns zurückkehrte. In ihren Händen hielt sie einen kleinen Topf und rührte darin herum. Ich wusste augenblicklich, dass es sich um eine Art Ton- oder Heilerde handelte. Klar war mir bald auch, dass diese Erde für Claudia bestimmt war. Ich teilte dies Claudia mit, die sofort fragte: »Muss ich nun den Mund öffnen?« Ich hatte keine Ahnung. So etwas hatte ich noch nie erlebt! Also fragte ich die junge Schamanin. Sie sagte: »Klar!« Die Schamanin stand nun direkt vor Claudia.

Claudia, die ja die Schamanin nicht sehen konnte, streckte die Zunge heraus. Das wirkte absurd. Da saß eine Klientin auf dem Stuhl, streckte erwartungsvoll die Zunge heraus, um von einer unsichtbaren Frau Medizin einzunehmen. Diese Situation wirkte komisch!

Ich sah, wie die Schamanin dem Tontöpfchen etwas Ton entnahm und diesen Claudia auf die Zunge schmierte. Alles, was ich sah, dokumentierte ich laut, als Dolmetscherin zwischen der geistigen und der irdischen Welt. In diesem Moment schmeckte ich Ton in meinem Mund. Auch Claudia schmeckte das Tonige. Keine Sekunde später sagte sie: »Du, meine Zunge wird schwer! (Pause). Ich kann kaum mehr sprechen!« Innerhalb von drei, vier Sekunden fuhr Claudia von 100, oder sagen wir mal von 70, auf 5 hinunter. Sichtbar entspannte sie sich von oben nach unten, wurde still und innerlich ruhig. Es war unfassbar, was da gerade geschah! Claudia wurde total entspannt und ruhig. Das war ein Wunder! Was für hochpotente Heilkräfte in der geistigen Welt existieren!

Was lehrt uns dieses Wunder?

- Die geistige Heilerin Sonja – so ihr Name, wie sie mir später verriet – befand sich in einer anderen feinstofflichen Dimension, als wir es beim Beispiel von *Kurt* beobachtet hatten, dessen Seelenanteil den Praxisraum verlassen wollte. Kurts feinstoffliches Doppel hielt sich an die hiesigen Vorgaben des Gebäudes: die Tür, die Ecke… Die beiden geistigen Welten von Kurt und Sonja unterscheiden sich in ihren Eigenschaften, obwohl beide feinstofflich sind. Im Fall von Sonja war dies anders. Ihr Tipi stand nicht in meiner Praxis, nicht in der Wand und auch nicht drüben beim Nachbarn. Es stand in einer eigenen Welt, in einer Parallelwelt. Diese Welt verband sich nahtlos mit meinem Praxisboden und -raum.

Wir kennen das Phänomen der Parallelwelten bereits aus Märchen und Filmen. In Frau Holle zum Beispiel ist es der Brunnen, der in eine Parallelwelt führt. Diese Einfälle der Märchenerzähler sind nicht aus dem Nichts gegriffen – es gibt diese Parallelwelten tatsächlich. Eines Tages werden auch wir (wieder) darin herumwandeln. So viel zum Miteinander und Ineinander verschiedener Dimensionen.

Warum Versöhnung so wichtig ist

Der Begriff des »Himmels« ist weitläufig. Spricht man allgemein von Himmel, ist damit ein durchaus angenehmer Aufenthaltsort gemeint, an dem es keine Probleme mehr gibt, Frieden herrscht und man rundum gut aufgehoben ist. Auch in den Sphären des Himmels gibt es, wie schon gesagt, verschiedene Ebenen. Diese Erfahrung deckt sich mit der Aussage der Theosophen, die von sieben Himmeln sprechen. Bleiben wir bei der Orientierungshilfe, beim Schema von Astralwelt, Mentalwelt und Kausalwelt, dann befindet sich der erste bis vierte Himmel in der noch formhaften Mentalwelt und der fünfte bis siebte Himmel in der weitgehend formlosen Kausalwelt. Vielleicht kennen Sie den Ausdruck, es war wie »im siebten Himmel«. Die tieferen Himmelswelten sind noch immer mit unserem physischen Leben auf der Erde verwandt.

Schauen wir, was erforderlich ist, um als Seele in höhere Dimensionen zu gelangen. Die Tiefenimagination zeigte mir, dass etwas in allen Dimensionen eine wesentliche Rolle spielt: das Herz, die Liebesfähigkeit. Es ist das Ticket für die Fortsetzung der Reise in die höher und feiner schwingenden Regionen.

> **Patricia:** Frag doch mal, was die Voraussetzung ist, dass eine Seele in diese höhere Dimension darf?
>
> Tiefenimagination von Esther: Absolute Versöhnung. Mit allem. Den Mut haben loszulassen. Liebesfähigkeit. Über allem steht die Versöhnung mit sich selbst. Bis in die letzte Zelle...

In den anschließenden Kapiteln folgen nun Sequenzen aus meiner langen spirituellen Reise zu meinem eigenen Tod. Wie schon früher in diesem Buch beschrieben, waren es meine geistigen Ahnen, die mich aufgefordert hatten, über das Sterben zu schreiben. Bei dieser geistigen Reise erblickte ich erneut den Tunnel mit dem Licht am andern Ende, den ich bei meiner Nahtoderfahrung kennengelernt hatte und den ich damals nicht durchlaufen durfte. Nun, viele Jahre später, wurde mir dies erlaubt. Ein Seelen*anteil* durfte durch und wurde von einem weiteren Seelenanteil, dem Fluss des Lebens, begleitet und beraten. Sie werden bald schon sehen, wie zentral die Liebesfähigkeit und Versöhnung auch in meiner eigenen Reise waren. Ich weise darauf hin, dass es in dieser geistigen Reise ausschließlich um den inneren Prozess ging und nicht um die Tätigkeit, die ich als Seele nach dem Tod ausgeführt hätte.

Wer sich vorstellt, im Himmel sei Feierabend, den muss ich leider enttäuschen. Die Auseinandersetzung mit sich selbst geht weiter. Die höheren Sphären laden mit ihrer hohen Energie ein, weiterzukommen in noch höherschwingende Ebenen. Diese wollen Reinheit und Liebe. Alle Aspekte wollen angenommen und geliebt werden. Um dies zu erreichen, haben die höheren Sphären einige Tricks auf Lager. Ich befand mich im folgenden Abschnitt an einem Ort großer Ruhe, in einer Hülle, die ich als Einzelzelle bezeichnete. Über mir erschien eine Art Sonne, kreisrund, wie ausgestanzt. Die Strahlen kamen aus diesem ausgestanzten Rand heraus. Ich spürte, dass darüber eine noch viel größere Dimension sein musste, als die, in der ich mich hier unten befand. In dieser Hülle leitete mich meine innere Führung an.

»**Horch in dich** hinein«, rät mir die innere Führung, »und schau, was dir in diesem Moment wirklich wichtig ist. Denke an deine Verwandten. Möchtest du ihnen noch etwas sagen? Ihnen etwas wünschen? Dich vielleicht beim einen oder andern verabschieden? Das alles kannst du jetzt tun. Denke an diese Person, und du wirst sie sehen. Probiere es aus!« Ich spüre wie geheißen in mich hinein. Mein verstorbener Vater kommt mir in den Sinn. Meine noch lebende Mutter. Aber sofort spüre ich auch Widerstand. Oh nein, ich mag mich jetzt nicht mit diesen Beziehungen auseinandersetzen. »Ich habe absolut keine Lust, das zu tun, was jetzt wohl am Wichtigsten wäre«, informiere ich meine innere Führung. »Pech für dich«, sagt sie, »dann halt ein andermal. – Bist du sicher?« Ich stöhne. Das ist ein doofer Teil des Sterbens, denke ich Hier gibt es wohl in der Tat kein Entrinnen mehr vor dem, was ich jahrelang hinausgeschoben hatte. (...) Ich brauche die ungestörte Ruhe und Zeitlosigkeit dieses stillen Ortes nun plötzlich ganz dringend. »Was für eine Chance«, denke ich, »hier zu sein!« (...)

Voraussetzung, um in den Himmel zu kommen, ist die bedingungslose Zuneigung.

Erkennen, dass gerade das Schwierige im Leben ein Glücksfall war

Vielleicht gehören auch Sie zu den Menschen, die sich schon gefragt haben, weshalb man ausgerechnet an jenem Ort oder in jener Familie aufgewachsen ist und warum man dieses oder jenes Schicksal wie schwere Krankheit, Unfall, Invalidität, Verlust eines lieben Menschen, Stellenverlust, Armut und vieles mehr durchleben und erdulden musste. Die Antwort darauf ist aus höherer Perspektive einfach. Ein weiterer Ausschnitt aus meiner spirituellen Reise: Ich befinde mich noch immer in der Hülle der Zelle unter der ausgestanzten »Sonne«, in der es darum ging, Aspekte aus meinem Leben zu reflektieren. Von hier aus wanderte ich mit meinem Bewusstsein in die Stube meiner Kindheit, an den Ort, wo auch im Erwachsenenalter die meisten Begegnungen mit meiner Mutter stattgefunden hatten.

»**Dieser Ort bringt** dir Glück«, höre ich zu meinem großen Erstaunen. »Dieser Ort bringt dir viele Erkenntnisse über dich und deine Familie«, höre ich weiter. »Hier kannst du reifen und wachsen wie sonst nirgends. Erkenne diesen Wert und schätze ihn.« Ja, ich erkenne diesen Wert, denke ich. Dass die Herausforderungen in unserer Familie für mich eine Chance waren, ist mir allerdings längst klar. Ich habe mich gerade dank diesen und dank meines enormen Engagements für meine eigene Heilung von vielen destruktiven Mustern gelöst, bin freier und fröhlicher geworden. Bin gereift. Dass mir dieser Ort Glück bringen will, überrascht mich jedoch. »Was muss ich also noch einsehen, verstehen oder lernen, hier an diesem Ort?« frage ich meine innere Führung. »Vergeben sollst du. Du kannst deiner Mutter noch vergeben – wenn du willst.«

Auf der Mentalebene betrachtet man schwierige Situationen des Lebens als Lektionen, die zu lernen sind und dank derer man wachsen kann. Eine große Herausforderung im Leben ist eine große Möglichkeit zu wachsen. Im Gegensatz dazu sieht man sich niedrigschwingend als Opfer: »Ich arme – warum ausgerechnet ich?« Diese negative Haltung zieht uns energetisch hinunter, lässt unser Energiefeld schwer schwingen und uns nicht vorwärtskommen. Resignation und lang anhaltende Frustration und Verbitterung trennen uns von Leichtigkeit, Friede und Freude. Diese negativen Haltungen sind weder lösungsorientiert noch von Licht durchdrungen. Es kommt mir vor, als gingen der Reifungsprozess und die Evolution auf höherer Ebene Hand in Hand. Die höherschwingende Energiefrequenz, in der wir uns befinden, hilft uns zusammen mit der geistigen Führung, relativ leicht aufzusteigen. Voraussetzung dafür ist jedoch immer und überall unsere Bereitschaft, die angesagten Schritte zu machen.

Der Kraftort des Höheren Willens, wo Versöhnung so leicht fällt

Jemandem zu vergeben und sich versöhnen kann je nach Situation in unserer irdischen Dimension äußerst schwierig sein. Groll, Verletztheit, Empörung, Ablehnung und Vorwürfe sind nicht so schnell beizulegen, sie sitzen tief in uns und schon oft jahre-, wenn nicht jahrzehntelang. Versöhnen wir uns nicht auf Erden, wartet dieser Prozess in der geistigen Welt auf uns. Denn nur wer mit sich und seinem Leben in Frieden ist, kann in leichtere Sphären gelangen. Mit Frieden ist kein oberflächlicher Frieden gemeint, Frieden meint hier ein offenes Herz, in dem die Liebe zu andern Menschen fließen kann. Die Fortsetzung meiner geistigen Reise:

Ich höre das Wort *Vergebung* und merke, dass mein Widerstand diesem Auftrag gegenüber geringer geworden ist. Ich denke: Ja, wieso eigentlich nicht. Ja, ich könnte meiner Mutter vergeben. –

Aber wie geht das überhaupt? Was muss ich tun? – Ich weiß es nicht. »Du müsstest es ja eigentlich wissen«, sage ich zu meiner inneren Führung. Kaum ausgesprochen sehe ich im Geist meine Mutter mit ausgestreckten Armen auf mich zukommen. Ich umarme sie, als ob es das Normalste auf der Welt sei. Dabei habe ich sie bisweilen bei der Begrüßung und beim Abschied zwar umarmt, pro forma, ohne emotionale Nähe; doch nun sehe ich und staune selbst, dass ich sie umarme und es schön finde. Ich umarme sie, wie ich liebgewonnene Menschen umarme, lange, herzlich genussvoll und mit festem Druck.

»Das ist es!« höre ich meine innere Stimme leise. Ich glaube zu spüren, dass meine Mutter sich diese Umarmung schon lange gewünscht hat, aber aus welchem Grund auch immer, war dies bisher nicht möglich. Von beiden Seiten her.

»Wieso geht das plötzlich so leicht?« frage ich in den Raum hinein, wo ich mich befinde. Ich hatte das über Jahre nicht fertiggebracht, und nun geht das so leicht. »Ist dies ein Zauberort?« – »Das ist dein Wille«, höre ich und stutze. »Dein höherer Wille. Er ist deinen andern Gefühlen wie Stolz, Eitelkeit oder Neid übergeordnet. Dies ist ein Kraftort des höheren Willens. Eine echte Chance!«

Erinnern wir uns, was mich die Tiefenimagination auf meiner geistigen Reise gelehrt hatte: »Alles, was du dir vorstellst, erscheint hier sofort.« In der Literatur nennt sich dieses Phänomen »Erschaffung einer Gedankenform.« Die erscheinenden Bilder, herbeigewünschten Verwandten oder Liebsten haben in der Mentalebene nichts mit der betroffenen Persönlichkeit zu tun, sondern sind ein Produkt unserer Gedanken und zeigen sich meist von der besten Seite. Dies ist ein wichtiger Unterschied zum Leben auf der Astralebene, auf der man die Menschen in ihrer wirklichen Persönlichkeit und in ihren authentischen Gefühlen antrifft. Für die lernende Seele spielt das keine Rolle. Die herzliche Begegnung – wenn analytisch gesehen dies auch mit einer Gedankenform meiner Mutter war – öffnete mich und mein Herz derart, dass sich seither das Verhältnis zu meiner immer noch physisch lebenden Mutter positiv verändert hat.

Restliche Schattenseiten erkennen und annehmen

Es mag überraschen, dass selbst im Himmel der innere Prozess noch nicht abgeschlossen ist. Noch immer durchforstet die Seele ihren Erfahrungsschatz, trennt und ordnet ihn und verwirft, was unnütz ist. Sie konzentriert sich auf das Wesentliche, transformiert bislang Unbewusstes und nimmt zu sich, was zu ihr gehört, auch wenn es unangenehm ist. Noch immer gibt es mindestens zwei Anteile der Seele: ein höheres Ich und ein niederes. Man könnte auch sagen, ein Wissendes und eines noch immer blind, weil es für manchen Aspekt seiner selbst unbewusst ist. Wiederum erhielt ich hierzu eine erstaunlich einfache Lösung. Ein weiterer Ausschnitt aus meiner geistigen Reise. Meine innere Führung riet mir:

»**Nimm deine** Schattenseiten an, als wären sie ein kleines Kind von dir. Wiege sie, liebkose sie. Sie sind ein Teil von dir und wollen angenommen werden, genau wie deine Mutter angenommen werden wollte. Akzeptiere sie einfach.« Ich wiege meine mir peinlichen und bis vor kurzem unbewussten Eigenschaften liebevoll in meinem Arm, singe ihnen ein Wiegenlied, lege sie in der Vorstellung in ein Bettchen und wache liebevoll daneben. Sinniere ein wenig. (...)

Ich bin tief beeindruckt von diesem kraftvollen Ort. (...) Dann kommen meine Gedanken zur Ruhe, und ich *bin* einfach nur. Dabei fällt mir nach einiger Zeit auf, dass ich diesen Ort verlasse, dass ich hinaufsteige, aber nicht zur »Sonne«, sondern eher »links« hinauf. Erst hier merke ich, wie unendlich groß dieser Ort und diese Dimension überhaupt sind... Sie sind riesig groß...

Der Ort, wo man seine Identität loslassen muss

Wie schon beschrieben, gibt es nicht nur einen Himmel, sondern viele Unterstufen dieser leichten Dimension. Die niederen Stufen (der Mentalwelt) sind weiterhin formhaft, während diejenigen der höheren (Kausal)welt formlos werden. Das Loslassen wird nochmals zum Thema, auch wenn es auf sich selbst bezogen ist. Ein nächster Ausschnitt aus meiner geistigen Reise, die von nun an formlos wird und die ich, wenn wir bei unserem begrifflichen Schema bleiben wollen, der Kausalebene zuordne.

> **Ich gerate in** einen »Raum«, in dem ich höre: »Hier kannst du nun alles loslassen: deinen Namen, deine Existenz, deine Fragen, dein Geschlecht.« Ich merke, dass ich jetzt ohne Form bin und ohne Bild. Dennoch spüre ich ganz klar, dass es *mich* noch immer gibt. Ich bin nichtexistent existent. (...)

An dieser Stelle der Vermischung der Energien geriet ich in einen enormen Stress. Ich fühlte mich geistig enorm weit entfernt von meinem physischen Körper, der während der gesamten spirituellen Reise ja am Computer saß und das Geschehen sozusagen live eins zu eins abtippte. Ich fühlte mich angesichts der Tatsache der großen Distanz zwischen mir und dem Bewusstseins- oder Seelenanteil dort oben im Himmel sehr verängstigt und benötigte einige Zeit und Tricks aus meiner Erfahrungskiste, um mich wieder zu beruhigen. So rief ich unter anderem mein Wurzelchakra-Tier, damit es mich wieder erde, und auch meine Ahnen, die mir diesen Reiseauftrag gaben. Schließlich fasste ich mich wieder und konnte die geistige Reise fortsetzen.

Die Tür, hinter der sich alles miteinander vermischt

> **Alles scheint aufgelöst.** Ich sehe eine große Tür, die sich öffnet. Dahinter ist es noch heller. Ich, die am Schreibtisch zurückgebliebene Forscherin, denke: Nein, das kann doch nicht sein! An diesem Ort der Formlosigkeit, der Auflösung der Existenz erscheint eine *Tür* – das bilde ich mir wohl nur ein... Und doch höre ich von drüben: »Du kannst nun kommen.« Meine Energie geht in Richtung dieser Tür. Meine Energie geht durch die Öffnung hindurch und fällt in eine noch unendlich viel größere Dimension von Licht hinein, wo es keinen Boden gibt, obwohl es den ja vorher schon nicht gegeben hatte. Ich habe das Gefühl, dass sich hier meine Energie mit sehr vielen anderen hellen Energien trifft. Es ist sehr hell hier. Kann es sein, dass sich meine Energie hier mit anderen Energien vermischt? Es ist sehr schwierig geworden zu sagen, was noch meines ist und was nicht...

»So, weiter geht es nicht«, höre ich mit einem Male klar. »Nun musst du zurückkehren. (...)« Ich bin enttäuscht, doch akzeptiere ich diese Aufforderung und kehre zurück. Ich fühle mich verloren. Hier ist nichts, hier ist alles leer; hell zwar, aber strukturlos. Wo soll ich hin? Was will ich? Ich fühle in mein Herz und äußere meine Wünsche. Dabei ist mir bewusst: Ich muss aufpassen, dass ich nicht dummes Zeug zusammendenke, denn jeder Gedanke hat seine Kraft. Ich stehe hilflos da und weiß nicht, was ich tun soll. So »marschiere« ich in irgendeine Richtung los. (...)

Räume können durch Türen, Tore oder Deckel voneinander getrennt werden, wie im Kapitel »Lifte, Türen, Tore und Deckel führen in andere Dimensionen« (Seite 169) bereits besprochen wurde.

Schmerzhaftes Wiedererkennen des eigentlichen Zuhauses

Im Laufe dieses Buches habe ich ab und zu die Frage nach einem Ziel gestellt. Gibt es ein Ziel auf dieser Wanderschaft durch die geistigen Dimensionen? Wenn ja, was ist es? Wie kann man sich dies vorstellen? Und was geschieht mit einer Seele, die ohne Ziel vor Augen in der geistigen Welt vor sich hinlebt?

Für Christen und für viele andere Religionen gibt es die geistige Heimat als Ziel. Nun, da wir gesehen haben, wie vielschichtig der Himmel ist und wie viel man selbst dort noch lernen und akzeptieren muss – ist dieser Himmel das letzte Ziel? Oder ist dieser Himmel mehr eine »Halle des Lernens«, wie A. E. Powell ihn nennt, welche es erst ermöglicht, das wirkliche Ziel zu erreichen?

Ich selbst habe das Ziel meiner geistigen Heimat im Laufe meines irdischen Lebens komplett aus den Augen verloren. Es gab genügend anderes zu tun: mich in diesem Erdenleben zu unterstützen, mich zu heilen, zu entwickeln, innerlich zu wachsen, um mehr und mehr Ganzheit zu erlangen… Erst bei dieser langen und intensiven Reise zum Leben nach dem Tod tauchte das Thema wieder auf, wie aus dem Nichts, ungeahnt, ungewollt, unerwartet. Es war eine sehr überraschende und äußerst schmerzhafte Erfahrung. Ich weiß nun mit Gewissheit: Es gibt ein wirkliches Ankommen, ein Ziel, das man nicht mehr verlassen möchte und mit dem es sich lohnt, zeitlebens verbunden zu bleiben. Und es ist weit näher als man denkt. Schauen wir, wie meine geistige Reise damals weiterging.

Obwohl ich nichts sehe, mache ich ein paar Schritte vorwärts, nach rechts, und taste, als ob ich wüsste, dass da irgendwo eine Tür sein muss. Schon habe ich die Türklinke gefunden und drücke sie hinunter. Geht sie auf? Die Tür ist dick und schwer. Ich muss mich mit meinem gesamten Gewicht gegen sie stemmen, damit sie sich bewegt. Ich vermute hinter der Tür eine weitere, weit lichtvollere Dimension, die ich bis anhin noch nie betreten hatte. Mir fällt auf: Obwohl ich mich *vor* der Tür befinde, *spüre* ich die Dimension dahinter bereits! Sie ist weniger dicht. Ich schwebe darin, als wäre ich eine Astronautin. Eigenartig, da war ich noch nie! Und dennoch habe ich gleich alles gewusst, als wäre es ein tief verborgenes Wissen in mir; eine alte Erfahrung, die im tiefsten Keller geschlummert hat. Ich staune.

Ich weiß, dass es *hinter der Tür* keine Erdanziehungskraft gibt. Ich *weiß* es. Das ist sehr ungewohnt für mich. *Ich weiß es, obwohl ich noch nicht dort bin.* Und doch – sobald ich es *weiß, bin* ich dort. Schon stellt sich die nächste Frage: Was muss ich *tun*, damit ich mich in eine bestimmte Richtung fortbewegen kann? *Denken!* fällt mir sofort ein. Aber wie soll ich an etwas denken, wenn ich keine Ahnung habe, was es hier in dieser Dimension anzutreffen gibt? Es ist paradox: Ich *wusste* von dieser Tür, und ich wusste von der Dimension dahinter. Ich weiß, dass ich mich durch zielgerichtetes Denken vorwärtsbewegen kann, und gleichzeitig ist mir diese Dimension so fremd, dass ich keine Ahnung habe, welche *Ziele* ich hier mit Denken setzen soll. Ich fühle an meiner Seite »jemand«, der sich bei mir einhängt. »Ich führe dich«, vernehme ich, und bin froh darüber. Wie eine Blinde lasse ich mich durch die Helle begleiten, sausen (schweben?), denn *gehen* tun wir nicht. Wir wehen wohl eher. Mir fehlen die Worte für diese Art Fortbewegung. Erst jetzt fällt mir auf, dass die Schwerkraft auf eine neue Art und Weise keine Rolle mehr spielt. Ich habe zwar nicht den Eindruck, weit von der Erde entfernt zu sein. Eben noch waren die Ahnen da, in gewisser Weise der Schwerkraft unterstellt. Dann kam die Tür – und schon bin ich in einer völlig anderen geistigen Dimension mit offensichtlich andern Realitäten und Gesetzmäßigkeiten. Wie eng ist alles verwoben! (...)

Ich fühle erneut das Wesen, das mich am Arm mitzieht. Ich fliege mit ihm. Bereits habe ich mich an die neue, weniger konzentrierte Dichte gewöhnt. Ich merke sie nicht mehr, jetzt, wo der direkte Unterschied zwischen »vor« und »hinter« der Tür vorbei ist. Ich sehe noch immer nichts. Aus lauter Neugierde taste ich mit der freien Hand die Berührungsstellen zum Wesen ab, das ich nicht sehe, nur fühle. Doch eigenartig, jetzt, wo ich es bewusst fühlen will, fühle ich es nicht mehr. Ich fühle nicht einmal mehr mich selbst! Mich durchzuckt ein Gedanke: Bestehe ich nur noch aus Denken? Ja, so ist es, ich weiß es. Und: Es ist eine Mischung aus Hören und innerem Wissen. Ich kenne diesen Ort. Es scheint mir wie eine weit entfernte Ahnung zu sein, ein uraltes Wissen in mir über diesen Ort. Ein Wissen, das noch so weit weg ist von meinem Bewusstsein, so dass es mich fast schmerzt. Vergleichbar mit angestrengtem Horchen auf etwas, das nur ganz leise zu vernehmen ist. Wann war ich das letzte Mal da? frage ich mich.

Das muss unglaublich lange her sein. Es ist ein Ort, mit dem ich einmal sehr vertraut war. Ich werde ihn wieder erfahren, neu erleben. Fast könnte ich weinen. Es ist, als würde in mir etwas Uraltes aufbrechen, uralte Gefühle, uralte Erinnerungen an eine andere Art von Leben, leichter, weniger dicht, weniger kompliziert. Unmittelbarer. Und dennoch sind die Erinnerungen daran so fern, dass ich sie noch nicht wirklich erreichen kann; dass es fast wehtut – wie wenn man von einem Felsen gestürzt ist und sich gerade noch an der Felskante halten kann. Dann kommt die rettende Hand von oben. Aber die beiden Hände können sich noch nicht ergreifen. Mit aller Kraft versuche ich, die Gefallene, die rettende Hand zu fassen. Genau so fühlt sich mein seelischer Schmerz jetzt an. Es ist, als ob das ganze Leben davon abhängt, diese rettende Hand zu erreichen. Es gibt nur dieses eine Ziel! Ich will nicht stürzen! Das fühle ich mit einem Mal so klar und ruhig, dass es mich selbst erstaunt. *Ich will nicht noch einmal abstürzen*! Ich werde weinerlich. Dieses »noch einmal« lässt mein Herz schmerzen. Ich verstehe nicht, was damals geschah. Aber aus irgendeinem Grund musste ich offenbar diesen herrlichen Ort verlassen haben, obwohl ich dies mit aller Kraft verhindern wollte. Wie schrecklich! In meinem Herzen sind tausend Tränen. Tausend Fragen in meinem Kopf. Bis der Kopf leerer wird. Und alles leer ist. *Ich bin ja da!* denke ich plötzlich. Was sollen meine Traurigkeit, meine Leere? Ich bin da, wo ich immer hin wollte. Ganz nahe am Ort meiner größten Sehnsucht! In meinem wahren Daheim.

Das geistige Zuhause im Herzen tragen – schon heute

Rund zwei Jahre nach meiner Reise zum Sterben leitete ich eine meiner Jahresgruppen in Luzern, in der wir zu individuellen Themen geistige Reisen unternehmen. Wie gewohnt, reiste ich selbst auch mit, obwohl ich kein besonderes Anliegen hatte. Ich vertraute darauf, dass die Tiefenimagination schon wissen würde, was heute in mir geschehen sollte. Also schloss ich wie alle anderen die Augen und schaute und horchte in mich hinein. Welche Entwicklung, welche Unterstützung warteten heute auf mich? Die Erkenntnis, mit welcher ich zurückkehrte, war überwältigend. Die letzten Bilder meiner Sterbereise tauchten auf, die Gefühle, die ich damals hatte, die Erinnerung, dass in mir ein Ort ist, den ich mit aller Kraft und aller Sehnsucht erreichen wollte, was ich damals noch nicht ganz geschafft hatte – ein Ort, den ich mittlerweile wieder völlig vergessen hatte. Und dann hörte ich ihn innerlich, den entscheidenden Satz:

»**Der Ort, den** du am meisten ersehnst, ist in dir!« Mehr brauchte ich nicht zu hören. Alles war klar. Ich brauche nicht auf meinen Tod zu warten, um heimkehren zu können. Niemand braucht das zu tun. Diesen schönsten, angenehmsten und edelsten Ort aller Orte trage ich in mir. Ich brauche ihn nur wiederzuentdecken, hier, im Jetzt, und mich *ganz* mit ihm zu verbinden. Das ist der Himmel auf Erden! Er befindet sich mitten in meinem Herzen...

Reflektionen über das Erlebte

Analysieren wir das Erlebte und sortieren wir aus. Auf der höheren Ebene gab es zwei verschiedene Sphären, die ich beschnuppern durfte und auf die ich meinen Fokus richten will. Die eine befand sich auf der linken Seite, die andere eher rechts, wobei ich »links« und »rechts« keine Bedeutung beimesse. Dazwischen hielt ich mich immer wieder in einer Zone auf, in der ich im Kontakt war mit der Stille, mit meinen Ahnen, und in der ich allerhand innere Prozesse zu durchlaufen hatte. Betrachten wir die Dimensionen auf den beiden Seiten.

- Auf der linken Seite befand sich die meines Erachtens buddhische Dimension, in der alles miteinander verschmilzt, das heißt, das individuelle Bewusstsein löst sich auf und wird eins mit den andern. Es erinnert an ein Wasserfarbenglas, in dem man die Pinsel reinigt und in dem sich alle Farben miteinander vermischen. Keine Farbe bleibt dabei mehr rein sie selbst. In diese Dimension durfte ich mich – und übrigens alle andern Probanden auch, die sich auf eine innere Reise in diese Gefilde einließen – klar *nicht* begeben. Warum? Würde hier mein persönlicher Wassertropf, meine individuelle Seele, ins Meer zurückfließen und sich irgendwann neu formieren? Oder sind meine Chakren noch nicht darauf vorbereitet, um schadlos voll und ganz in das buddhische Bewusstsein einzutauchen? In diesem Sinne wäre der Rückpfiff als Schutz zu verstehen.
- Die rechte Seite hingegen brachte mich in die Nähe meiner wahren Heimat. Was hätte mich dort genau erwartet? *Ich* konnte mich nicht mehr wirklich erinnern, *etwas* in mir aber schon.
- Auf dieser rechten Seite nahe meiner wahren Heimat wurde ich das erste Mal spontan am Arm geführt, ohne dass ich darum gebeten hätte. Ich konnte nicht erkennen, wer oder was mich führte. Es existiert also eine Führung bis hoch hinauf. Diese wusste, dass sie nun aktiv eingreifen musste, da ich sonst hilflos gewesen wäre.
- Das Leben in diesem »Land« war das erste Mal wirklich anders als hier auf Erden. Ich hatte keine Ahnung, wie dieses Leben war. Klar war mir nur, dass hier alles anders war.

- Es ist ein Phänomen: Was sich eben noch enorm weit entfernt anfühlte und mich in Stress versetzte, war plötzlich ganz nah bei mir, in mir, direkt in meinem Herzen. Dies ist ein konkretes Beispiel mehr für die Aussage »Alles ist eins, alles ist in allem enthalten« – das Paradoxon von immenser Entfernung und gleichzeitiger unmittelbarer Nähe.

Wie schon gesagt, ist jede höhere Ebene um eine Dimension erweitert. In der Tat können wir uns das nicht vorstellen. In dieser Zone nahe meiner Heimat sah ich geistig nichts mehr. Ich schloss daraus, dass es nichts mehr zu sehen gäbe. Doch vermutlich war diese Annahme falsch. Vielmehr konnte ich das Leben in dieser Dimension nicht mehr sehen, erfassen. Ich vermute, dass die Tiefenimagination die Bilder der höheren Dimensionen für uns »herunterbricht«, vereinfacht, sie »benutzerfreundlich« gestaltet, damit wir sie annähernd verstehen können. Was blieb, war hochaktive Intuition, ein Hauch von Spürsinn, das Denken und heftige Emotionen des Herzens.

Es ist kostbar zu wissen, dass es diesen Ort größter Liebe gibt, währenddessen wir uns hier auf Erden nebst all dem Schönen auch den Widrigkeiten stellen müssen. Zu erkennen, dass dieser Ort der größten Sehnsucht *schon jetzt* in meinem Herzen – im Herzen aller – schlummert, entspannt mich sehr. Wir würden gut daran tun, zu unseren Herzen Sorge zu tragen, sie weit zu öffnen, um mit der Glückseligkeit verbunden zu bleiben. Es gibt also ein *Ziel*, das wir im Leben nach dem Tod anstreben können: Es ist unsere geistige Heimat. Und wie vieles ist auch dieses ferne Ziel ein Paradoxon – tragen wir es doch bereits jetzt in uns. Somit ist das Ziel die Rückverbindung zu dem, was sowieso tief in uns allen wohnt.

Größere Zusammenhänge

Die größte Täuschung, der wir unterliegen

Im Zusammenhang mit der Arbeit an diesem Buch beabsichtigte ich, meine damals vor einem guten Jahr durch einen Verkehrsunfall verstorbene Praxiskollegin Thekla, Ärztin und Homöopathin, geistig zu besuchen. Sie war eine spirituelle Person und hatte jahrzehntelange Meditationserfahrung. Am Abend zuvor fragte ich sie innerlich, ob sie bereit sei, mir einige Aussagen zu machen. Sofort hörte ich ihre Stimmen und ihren süddeutschen Dialekt, mit dem sie einwilligte: »Ja, aber nur kurz.« Diese Art zu sprechen war typisch für sie, und ich war zufrieden. Ich stellte mich also darauf ein, ihr eine ultimative Frage stellen zu können. Doch welches ist *die* umfassende Frage an sie? Um dies herauszufinden befragte ich die Tiefenimagination. Folgende Szene erblickte ich:

Meine verstorbene Praxiskollegin und ich saßen auf dem Balkon eines Theaters und beobachteten, was unten auf der Bühne geschah. Es war mir intuitiv klar, dass unser Standort auf dem Balkon ein Ort war, von dem man mit weitsichtigem Überblick etwas begreifen konnte. Die Bühne versinnbildlichte den Aufenthalt auf Erden.

Auf der Bühne befanden sich drei Personen, wobei eine in ein etwas ungepflegtes dunkles Affenfell gekleidet war. Die andern zwei präsentierten sich weiß und astral-feinstofflich. Die Person im Affenkleid trat aus ihrer Verkleidung heraus und war nun ebenfalls weiß und astral. Sie ging direkt auf die zwei andern Personen zu und schlug auf sie ein. Mir wurde klar, dass die Person, solange sie im Affenfell war, eine physisch lebende Person dargestellt hatte, und mit dem Ausziehen des Felles den physischen Körper verlassen hatte, das heißt, verstorben war. Klar war mir auch, dass die weißen Gestalten Verstorbene waren, die sich ebenfalls in der Astralwelt aufhielten (astral, weil noch Gewalt herrschte). Das leicht schmuddelige Affenkleid verdeutlichte mir, wie grob die physische Hülle von uns Menschen im Gegensatz zur astralen Hülle ist, und wie seelisch »ungepflegt« diese Person war.

Die drei gaben sich gegenseitig die Hand, um Frieden zu schließen, dann setzten sie sich zusammen auf den Bühnenboden. In ihrer Mitte entstand eine große Lichtgestalt. Ich konnte nicht klar erkennen, was sie war. Ein Engel? Die Freiheitsstatue? Dadurch, dass die Lichtfigur in der Mitte stand, konnten sich die drei nicht mehr direkt sehen. Sie mussten ihre Oberkörper bewegen, um sich Sichtkontakt zu verschaffen. Sie fassten sich an den Händen. Durch die Bewegung des Oberkörpers des einen merke ich, dass *ich* diese Person war. Das fand ich eigenartig, denn nun sah ich mich also als astrale Person, bereits gestorben... Ich konnte nicht sagen, ob ich diejenige war, die den Schlag verpasst gekriegt hatte, oder ob das die andere war. Wir ließen die Hände los, ich stützte mich auf meine Arme hinter mir.

»Was machen wir jetzt?« fragte ich die andern. Oben auf dem Balkon hatten wir uns die Arme über die Schulter gelegt, schauten uns grinsend an und wendeten dann die Blicke wieder interessiert hinab auf die Bühne. Ich war mit meinem Bewusstsein also an beiden Orten. Ich fühlte nun, dass eine Person geschüttelt wurde. Dabei spürte ich beides, das aktive Schütteln und gleichzeitig geschüttelt zu werden. Ich glaubte zu hören: »Du blickst aus einer Ebene, von der aus man alles versteht. Deshalb verstehst du auch die drei da unten, die direkt nichts mit dir zu tun haben. Schau ihnen einfach weiter zu.«

Dieser Zustand entspricht buddhischem Bewusstsein: Man *ist* alle Personen, man spürt und versteht sie von *innen* heraus, ohne sie selbst zu sein.

Der eine (rechts) wurde an den Haaren gerissen. Sie schlugen sich wieder, mit Händen und Füßen, lange Zeit. Ich hörte: »Hier wird ausgelebt, was vorher verborgen war. Du kannst dich hier vor deinen Gefühlen nicht mehr schützen.«

»Wieso nicht?« fragte ich.

»Du bist auf der Ebene der Gefühle und des Vertrauens«, hörte ich gleich anschließend. »Hier kannst du Vergeltung kriegen.«

»Was ist damit gemeint?«

»Du kriegst den Lohn für dein vergangenes Leben. Deshalb ist es wichtig, vorher im reinen zu sein und in Frieden abzuschließen.«

Ich begriff intuitiv, dass die Tiefenimagination mir etwas über die verschiedenen Ebenen, Seinszustände, die Verwandlung und vor allem über die Täuschung, der wir Lebenden unterliegen, zeigte. Sobald wir den grobstofflichen Mantel ablegen, ist einiges anders. Die spannendste Frage lautete für mich demzufolge: »Welches ist die größte Täuschung, der wir hier auf Erden unterliegen?«

Tags drauf fand die geistige Reise zu meiner Praxiskollegin statt. Raffaella, eine meiner damaligen Schülerinnen, die selbst viel mit Verstorbenen arbeitete, begleitete mich dabei.

Schon kurz nach der Entspannung sah ich geistig meine Praxiskollegin Thekla wie früher unter dem Türbogen ihres Praxisraumes stehen. Da stand sie, wie so oft, mit ihrem dünnen Körper in den viel zu großen Kleidern. Ich fragte sie: »Bist du noch oft hier in der Praxis?« Ich vernahm von innen her, dass es sich bei diesem Bild um die Erinnerung an sie handelte und nichts mit ihrem wahren Aufenthaltsort zu tun hatte. »Eine Täuschung also«, dachte ich, und rief nach der wahren Thekla. Ich spürte, dass in meinem Stirnchakra etwas geschah. Es war anstrengend, und ich fühlte, dass ich geistig zu ihr unterwegs war. Sie war weit weg.

Schließlich hatte ich jemanden gefunden. Die Umgebung erinnerte mich an den Rosengarten auf dem Dietschiberg bei Luzern, auch wenn die Energie hier heller und leichter war. Thekla liebte Blumen, so war ihr Aufenthaltsort für mich nicht weiter erstaunlich. Die Person, die ich sah, hatte allerdings mit Thekla, so wie ich sie zu Lebzeiten gekannt hatte, nichts zu tun! Sie erinnerte mich auf keine Art und Weise an die kleine und dünne Frau; außer ihrer Liebe zu den Pflanzen. Das, was ich sah, war eine schwer beschreibbare Form aus hellem Licht. Ich staunte darüber, wie absolut unähnlich sie im Vergleich zu ihrer Person hier auf Erden war. Mit einem Mal hörte ich innerlich: »Das ist eben die Täuschung!« Ich lachte herzhaft und begriff.

Die Sache mit den Namen

Die obengenannte Lichtperson wollte mir noch etwas anderes vermitteln. Nämlich: Auch ihr Name »Thekla« war eine Täuschung. In Wirklichkeit heißt sie nicht Thekla, ein Name, für den sich ihre irdischen Eltern einst entschieden hatten, nein, sie heißt in Wahrheit Angela. Ihr eigentliches Wesen ist diese helle Form aus Licht und ihr Name ist Angela. Ich staunte!

Der Kontakt zu ihr war anstrengend für mein Stirnchakra; es war, als sei die »Muskulatur« des Chakras nicht trainiert genug, so lange so weit offen zu bleiben. Obwohl mir die Trennung von Angela schwer fiel, reiste ich wieder zurück, für einen winzigen Bruchteil von Sekunden auch durch die violette Lichtqualität, die ich oft sehe. Schließlich landete ich mit meinem Bewusstsein wieder auf der Liege in meiner Praxis.

Meine Begleiterin Raffaella und ich staunten, wir lachten. Wir alle spielen demnach nichts weiter als eine Theaterrolle! Unser Name, unsere vordergründige Identität, hat nichts mit unserem ureigentlichen Wesen zu tun; das Leben, das wir hier führen, ist nichts anderes als eine Rolle in einem Theaterstück, bestückt mit einem physischen Körper! – Und keiner merkt es! Wir identifizieren uns so stark mit unserem Namen und unserer Rolle, dass wir nicht mehr merken, dass es bloß eine Rolle ist. Die perfekte Täuschung!

Dass die Tiefenimagination das Thema der Täuschung und des Rollenspiels eines jeden einzelnen von uns Menschen von Anbeginn bringen wollte, fiel mir erst viele Jahre später auf. Erinnern Sie sich, wie die ganze innere Reise mit dem Anliegen nach der ultimativen Frage begann? Auf dem Balkon eines Theaters mit Blick auf Bühne und Schauspieler. Erinnern Sie sich auch daran, wie sie mir zeigte, dass ich alle Anwesenden auf der Bühne war, ohne sie zu sein? Darüber erfahren Sie gleich mehr im nächsten Kapitel. Einmal mehr war ich total fasziniert von der Weitsicht der tiefen Imagination…

Und noch einer weiteren Täuschung unterliegen wir. Solange wir nicht merken, dass das wahre Wesen eine überwältigende Lichtenergie ist, meinen wir, die Verstorbene sei das gewesen, wie wir sie auf Erden erlebt haben. Vielleicht verurteilen wir sie sogar. Im Grund verurteilen wir dabei eine Rolle, die sie – aus welchem Grunde auch immer – ein Leben lang gespielt hatte, spielen musste oder wollte. Wohl, um weitere Erfahrungen zu sammeln; um neue helle Ringe auf dem unendlich langen Schlangenkörper zu erhalten. Rudolfs provokative innere Reise erhält Bestätigung… (vgl. Kapitel »Der Tod von bösen Menschen« ab Seite 128 und gleich folgendes Kapitel »Was ist eigentlich ›ich‹?«)

Seit ich die geistige Reise zu meiner verstorbenen Praxiskollegin gemacht hatte, bin ich von »Thekla« bzw. Angela hell begeistert – von Thekla war ich das nicht immer. Sie *ganz* zu erleben, hat mein Herz zu ihr weit geöffnet.

Kommen wir nochmals zu den Namen zurück. Von Liliane, einem mit 11 Jahren verstorbenen Mädchen, erfahren wir über die Namen noch anderes. Die wirklichen Namen scheinen etwas mit den Schichten und Dimensionen zu tun zu haben, in denen wir uns befinden. Lilianes Aussagen auf meine Frage, wie sie zu ihrem Namen gekommen sei, der nun anders lautet als auf Erden:

> **Der Name ergibt** sich so. Da ist etwas in mir, das schon immer diesen Namen getragen hat. Es ist nun offensichtlich geworden, weil sich die andere Schicht (Hülle) gelöst hat. Der Name Liliane hat sich mit der irdischen Schicht aufgelöst, was dann kam, war dieser Name. Wenn ich weiter aufsteige, wird dieser Name auch wieder zusammen mit dem feinstofflichen Gewand abfallen, und dann habe ich wieder den Namen, der darunter liegt.«

Was ist eigentlich »ich«? – Vom Urmeer und seinen Tropfen

Die Tatsache, dass wir auf Erden nicht unbedingt das sind, was wir zutiefst im Inneren sind, ist spannend und lässt fragen: Ja, was bin ich? Ist es möglich, diese Frage hier auf Erden zu beantworten? Hier auf Erden, auf der die Täuschung über das wahre Leben perfekt ist? Schon im Fall von *Kurt* und in meinem Nahtoderlebnis haben wir gesehen, dass es verschiedene Ichs gibt. Schauen wir, was uns die Tiefenimagination weiter vermittelt. Erinnern wir uns an Rudolfs geistige Reise im Kapitel »Tod von bösen Menschen« (Seite 128). Auch in seiner Reise ging es um Täuschungen, denen wir unterliegen. Ich wiederhole gekürzt gewisse Aussagen aus seiner langen Reise, um dann mit dem neuen Material fortzufahren. Es geht um gute und böse Menschen. Die Tiefenimagination zeigt Rudolf, was hinter »gut« und »böse« steckt.

Rudolf: Ich sehe Tropfen. Sie teilen sich. Der eine Teil wird weiß (hier für gut) bemalt, der andere schwarz (für böse). So beginnt es. Neben mir öffnet sich eine Tür. Ich schaue hinunter. Es gibt nur Männer dort unten. Es ist wie in einem Theater. Hitler und Stalin sind auch da, sie sind ausgehöhlt. Ich könnte in sie hineinsteigen. Es ist wie ein Gewand, eine Hülle, inklusive Gesicht und allem. Im Moment werden sie hier unten nicht gebraucht. Sie sind regungslos. Auch die vielen Leute sind nur physische Hüllen. Keiner bewegt sich. Ich habe das Gefühl, jemand könnte in sie hineinschlüpfen, und es ginge gleich wieder los... Ich höre: »Das könnten wir gleich wieder aktivieren, aber wir erfinden immer wieder neue...« »Wir« sind wie Angestellte an einem Theater. Sie erhalten den Auftrag, ein Kleid oder eine Hülle für einen Bösen zu machen, der wieder auf die Welt kommt. Die Seele, die schwarz angemalt wurde, wird hineingeschickt. Die schwarze Seele sagt: »Ich bin nun an der Reihe.« Niemand geht freiwillig in eine solche Hülle hinein. (...) Ein Tropfen wird geteilt. Ein Teil sagt plötzlich: »Ich gehe jetzt hinunter.« Er steht hinten an und teilt sich in einen mit einem schwarzen und in einen mit einem weißen Kleid. Dann geht es weiter. (...) »Nach ihrem Tod müssen sie sich wieder sauber duschen. Heiß und kalt. Die schwarze Farbe, die ihnen angemalt wurde, müssen sie wieder abduschen. Man kann sich nur mit sauberen Händen an den Tisch sitzen. Es ist nichts Böses, es ist keine Strafe. Es ist einfach ein sich Waschen nach getaner Arbeit. Da ist nichts Verdammtes, keine Strafe. Wie wenn man fertig ist mit seiner Arbeit, dann duscht man, damit man anständig am Festtisch sitzen kann. Ein solcher Prozess kann gut fünfzig Jahre dauern.«

Nun der neue Teil:

Patricia (P): Gibt es kein Bewusstwerdungsprozess für die Seele, egal in welcher Farbe oder in welchem Kostüm sie auf die Erde kommt? Muss sie nichts lernen, begreifen? Das habe ich bisher noch nicht herausgespürt.

Rudolf (R): Das Individuelle ist da, es fällt ins Meer hinein. Die Erfahrung, die das Tröpfchen gemacht hat, bereichert das Meer, verändert es. Das Tröpfchen ist jedes Mal eine andere Mischung.

P: Somit gibt es kein persönliches Weitergehen von Leben zu Leben...?

R: Ich höre, dass es der Reihe nach geht. Dann fällt es. Das Meer wird unendlich langsam gewandelt, mit all seinen Farben, so gibt es immer wieder neue Kombinationen von Tröpfchen.

P: Es gibt ja Reinkarnationstherapien... Nach meiner Erfahrung gibt es Beschwerden, die man heute hat, deren Ursprung aber in einem früheren Leben war. Wie ist da die Logik, die Verbindung?

R: So ein Tropfen hat verschiedene Facetten. Diese kommen aus verschiedenen Erfahrungen und Erlebnissen. Im neuen Tröpfchen werden diese neu geordnet: Du kannst zum Beispiel etwas aus Ägypten mitnehmen, etwas vom Mittelalter und etwas aus den letzten fünfzig Jahren... Diese Erfahrungen hat irgendjemand gemacht. Insofern ist jeder Mensch, der auf die Welt kommt, voller Erfahrungen, aber neu gemischt. (...)

P: Was ist für den Leser noch wichtig?

R: Der Berg ist da. Er ist ein Sprecher des Urmeers. Unten dran sind die (Kraft-)Tiere.

Berg: »Es geht nichts verloren. Alles ist ein Experiment. Aber das Wort ›Experiment‹ könnte falsch verstanden werden... Jeder leistet einen wichtigen Beitrag. Ich (der Berg) möchte mich gerne sehen. All die Erfahrungen helfen mir, mich zu sehen. Dadurch sehe ich die Entwicklung des Bewusstseins. Das ist nicht nur eine individuelle Geschichte... Jede Farbe (oder Erfahrung), die zurückkommt, spiegelt mich.«

P: Du sagst, es geht nichts verloren... Wenn Menschen so viel Heilarbeit an sich tun... Ist es so, dass das Meer sich verändert? Dass nichts verlorengeht, aber sich entwickelt?

Berg: »Ja, das ist so. Und es besteht ein großer Unterschied zwischen Heilen und nur das Leben zu verlängern.« (...)

Berg: »Du kannst noch eine Frage stellen...«

P: Was ist Gott? Das Urmeer? Oder ist er nochmals eine bildlose Dimension dahinter?

Berg: »Gott ist beides. Gott ist das Urmeer. Das Urmeer ist überall, im ganzen Universum, bei den Toten, bei den Lebenden, in verschiedenen Konsistenzen. Und es ist etwas wie ein Wille. Er will etwas. Es ist nicht nur Energie, es will auch etwas. Es ist wie eine Seifenblase, »blobb« ist es wieder weg. Und es ist eine Intelligenz da. Es ist eine klare Ausrichtung: Sie will sich kennenlernen. Über die Vielfalt der Erfahrungen. Sie will sich sehen. Gott will sich sehen. Und Gott sieht sich in uns. Jeder von uns ist eine Facette davon...«

Die Auflösung der Individualität oder vielmehr der Bedeutung des Individuellen und somit seiner Rolle und auch die Aussage, alles vermische sich mit allem, so dass unklar wird, was man selbst noch ist und was nicht, hat sich in verschiedenen geistigen Reisen wiederholt. Dennoch: Es scheint so etwas wie das individuelle Bewusstsein eines Ichs zu geben, das von reinkarniertem Leben zu Leben weitergeht. Dies verdeutlichte mir auch die Schlange, die bei meiner Reise zur Nichtexistenz einer Hölle unendlich lange aus meinem Kopf heraustrat. Erinnern Sie sich? Sie lehrte mich damals, dass es allein und wertefrei um den Weg der Erfahrung und den daraus gewonnen Erkenntnissen einer Seele geht – von Leben zu Leben. Es scheint also doch ein beständiges, vielleicht ewiges Ich zu geben. Kann die Tiefenimagination darüber Auskunft geben?

Außerdem stellt sich die Frage: Ist es beabsichtigt oder rein zufällig, was für ein Misch»produkt« wir sind? Gibt es in einem Tropfen Ballungen von Eigenschaften?

Der Tropfen, das komprimierte Universum

Was ist denn das, was sich nach tiefstem *Ich* anfühlt? Das, was das ganzheitliche *Ich* ist? Gibt es etwas Individuelles, einen Kern, eine Essenz, die von Leben zu Leben weitergeht? Oder bestehen wir tatsächlich »nur« aus einer Mischung von Erfahrungen, die irgendwelche Vorgänger irgendwann gemacht haben? Lesen wir diesbezüglich eine weitere Reise. Sie stammt von Heidi. Rückblickend erzählte sie:

Meine geistige Reise ist für mich eine Möglichkeit zu verstehen, was das heißt: »Alles ist eins« oder »Alles ist verbunden miteinander« – auch wenn es mich dabei als Individuum noch gibt. Es gibt dabei mich als Energie oder als Bewusstsein, aber es ist unabhängig davon, ob ich Heidi bin oder nicht. Es kommt schlichtweg nicht darauf an. Das Gefühl, dass der Tropfen aus dem Meer nichts anderes ist als alle Gewässer zusammen, war für mich eine ganz neue und überraschende Erkenntnis. Erlebt zu haben, dass das große Ganze nichts anderes ist als das kleine Ganze ist überwältigend! Ebenso, dass auch in den kleinen Dingen alles enthalten ist. Gleichzeitig Innen *und* Außen zu sein grenzt an etwas Unfassbares. Was auch immer während dieser spirituellen Reise geschah, es war stimmig. Es gab nichts in Frage zu stellen. Ich hatte die Gewissheit, dass alles richtig ist. Das gibt mir Vertrauen.

Dies die eindrücklichen Worte von Heidi, 46 Jahre alt, nach ihrer Reise.

Einige Ausschnitte davon im einzelnen:

Ich gehe nun in die Erde hinein. Ich höre und tue nichts mehr. Ich lasse mich ganz los. (Stille) Ich gehe weiter tief in die schwere Erde hinein. Es kostet etwas Überwindung. Sie ist so dicht, dreckig und schwer. (Lange Zeit Stille.) Ich habe es aufgegeben, mich zu überwinden, und habe mich hingegeben. *Hingabe* war die Lösung. Dadurch ging es besser. Mich hingeben, eins werden, mit der Erde verschmelzen. Aus mir heraus wachsen nun Bäume, Blumen und Gräser. Ich bin ein Teil der Erde. Das Leben mit den Bäumen und Blumen nimmt einfach seinen Lauf. Das hat nichts mehr direkt mit mir als Individuum zu tun. Ich bin einfach Natur.

Was aus mir wird, – ob Blumen oder Baum oder Pilz – bestimme ich nicht selbst. Das geschieht einfach. Als ob ich dünner wäre dadurch.

Obwohl ich mit der Erde eins bin, geht etwas noch tiefer in die Erde hinab und etwas anderes von mir strebt hinauf ins Licht. Ich wachse, nach unten und nach oben. Es ist sehr üppig. Es ist beides nötig, nach unten und nach oben zu wachsen. Es erinnert an das enorm wuchernde Gestrüpp bei Dornröschen. Es wächst nun über die Bäume hinaus, bis hoch in den Himmel. Das, was wächst, ist nicht gegenständlich, es wächst einfach. Es wächst noch immer, das Wachsen ist unbegrenzt. Es ist *Werden*. Ich habe nicht das Gefühl von Sein, sondern von Werden. Das Wachsen geht tief ins Universum hinein. Ich war noch nie hier, aber es ist vollkommen normal.

Ich bin sehr weit weg (vom Planeten Erde). Ich sehe Farben in Kreisform. Sie schaffen sich äußerst langsam in sich selbst hinein. Ich habe keine Arme mehr. Ich löse mich immer mehr auf. Am ehesten schwebe ich noch als Büste herum. Es löst sich immer mehr auf. Ich kann kaum mehr sprechen, alles ist hier enorm verlangsamt. Ich bin nun eine Kugel aus Bauch und Brust, die umherschwirrt. Ein eigenartiges Gefühl, ohne Hände zu sein! Ich *bin*, auch ohne Beine. Ich bin eine Kugel aus Bauch und Brust im Weltall. Es fühlt sich an, als sei dies der verletzbarste Teil von mir. Ich kann nichts tun und nirgends hingehen. Es ist wie ausgeliefert zu sein, aber es ist nicht unangenehm. Auch andere sind so unterwegs, man prallt nicht zusammen. Ich bin eine nicht abgegrenzte Kugel.

In hochschwingenden, multidimensionalen Ebenen leben die Seelen ohne Arme und Beine. Sie benötigen diese Gliedmaßen nicht, da sie alles mit ihren Gedanken steuern. Schauen wir, wie Heidis Reise weiterging. Die Seele wird auf unsere dreidimensionale Erde reinkarniert, auf der wir Menschen bekanntlich Arme und Beine haben.

Die Kugel stürzt jetzt von oben nach unten, hinab auf eine Wiese und wird immer kleiner. Eine enorme Kraft zieht hinunter! Es ist unangenehm, sehr heftig, fast schockierend! Hilfe, was geschieht da? Ich habe keine Kontrolle über den Vorgang! Alles zieht sich in die Kugel zusammen. Sie wird so klein wie eine Weihnachtskugel. Alles ist darin zusammengezogen, das Universum ist darin komprimiert. Die Wiese symbolisiert die Erde. Es geht extrem schnell. Wie eine kleine Murmel ist sie nun auf der Erde, mit allem darin enthalten. Wie wenn ein Tropfen zu schwer wird und er wieder auf die Erde fällt.

P: Bist *du* das?

H: Es ist wie *alles*. – Doch, es ist ein Mensch, aber es muss nicht *ich* sein. Es spielt keine Rolle, ob *ich* das bin oder nicht; dennoch, es ist ein Mensch, der in Form einer Kugel auf die Erde kommt. Er kriegt einen Namen. Es ist egal, wer das ist, denn das, was herunterkommt, ist das Universum. Aber ich bekomme wieder Beine und Arme und fühle mich außerordentlich klein.

P: Du sagst *ich*... Bist es doch *du* als Individuum?

H: Es gibt mich als Energie oder als Bewusstsein, aber es ist unabhängig davon, ob ich Heidi bin oder nicht. Es kommt schlichtweg nicht darauf an. Ich lebe nun hier auf der Wiese. Es sind viele andere auch da. Es ist ein Gefüge von Mikrokosmos und Makrokosmos, das zusammenlebt. Nicht unangenehm, doch äußerst komprimiert. Es ist, als ob von mir etwas sehr Kleines hier unten sei und etwas viel Größeres von mir sich über alles hinweglegt, erstreckt. Die äußere Hülle ist ein universelles Bewusstsein, das kleine bin ich. Es spielt keine Rolle, ob ich das bin oder nicht. Es könnte auch jemand anders sein. Die äußere Hülle ist entscheidend. Davon gibt es nur eine, alles vereint sich darin. Nur von den kleinen Hüllen gibt es viele. Mir fällt ein Vergleich ein: Die äußere Hülle ist wie alle Gewässer der Welt, die verschmelzen. Davon gehen einzelne Tropfen als Mensch wieder auf die Erde. Auf der Erde erhält man wieder Beine und Füße, also eine menschliche Form....

Die verstorbenen Seelen – Teil einer großen Ordnung

Wechseln wir das Thema und schauen wir aus großer Distanz auf unseren Planeten. In einer früheren Reise (Kapitel »Der Wert und

Tod materie-orientierter Seelen«, Seite 79, und Kapitel »Der Tod lichtorientierter Menschen«, Seite 81) haben wir erfahren, dass es sowohl schnelle als auch langsame Transformationen der Seelen gibt. Die einen Seelen transformieren langsam, der Erde zugewandt, andere Seelen verwandeln ihre Substanz schnell, dies, weil sie die Kraft des Lichts oder die Kraft Gottes in Anspruch nehmen. Ich gehe davon aus, dass alles im Leben einen Sinn hat. Was ist der Nutzen der langsamen und der schnellen Transformation für das Universum? Heidi erhielt eine klare und überraschende Antwort. Hier die Fortsetzung ihrer Reise:

H: Ich sehe eine sich langsam drehende Erdkugel im Weltall.

P: Begrüße sie und frage sie, was sie dir über ihre Bedürfnisse erzählen will.

H: Sie sagt, sie sei der langsame Prozess. Außen herum im Weltall ist der schnelle (Prozess). Ich verstehe, alles hat nur Sinn für das Universum als Ganzes und nicht für die einzelne Seele. Der langsame Prozess ist nötig, damit die Erde intakt bleibt – es ist eine bestimmte Menge Seelen nötig – damit die Erde nicht »zerflattert«. Das Bewusstsein der einen Art von Seelen darf nur wenig mit dem Licht zu tun haben, damit es bei der Erde und der Planet Erde dadurch kompakt bleibt. Und das Bewusstsein der andern Art Seelen, das nicht nur auf der Erde ist, das mehr im All ist, im Universum, trägt zum Universum bei.

P: Was siehst du?

H: Eine Erdkugel, die sich im All dreht und dreht. Und andere Planeten. Ich sehe Ordnung.

P: Wie zeigt sich diese Ordnung?

H: An einer ganz klaren Bestimmung, wie viel Energie auf Erden sein muss, wie viel im Universum. Es ist wie auf Bahnen. Wenn die Erde an einer bestimmten Stelle Energie braucht, dann nimmt sie sie sich. Durch Tod. Es ist wie gesorgt. Es ist wie eine Kraft, die sich holt, was sie braucht, damit die Erde erhalten bleibt. Dasselbe ist im Universum. Und das Universum hält die Erde zusammen!

P: Wie siehst du die Ordnung im Universum?

H: Ich sehe Bahnen, es hat System. Man kann nicht links oder rechts... Es ist wie gegeben, festgesetzt. Kraft, Sog, Wirkung, Magnet. Das ist immer gleich, es verändert sich nicht... Doch, es verändert sich schon. Sobald es einen Mangel gibt oder eine Lücke, füllt es sich sogleich wieder auf. Es ist wie eine Maschine, die läuft... Kräfte, die fortwährend wirken. Ich merke, ich bin sehr weit entfernt von der (individuellen) Seele. Das ist so stark universell... Es geht um Systeme... das ganz große System des Weltalls, nach unten gebrochen in einen Menschenkörper...

Nirgends einen Gott gefunden und warum beten dennoch hilft

Nachdem ich viele geistige Reisen zum Thema Leben nach dem Tod begleitet und etliche auch selbst gemacht hatte, fiel mir mit einem Mal auf, dass *Gott* darin kaum eine Rolle spielte – sofern man erwartet, ihn in der geistigen Welt persönlich anzutreffen und man seine Facetten nicht in allem, was es gibt, erkennt. Selbst bei religiösen Menschen tauchte Gott als Thema äußerst selten auf. Stattdessen wurde mir bewusst, wie viele Dimensionen es gibt, wie viel Leben darin steckt und wie viele geistige Helfer für uns unterwegs und tätig sind. Wie groß muss der Schöpfer sein, der in und hinter all diesen unermesslichen Dimensionen steht! Um so greifbarer und fassbarer hingegen wurden für mich all die geistigen Helfer und Anteile der eigenen Seele, die für das gewöhnliche Auge unsichtbar uns unterstützen und hintergründig wirken. Meine Bitten richten sich nun vermehrt an diese Helfer. Dennoch erlaube ich mir die provokante Frage: Warum soll man zu einem Gott beten, wenn er im Leben nach dem Tod keine offensichtliche Rolle zu spielen scheint? Heidis Reise gibt eine Antwort darauf. Ich knüpfe nochmals an ihre Reise vom vorangegangenen Kapitel an, in dem sie beschrieb, dass alles ein System sei, das sich selbst reguliere. Ich fragte:

P: Wenn alles ein System ist, das einfach läuft – warum soll man dann noch bitten und beten?

H: Weil es das Bewusstsein verändert.

P: Inwiefern?

H: Es löst sich von der Erde ab. Beten und bitten löst von der Erde ab.

P: Wie meinst du das? Was geschieht dabei?

H: Beim Beten gehen Energien ins Universum hinaus. Es ist eine Energie, die eine Fliehkraft hat, von der Erde weg. Die Erde braucht Fliehkraft, aber auch Anziehung. Die Anziehung ist das Bewusstsein, das in die Verwesung geht. Es ist beides nötig. Es ist nicht eines besser als das andere. So gesehen ist es auch nicht erstrebenswert, nur im Licht zu sein. Beides gehört dazu. (...)

Beten hilft den geistigen Helfern und Kräften zu erfahren, was wir uns sehnlichst wünschen und brauchen. Sie wissen dadurch, wie sie uns unterstützen sollen. Vor sehr vielen Jahren begegnete ich während einer inneren Reise zum ersten Mal der Lichtgestalt Maria, der Mutter Gottes. Sie zeigte sich in wallendem Kleid, voller Licht und Größe. Ich war sprachlos, in welchem Glanz und welcher Pracht sie sich zeigte – im Gegensatz zu manch bescheidenen von Menschenhand geschnitzten Madonna-Statuen. Sie sagte einzig: *Bete!* und zog sich wieder zurück. Seither bete und bitte ich und wundere mich immer wieder dankbar, wie schnell meine Bitten Wirklichkeit werden.

Was inkarniert? – Von Licht, Liebe, Freude und Leichtigkeit

Seelen(-Tropfen) kommen, Seelen gehen. Schließen wir den Kreislauf mit der Frage, was inkarniert? Wir haben bei Rudolfs Metapher gesehen (Kapitel »Der Tod von bösen Menschen«, Seite 128, und Kapitel »Was ist eigentlich ›ich‹?«, Seite 194), dass Tropfen »angemalt« werden – schwarz, weiß oder in welcher Farbe auch immer – und dass sie in bestimmte Körperhüllen hineinrutschen. Stellen wir uns nochmals der Frage, was das genau ist, was in diese Körperhüllen hineinrutscht. Cornelia stellte sich für die Klärung dieser Frage zur Verfügung.

Zu Beginn von Cornelias Reise zum Thema »Was inkarniert?« sah ich von außen einen Moment lang einige Zentimeter über ihr eine Ellipse aus Licht.

Hinweis: Das »Ich« ist im untenstehenden Text immer Cornelia. Sie erzählt:

Ich sehe etwas ganz Helles. Es ist ellipsenförmig. Wir kommen noch nicht zu einander... Es ist weiblich. Eine große Freude ist da. Die helle Ellipse fragt: »Wieso willst du wissen, was inkarniert?« Sie lacht, als sei das eine superdoofe Frage. Ich höre: »Bei einer Inkarnation geht es darum, das Leben zu ehren.« Das helle Weibliche nimmt mich nun etwas ernster. Sie kommt dadurch auf meine Ebene hinunter; auf ihrer Ebene ist diese Frage doof. Ich höre noch einmal: »Es geht darum, das Leben zu ehren, ihm zu huldigen.« Sie sagt weiter: »Ihr seid immer mit Abspaltungen beschäftigt!« Mit dieser Aussage wird es dunkel und schwer. Dadurch merke ich, in welche Energie wir uns begeben und befinden, wenn wir uns mit Abspaltungen beschäftigen. (Cornelia im Nachhinein: Für mich ist das Abgespaltene alles, was benennbar ist – im Gegensatz zu dem, was eins ist.)

Ich frage erneut: »Was inkarniert?« Ich sehe ein überwältigendes Meer von Licht. Es fließt aus einem unsichtbaren Urgrund in Stufen hinab, wie ein enorm großer Wasserfall aus Licht. Im Licht ist eine große Leichtigkeit. Das Licht ist gleißend. Der Strom ergießt sich auf und in die Erde. Es schlüpft in braune Materie hinein, sich in Hunderttausende verschiedene Menschen inkarnierend. Es ist nicht nur Licht, es ist auch pure Liebe, die hineinschlüpft. Dieser Vorgang hat etwas Lustiges, Fröhliches. Es dringt in die Materie hinein, so dass die Materie wie eine Verkleidung der Enden der Lichtstrahlen ist. Die Menschen stehen bis zu den Oberschenkeln in der Erde, sind mit ihr verbunden. Der Strahl, der von oben kommt, reicht vom Scheitel bis in die Region des Kreuzbeins. Es ist absurd, was ich nun sehe: Die nun durch den Lichtstrahl beseelte Materie ist stolz. Es ist, als ob sie sagen würde: *Ja, ICH!* (Cornelia lacht sehr). Das wirkt sehr eigenartig, denn diese dunklen Figürchen haben von dem riesigen Lichtstrahl, der sie belebt und aufrechthält, keine Ahnung. Ihnen fehlt jegliches Bewusstsein dafür. Das Ich ist ganz geschäftig und überzeugt von sich selbst, doch es ist in Wirklichkeit blind.

Das Licht ist völlig unberührt, dass es ignoriert wird. (...)

Wir kommen aus dem Licht, wir gehen ins Licht, wir leben schon heute im Licht – Wie wir das wieder merken können

Irgendwo hatte ich einmal eine radikale Aussage eines Mönchs gelesen. Sinngemäß lautete sie etwa so: »Es ist nicht möglich, im Leben (dauerhaft) glücklich zu sein, ohne nach innen zu gehen, also zu meditieren oder innerlich zu reisen.« Ich verstehe gut, wovon der Mönch spricht. Unterliegen wir auf der polaren Erde doch allerhand Gefühlszuständen, die nicht »im Licht« sind. Bestimmt wissen Sie, wovon ich spreche. Unser Ärger, der Neid, der Kummer, all unsere Ängste und Sorgen, unsere Traurigkeit, die Frustration und so weiter halten uns immer wieder von der Freude und der Leichtigkeit fern. Würden wir uns immer dem Geist zuwenden, unsere Augen schließen und innerlich reisen, würde unser Leben ungemein an Leichtigkeit zurückgewinnen. Denn die wartet letztlich hinter all den tristen Gefühlen, die wir alle nur allzu gut kennen. Das Beispiel einer wütenden und todessehnsüchtigen Frau; sie wurde von einem Bären gefragt:

»**Musst du immer** nur die Trauer sehen? Schau tiefer, hinter diese Traurigkeit!«

Die Frau ließ sich mehr versinken und erblickte Farben und flatternde Schmetterlinge. Es waren ihre Lieblingsfarben. Lange Zeit verweilte sie in dieser angenehmen Dimension, dann kam sie wieder zurück in das quälende Diesseits. Wieder packte sie die Wut. Der Bär forderte sie auf: »Was jetzt ist, ist dasselbe wie nach dem Tod! Erkenne dies und integriere es! Entdecke dies selbst und tauche tiefer!« Sie entspannte sich erneut und erblickte vor ihrem geistigen Auge erneut den Bären. Er machte Luftsprünge und tanzte voller Freude. Sie fühlte diese Freude und wunderte sich: »Trauer und tiefer Friede sind so nah! Aber wieso sollen die beiden Leben dieselben sein? Ich verstehe das nicht! Ich will zur Freude [damit meinte sie das Leben nach dem Tod]! Wann kann ich dorthin?« Dann begriff sie es plötzlich. Sie stellte fest: »Die Trauer ist bloß eine Schicht. Es geht sowieso zu dieser Quelle, ob ich will oder nicht.« Sie lachte und erzählte: »Ich sehe den Bären, er sitzt unter einem Baum und feilt seine Fingernägel. Das macht mich nicht mal wütend, so spielerisch demonstriert er mir seine Botschaft...«

Aus der inneren Reise von Nina-Lara. Auch sie haderte oft mit dem Leben und ihrer schwierigen Kindheit, die sie noch immer traurig machte. Sie fragte sich:

»**Wie kann ich** mich selber lieben?« Eine alte Bärenmutter taucht auf und antwortet: »Geh kompromisslos deinen Weg, ohne am Wegrand auf all die anderen zu schauen.« Im selben Moment sehe ich einen goldgelben, sehr energievollen Lichtweg vor mir auftauchen. Ich gehe ein Stück auf diesem Weg. Ein Delfin taucht auf. Er fordert mich auf zu leben, zu lachen und alles in einer spielerischen Leichtigkeit zu nehmen. Es ist für mich sehr ungewohnt, auf so einem hellen Lichtweg zu gehen. Ich habe etwas Angst diesen Weg zu begehen, denn er fühlt sich so neu an. Ich sage dies dem Weg. Da tauchen am Wegrand alle Krafttiere auf, die ich bisher kennengelernt habe, und laufen mit mir mit. Sie sagen: »Wir beschützen dich.« Ich wage es nun, in die Fülle des Lebens einzutauchen...

3

Weil er todsicher einmal kommt – Sich vorzeitig auf den Übergang vorbereiten

In diesem Kapitel 3 geht es um die Vorbereitung Ihres eigenen Todes, selbst wenn dieser noch in weiter Ferne liegen mag. Sie erfahren etwas konkreter, wie Sie sich dazu von innen unterstützen lassen können, wie Sie Ihre Angst mindern oder gar verlieren können und was Sie sonst noch tun können, um sich darauf vorzubereiten. Wir wissen ja mittlerweile: Was an innerer Arbeit getan ist, ist getan. Was integriert, geheilt, verziehen und im Frieden ist, braucht im feinstofflichen Jenseits nicht mehr bearbeitet zu werden, und wir können uns unserer wahren Heimat schneller annähern.

Sich auf den eigenen Tod vorbereiten – eine Reiseanleitung

Es gibt Möglichkeiten, sich durch Übungen und innere Reisen auf den eigenen Tod vorzubereiten. Am einfachsten ist dies, wenn Sie sich von einer Tiefenimaginations-Therapeutin begleiten lassen oder meine CD »Frage dein Krafttier – Durch geistige Bilder die eigene Kraft finden« abspielen lassen. Diese CD ist eine allgemeine Reise-CD, also für sämtliche Themen geeignet. Die CD ist direkt bei mir bestellbar (pat.rueesch@bluewin.ch). Doch mit etwas Konzentration können Sie es durchaus auch alleine schaffen.

- Legen Sie sich in einem Moment, in dem Sie für 20, 25 Minuten ungestört sind, auf den Rücken. Schließen Sie die Augen und entspannen Sie sich. Atmen Sie ruhig und tief ein und aus. Entspannen Sie vor allem Ihre Stirn und Ihr Gesicht. Fühlen Sie Ihre Arme, Hände, Beine und Füße und entspannen Sie auch diese.
- Formulieren Sie Ihr Anliegen. Rufen Sie zum Beispiel innerlich: »Hallo, ist da ein Bild, ein Wesen oder ein Krafttier, das mich auf meinen Tod vorbereitet? Das mir hilft, den Tod in mein Leben zu integrieren, so dass er mich nicht mehr stresst?« Geben Sie dem Bild alle Zeit, aufzutauchen.
- Wenn Sie innerlich etwas sehen, auch wenn Sie es nur erahnen oder fühlen, begrüßen Sie es und fragen Sie es, was

es Ihnen zu sagen oder zu zeigen hat. Sehen Sie lange Zeit nichts, nur schwarz oder ein paar Flecken, begrüßen Sie das Nichts, die Schwärze oder die Flecken, und fragen Sie diese.

- Horchen Sie innerlich, was es Ihnen sagt. Der erste Impuls ist die Antwort. Wenn Sie diese nicht genau verstehen, fragen Sie nach. Interpretieren Sie nichts, sondern fragen Sie direkt beim Bild nach, bis Sie es verstehen. Wenn Sie zu interpretieren beginnen, besteht die Gefahr, dass Sie innerhalb Ihrer Denkmuster verharren. Die Tiefenimagination jedoch wird Sie aus einer viel weiteren Perspektive heraus führen, lehren und unterstützen. Die Antwort der Tiefenimagination kann auch in Form weiterer Bilder geschehen.
- Teilen Sie dem Bild mit, was Sie fühlen oder welche Bedenken Sie haben und schauen oder horchen Sie, wie die Tiefenimagination darauf reagiert.
- Stockt die innere Reise, fragen Sie die Tiefenimagination oder das Bild, was es von Ihnen braucht. Erfüllen Sie den Wunsch.

Mögliche Zusatzfragen oder Themen für eine weitere Reise könnten sein:

Was soll vor meinem Tod unbedingt noch geschehen? Soll ich jemandem noch etwas sagen? Soll noch etwas bereinigt werden? Gibt es für mich noch etwas Wichtiges zu erledigen? Wie kann ich mich heute schon darauf vorbereiten, dass ich meine Liebsten oder das, was mir heute am Wichtigsten ist (Geschäft, Haus…), im Moment des Todes einfach und voller Vertrauen loslassen kann?

Die Tiefenimagination spricht in ihrer eigenen Sprache – das ist die Sprache der Bilder. Nicht immer versteht man diese Bilder in ihrer Aussage. Das macht nichts, lassen Sie sie einfach in Ihnen wirken. Mir selbst hilft es, ein Aufnahmegerät auf oder nahe neben mich zu legen, welchem ich alles diktiere, was ich sehe, höre oder was in mir geschieht. So kann ich am Schluss die Reise eins zu eins abschreiben oder mir die Essenzen nochmals anhören.

Wie man die Angst vor dem Tod transformieren kann

Falls Sie (noch) keine Lust haben, sich auf Ihren eigenen Prozess einzulassen und lieber die Vorbereitungsreisen anderer lesen möchten, hier drei Beispiele.

Ich will einmal friedvoll sterben

Ines (71) kam in meine Praxis, weil sie nicht dieselben Ängste vor dem Tod durchmachen wollte, wie sie es bei ihrer Mutter und Großmutter erlebt hatte. »Meine Großmutter wie auch meine Mutter waren beide sehr religiöse Menschen. Jahre bevor sie starben, wurden sie dement. In diesem Zustand entwickelten sie furchtbare Ängste vor dem Tod beziehungsweise vor den Strafen für ihre Sünden. Meine Mutter konnte einfach nicht sterben. Sie hatte schon zehn Tage nichts mehr gegessen und getrunken.

Auch ich bin ein tief christlich empfindender Mensch. Ich konfrontiere mich mit dem Tod, vor dem ich mich jetzt nicht fürchte. Ich weiß nicht, wie mein Altern verlaufen wird. Was ist, wenn sich auch bei mir eines Tages unbewusst solche schrecklichen Ängste melden? Falls ich im Kopf mal nicht mehr richtig klar wäre und diese Ängste hochkämen?«

Ines legte sich auf die Liege, schloss die Augen und entspannte sich. Nach einer Weile begann sie.

Ich sehe die weiße Schlange. Ich kenne sie, seit ich vor acht Jahren zum ersten Mal bei dir war. Die Schlange sagt: »Folge mir!« Wir gehen in einen Wald mit hohen Bäumen. Ich kenne diesen Wald bereits. Es ist eine Art Regenwald, voll Sonnenlicht. Die Schlange führt mich zu einem großen Stein. Es ist ein schöner Stein, bewachsen von wunderbar grünem Moos. Die Schlange sagt, ich solle mich hinsetzen und mich an den Stein lehnen. Es herrscht Stille im Wald. Ich höre kein Tier, kein Vogel, keine Insekten...

Schlange: »Was möchtest du wissen?«

I: »Was kann ich tun, damit ich in Frieden von dieser Welt in eine andere übergehen kann?«

Schlange: »Du musst gar nichts tun. Du darfst nur vertrauen.«

I: »Auf wen oder auf was soll ich vertrauen?«

Schlange: »Vertrau auf deine innere Kraft, auf das Göttliche in dir. Das darfst du auch pflegen, jeden Tag, an dem du noch lebst.«

I: »Wie finde ich dieses Vertrauen, das mich trägt?«

Schlange: »Hör in dich hinein. Nimm dir genug Zeit für Stille. Sei dankbar für jeden Tag und für das, was ist.«

I: »Was ist, wenn mich die Angst überfällt?«

Schlange: »Dann kannst du die göttliche Quelle in dir selbst anzapfen. Vertrau darauf, dass dich eine glückliche Welt erwartet. Ganz anders, als du dir das vorstellen kannst.«

I: »Ich bin gespannt!«

Schlange: »Dann folge mir einfach auf deiner inneren Reise. Lass dich fallen! Vertrau dich dem Schoß der Mutter Erde an. Spür die Kraft des Steines.«

I: Es ist so, als ob ich in den Stein hineinsänke. Ich fühle mich geborgen in dieser ursprünglichen Kraft. Ich sehe die Schlange nicht mehr. »Wo bist du?«

Schlange: »Du siehst mich nicht, aber du hörst mich.«

I: Ach, und da ist ja die Schlange wieder! Sie rekelt sich auf meinem Bauch. Ich fühle ihren kühlen, muskulösen Körper.

Schlange: »Lass dich einfach fallen. Lass dich einfach überraschen.«

I: Obwohl ich in den Stein eingeschlossen bin, fühle ich mich ganz leicht. Violettes Licht umgibt mich. Ich bin neugierig! Erwartungsfroh!

P: Bist du bereit, dich fallenzulassen?

I: Ja. (Stille. Nach langer Zeit:) Ich fühle tiefen Frieden in mir. Es ist ein Gefühl, als läge ich aufgebahrt mitten im Wald. Ich schaue auf mich hinab. Ich bin da unten *und* da oben… »Schlange, wo bist du? Bitte begleite mich!!« Es ist, als ob die Sonne durch die Baumspitzen bricht. Helles, wunderschönes Licht. Ich bewege mich darauf zu. Ich lasse mich tragen. Ich muss gar nichts tun; ich kann mich gleiten lassen. Es wird immer heller um mich her. Ich sehe meine Freundin Heidi. Mit ihrem strahlenden Lachen. Sie umarmt mich und nimmt mich in Empfang. (Ines weint.) Ines zu Heidi: »Ich hätte dich gerne noch besucht als du so krank warst, aber du warst so weit weg!« (Weint.)

Heidi: »Das spielt keine Rolle mehr! Komm jetzt… Du willst sicher deine Mutter und deine Großmutter sehen…!« (Ines weint.)

I: Ich sehe die beiden Frauen! Meine Großmutter mit den weißen Haaren und dem lieben Blick. Meine Mutter mit der Kraft und der Klarheit, wie ich sie gekannt hatte. Sie umarmen mich und heißen mich willkommen.

I: »Mutter, weißt du jetzt, weshalb du damals so große Angst hattest?«

Mutter: »Ja, ich hatte so vielen Menschen geholfen zu sterben und sich darauf vorzubereiten, doch ich selber hatte es nie gemacht. Ich hab versäumt, mich wirklich innerlich auf *meinen* Tod vorzubereiten. Meine Ängste hatten mit meinen tief verwurzelten Prägungen zu tun, die ich ein Leben lang in Erziehung und Glauben gelebt habe. Du darfst vertrauen! Von meiner Angst ist nichts übriggeblieben.«

Ines zur Großmutter: »Danke! Großmutter, du hattest mich in meiner Kindheit so gut begleitet! Du warst mein Rückzugsort. Du warst immer da für mich.« (Weint.)

»Du warst so stark! – Warum hattest du Angst zu sterben? Ich dachte immer, dass du so großes Vertrauen und einen tiefen Glauben hast…«

Großmutter: »Die Angst kam plötzlich. Sie war nur kurz. Ich bin leicht hinübergegangen. Du darfst das auch. Bereite dich gut vor. Nimm dankbar jeden Tag, den du hast. Dann wirst du in diese Welt kommen, in der du frei bist von dem, was dich jetzt bedrückt. Du darfst ganz neue Dimensionen erleben, die dich frei machen. Frei für Neues. Frei für so vieles, was du hier in dieser (geistigen) Welt erleben und erfahren darfst.«

Auf einmal ist jetzt die Schlange da.

Schlange: »Für heute ist es genug. Verabschiede dich von den lieben Menschen, die du getroffen hast. Du wirst irgendwann einmal wieder kommen.«

Ich umarme meine Großmutter, meine Mutter. »Ich danke dir, liebe Mutter, für das, was du für mich getan hast.«

Ich nehme Abschied von Heidi.

Schlange: »Folge mir.«

Es ist als ob ich so herabschwebe. Und jetzt sitze ich wieder auf dem weich gepolsterten Waldboden, mit dem Rücken am Stein. Jetzt singen die Vögel! Ich sehe ein Spitzmäuschen, das mich anschaut und dann flink davonhuscht (schmunzelt). »Liebe weiße Schlange, ich danke dir, dass du mich begleitet hast. Und ich danke dir, dass du wiederkommen wirst, wenn ich dich darum bitte.«

Jetzt geh ich wieder zurück in mein jetziges Leben... Ich spüre mich wieder auf der Liege...

Das Gespräch nach der Reise:

I: Was ich jetzt heute erlebt habe, war zu keinem Zeitpunkt mit Angst besetzt, überhaupt nicht. Wenn ich nun noch vor etwas Angst hab, dann ist es das Leiden vor dem Tod... Ich habe ein gutes Gefühl jetzt. Wie ich das jetzt erlebt hab, muss ich mir überhaupt keine Sorge machen! Wichtig scheint, dass ich mir genügend Freiraum nehme und in die Stille gehen kann.

P: Du bist christlich geprägt, beschäftigtest dich bereits mit dem Tod. Du weißt auch von dem Licht, das nach dem Tod kommen kann. Was war in dieser inneren Reise ganz neu für dich und unerwartet?

I: Es waren die Gefühle beim Stein. Von ihm so umfangen zu werden, so leicht aufgenommen zu sein, mich von der Erde so geborgen zu fühlen. Ich fühlte eine unglaubliche Leichtigkeit.

P: Von außen betrachtet, war der Moment beim Stein – als es um das Fallenlassen ging – der Moment des Todes. Da geschah der Übergang, bei dem du aus dem Körper in die geistige Welt und in das Licht gegangen bist. Wann tauchte denn das Licht auf?

I: Das Licht war immer da. Schon im Wald beim Stein. Erst war es Sonnenlicht, später das helle, weiße Licht.

P: Ich wollte dich während deiner Inneren Reise nicht stören, deshalb habe ich kaum was nachgefragt. Was war vom Gefühl her anders, nachdem du deinen Körper verlassen hattest und du dich über dir aufgebahrt gesehen hast?

I: Ich habe mich nach dem Tod als sehr jung empfunden. Ich bin 71, habe mich aber wie 45 gefühlt. In voller Kraft.

Ein Leben lang schreckliche Angst vor dem Tod

Welche Kraft und wie einschränkend die Angst vor dem Tod für das Leben sein kann, zeigen folgende Aussagen:

»Meine schreckliche Angst vor dem Tod hindert mich daran zu leben, aber auch zu sterben. Eigentlich wollte ich ja die Welt anschauen. Eigentlich lebe ich ja gerne. Durch meine ständige Angst habe ich alles verpasst: meinen Mann, meine Kinder, mein ganzes Leben.«

»Die Angst vor dem Tod ist auch eine Schutzmaßnahme, damit ich mich nicht umbringe.«

»Manchmal frage ich mich, weshalb ich denn so Angst habe zu sterben. Ich weiß ja, dass das Leben nach dem Tod weitergeht. Ich habe Angst, danach verlorenzugehen, dass mich niemand findet und dass ich nicht weiß, wohin ich gehen muss. Es sind dieselben Ängste wie in meinem ganzen Leben, in dem ich so oft verlassen und irgendwo abgestellt wurde...«

»Ich fürchte, nach dem Tod in ein schwarzes Loch zu fallen und meine geistige Heimat nicht finden zu können.«

Unsere Vorstellungen und Ängste sind nichts Starres, Definitives. Selbst wenn uns bestimmte Gefühle ein Leben lang begleiten, sind sie in Wirklichkeit veränderbar. Wir können unsere Gefühle transformieren. Gelingt es uns, die Angst vor dem Tod zu verwandeln, den Tod ins Leben zu integrieren, werden wir lebendiger. Es wird uns möglich, das Leben freier und voller zu leben.

Hier das Beispiel der 59jährigen Anita. Ihre Angst war ausgeprägt sie wagte nicht einmal, sich auf die Liege zu legen. Sie sagte: »Ich fürchte zu sterben, wenn ich mich hinlege. Ich kann mich nie entspannen! Kein Wunder, ich bin erschöpft, depressiv und voller Schmerzen…« Anita entschied, sich auf die Liege zu *setzen*. Sie schloss ihre Augen, und ich führte sie in eine Entspannung. Ich bat sie, mit ihrer inneren Stimme um Hilfe und Unterstützung zu bitten und einfach mal zu schauen, was auftauche. Es dauerte nicht lange, da sah sie einen großen Engel.

Sie informierte mich: »Ich sehe Erzengel Michael. So heißt doch der mit dem Schwert?« Gleich folgte ihre Zensur:

»Ach was, meine Mutter sagte immer, das Christkind gäbe es nicht! Nun stehe ich vor diesem Engel und bin verunsichert, ob ich an Engel glauben soll. Es ist äußerst anstrengend, diese Angst auszuhalten und seine Hilfe nicht annehmen zu können. Ich stehe mir mit meinem Zweifel selbst im Weg.«

Stille.

Ich sah, wie sie mit sich kämpfte und sich schließlich ein wenig beruhigte. Was war innerlich geschehen? Sie erzählte:

»Weißt du, wenn ich sterbe, kriege ich ein Problem: Ich weiß dann nicht mehr wohin ich soll. Ich fühle mich wie zerstückelt.

Der Engel ist da. Ich kann mich an ihm festhalten. Doch ich kann innerlich nicht wirklich loslassen. Ich habe solche Angst, die Kontrolle zu verlieren!

Stille. Dann:

»Ich sehe Walti, meinen Mann! Er ist vor fünfzehn Jahren gestorben…! Er sagt, er helfe mir!«

Ich sah von außen ihren Stress. Dann die Begründung. Sie sagte zu Walti:

»Walti, wenn ich dich sehe, kriege ich noch mehr Angst! Holst du mich ab??? Ich will noch nicht sterben!«

Ich fühlte ihre Verzweiflung. Schließlich sagte sie:

»Eben hörte ich das Wort *Vertrauen*!

Ich höre eine Botschaft: Meine Angstgefühle haben mit meinen Ahnen zu tun… Es wäre gut, *innere Ahnenreisen* zu machen. Ich höre, das sei ganz wichtig! Allein schon, das zu wissen, befreit mich enorm! Dann könnte ich das endlich hinter mir lassen! Das befreit mich sehr!«

Ich sah, wie sehr sie sich entspannte. Dann begann sie von neuem:

»Ich merke, dass das gar nicht *mein* Haufen ist!« Sie weinte sehr.

»Ich muss mich davon befreien! Ich will das nicht mehr! Der Engel sagte eben, ich sei auf einem guten Weg!«

Ich hatte keine Ahnung, wovon sie sprach. Gleich erfuhr ich es:

»100.000 Rucksäcke sind da. *Es sind nicht meine!* Doch sie kleben an mir, und es kommen ständig neue dazu! Und das Schlimmste: Ich nehme sie auch noch an…!«

Dann: »Die Enge in meinem Herzen ist schon etwas weniger. Ich sehe, wie das Licht die Rucksäcke auflöst. Der Engel sagt, die andern wollen mir diese Rucksäcke eigentlich gar nicht anhängen! Die Angst ist weg! Auch diejenige vor dem Engel! Ich habe auch nicht mehr das Gefühl, gestorben zu sein! Ich bin so dankbar! Es ist wie heimkehren!«

Als ich Anita zwei Wochen später wiedertraf, erzählte sie mir, dass sie fast täglich mit der Angst in Kontakt war. Die Angst zeigte sich ihr als kleines schwarzes Häufchen, weich wie ein Baby. Sie nahm es in ihren Arm, genau wie ein kleines Kind, und wiegte es liebevoll. Sie spürte, dass sie das »Baby« annehmen musste und es nicht verbannen sollte.

Bei der nächsten Reise nach innen legte sie sich ohne weiteres auf die Liege. Sie hatte diese beachtliche Veränderung nicht einmal bemerkt, so selbstverständlich war es für sie. Der Engel hatte sie darauf aufmerksam gemacht…

Angst vor dem Tod, weil man nicht immer nur »gut« war

Dass das schlechte Gewissen Angst vor dem Tod auslösen kann, ist verständlich, wenn auch weitgehend unnötig. Einerseits können wir uns noch zu Lebzeiten mit den Betroffenen versöhnen; sind diese bereits verstorben, können wir das auch nach ihrem Tod innerlich tun.

Wir haben bereits im Kapitel »Die Übergangszone« (Seite 151) gelernt, dass nach dem Tod niemand leiden *muss*. Wählen wir danach ein schweres Leben, tun wir das »freiwillig«, weil wir denken, es müsse so sein. Niemand braucht sich selbst zu zerfleischen. Vielmehr scheint es nach dem Tod darum zu gehen, in die Ganzheit zu finden, die Liebe zu sich und zu andern zu finden. Giselas Reise bestätigt den Inhalt anderer geistiger Reisen gleich nochmals.

Ich sehe zwei Schleier vor mir. Der rechte ist weiß, der linke schwarz. Ich höre: »Jedermann kann hier wählen.«

Der schwarze Vorhang ist sehr dominant. Er zieht sich über den weißen hinüber. Nun ist alles schwarz. Aber ich kann ja wählen... Dadurch, dass ich mir dessen bewusst bin, zieht sich der schwarze Vorhang wieder zurück.

Der weiße Vorhang sagt: »Es ist egal, welchen Weg du wählst Letztendlich führen alle ins Licht. Wichtig ist zu wissen, dass man wählen kann.«

Der schwarze Vorhang steht für das vermeintlich Negative, das jeder im Leben erlebt hatte. Aber schlussendlich kommt er ins Licht. Es hängt davon ab, wie sehr er sich selbst vergeben hat.

Der weiße Vorhang lädt mich nun ein, durch ihn durchzulaufen. Hinter ihm ist warmes Licht, sehr hell. Sehr angenehm. Viele Seelen sind hier. Ich spüre die einen besser als die andern. Ich kenne einige. Auch Ahnen sind da. Sie sind zu meiner Rechten. Es geht ihnen allen gut. Sie sagen mir: »Man sollte den Menschen sagen, dass sie die Wahl haben. Sie können wählen!« Es ist so befreiend zu wissen, dass ich *wählen* kann!

P: Frag doch mal den schwarzen Vorhang, warum er so dominant war?

G: Weil ich mich vor dem Tod so sehr fürchte. Vor dem Leiden, vor dem Schmerz…

P: Frag ihn, was er über den Weg hinter dem schwarzen Vorhang erzählen will.

G: Er ist die Möglichkeit, sich selbst zu vergeben. Es ist mit Schmerz und Gezeter verbunden, aber letztendlich führt es doch ins Licht.

G: Ich bedanke mich.

Das Gespräch danach:

G: »Das nimmt mir völlig die Angst vor dem Tod. Ich fürchtete mich sehr davor! Dass ich mich *entscheiden* kann, nahm mir die Angst. Diese zwei Vorhänge. Beide Wege sind okay, keiner war schlimm! Wenn ich weiß, dass ich im Frieden einschlafen kann, dann habe ich ein besseres Leben. Ich hatte immer Angst, ich müsse sehr büßen für vieles, was ich tat. Ich kann ja nicht immer nur Harmonie schaffen und alles auf mich nehmen. Ich habe oft auch Nein gesagt, doch dieses Nein für den anderen war ein Ja zu mir. Aber auch dies machte mir etwas zu schaffen… Dies alles beinhaltete für mich der schwarze Vorhang… Das schlechte Gewissen, Schuldgefühle. All das Negative, das ich andern angetan hatte, und womit ich andere verletzt hatte…«

Zeitlebens üben, die Liebsten loszulassen

Dass Wesen der geistigen Welt uns schützen können, ist keine Mär. Ich habe dies eindrücklich selbst erlebt. Das nächste Beispiel hat nichts mit dem Tod zu tun, aber mit Schutz aus der geistigen Welt. Manchmal ziehe ich mich wochen- oder monatelang auf eine kleine Insel in der Karibik zurück, um ungestört zu schreiben. Eines Tages suchte ich einen kleinen Strand auf, weit abgelegen vom kleinen Fischerdorf, auf dessen Hügel ich wohnte. Ich war alleine am Strand, kein Mensch weit und breit. Die Wellen hier konnten recht kräftig werden.

Und dann da war auch die eine, die mich beim Hinausgehen aus dem Wasser erwischte. Sie traf derart heftig auf meine Oberschenkel, dass sie ihren Dienst versagten. Ich schrie auf vor Schmerz. Irgendwie schleppte ich mich ans rettende Ufer. »Das war es nun wohl! Adieu Insel!« dachte ich verzweifelt. Es tat saumäßig weh! Die Muskelfasern meiner Schenkel waren fürchterlich gezerrt, das war klar. Ich hatte keine Ahnung, wie ich alleine den weiten Weg zurück ins Dorf schaffen sollte.

Mit letzter Kraft auf meinem Badetuch gelandet, schloss ich, wie immer, wenn ich Hilfe brauchte, die Augen. Und staunte. Ich fühlte oder sah, wie irgendwelche geistigen Helfer in großer Eile meinen Oberschenkel bandagierten. So eng wie sie nur konnten. Ich spürte ihre Bewegungen in meinen eigenen Armen, als ob ich selbst mir diese Bandagen anlegen würde. Der Effekt dieser Erste-Hilfe-Leistung war enorm. Schon nach zwei, drei Minuten war der Schmerz weg. Das ist nicht nachvollziehbar.

Geistige Hilfe, wie zum Beispiel die Krafttiere, ist für uns da, selbst wenn wir dies nicht bewusst merken. Ein Ausschnitt aus der geistigen Reise von Reto (58), der zuvor noch nie bewusst mit Krafttieren gearbeitet hatte.

Reto: Aus dem Dunkeln tauchen ganz kurz Gesichter auf, von Menschen und Tieren. Tiger, Adler, Eidechse, Schlange, Bär...

Patricia: Frag, warum diese Tiere aufgetaucht sind.

Reto: Sie haben mir alle geholfen in meinem Leben. Sie sagen: »Du brauchtest uns. Wir haben unseren Job gemacht.« – Der Adler sagt: »Weißt du noch, in der Schule?« Wir lachen beide. Ich weiß es noch.

Patricia: War es dir damals bewusst, dass dir der Adler half?

Reto: Nein! Erst jetzt! Nun verstehe ich es! Das berührt mich stark. Ich blicke in seine Augen. Irgendetwas verbindet uns. Ganz stark.(...)

Ein weiteres Beispiel aus der Reise einer Frau, deren Mutter »alleine« starb.

Für mich ist es schlimm zu wissen, dass Mutter alleine starb. Sie starb, nachdem wir sie ein letztes Mal besucht hatten (...).

Eule: »Sie starb nicht alleine. Ich war die ganze Zeit bei ihr. Dies war der Grund, warum sie so ruhig und friedlich einschlafen konnte...«

Wir können unsere Liebsten also getrost loslassen. Schutz und Begleitung aus der geistigen Welt ist da, auch wenn das gewöhnliche Auge davon nichts merkt.

Optimale Sterbevorbereitung: Seine dunklen Seiten annehmen

Nicht nur zu üben, seine Liebsten loszulassen und seine schlechten Gefühle zu verwandeln, erleichtert es uns, sondern auch folgender Punkt: Die Tiefenimagination machte mich in einer inneren Reise aufmerksam, was vor dem Tod noch wesentlich sei. Sie sagte kurz und bündig, wie so oft: Freundschaft schließen. Mit sich selbst. Ich fragte sie, wie man mit sich selbst Freundschaft schließen kann. Ihre Ausführung:

Nimm all deine Eigenschaften an. Auch die ekligen, die unangenehmen. Verzeihe dir selbst! *Erkenne dich!* Nimm dich an, regelmäßig. Verachte dich nicht selbst.

Dein Herz ist das allerwichtigste. Es kommt mit durch alle Ebenen des Seins. Dort, wo das Herz aufhört, bleibst auch du stehen. Wenn du dich in allen deinen Facetten annimmst und dir verzeihst, wächst dein Herz. Reiche deinen Fehlern die Hand und schließe mit ihnen Freundschaft.

Nicht durch Verdrängen oder Abspalten werden wir das Schwierige in uns los, sondern dadurch, dass wir es erkennen und annehmen. Sie erinnern sich, wie Anita ihre enorme Todesangst angenommen hatte? Wie ein Baby wiegte sie sie in ihren Armen. Diesen Vorgang werden Sie immer wieder in diesem Buch antreffen. Und Sie erinnern sich an das Beispiel von *Kurt*? Auch für ihn bestand die Lösung darin, seinen Teil, den er ablehnte, anzunehmen.

Wenn wir vor etwas Angst haben, erhält dieses Gefühl Macht über uns. Jene Teile des Menschen, die »nicht sein dürfen«, erhalten große zerstörerische Kraft, wenn man sie abspaltet. Die Kirche hat uns das vorgelebt. Sie verbannte die Sexualität; die verheerenden Folgen decken sich immer mehr auf.

Ganzheit zu erlangen heißt, unsere schwierigen, nicht lichtvollen Gefühle und Gedanken anzunehmen; nicht, sie aus Furcht vor ihnen abzustoßen. Dies geschieht auch in Michaels Heilprozess, dem folgenden Beispiel. Er gewinnt Sympathie für die dunklen Wolken – das Sinnbild für seine düsteren Gedanken und Gefühle – und verliert dadurch seine Angst vor ihnen. Er schließt sie gar ein wenig in sein Herz. Je mehr wir uns lieben, um so mehr werden wir Liebe. Es gilt, die eigenen dunklen Seiten anzunehmen und sie zu transformieren. Aus Michaels (70) Reise:

Ich sah in die Weite des blauen Himmels. Je tiefer mein Blick in die Ferne streifte, desto heller wurde das Licht. Am sehr weit entfernten Horizont erschien es hellgelb bis weiß, es verlor sich im Unendlichen. Ich fragte das Licht, was es mir sagen wolle, doch ich bekam keine Antwort. In dieses helle Lichtermeer zogen von der rechten Seite plötzlich dunkle Wolken auf, die das Licht verdeckten. Ich fragte die Wolken, was sie von mir wollten. Sie antworteten: »Wir sind dein Alltag; deine alltäglichen Gefühle und Gedanken. Wir stehen dir vor dem Licht.« Mich ängstigten diese Wolken. Doch mit der Zeit hellten sie sich etwas auf. Sie waren nicht mehr so dunkel und schwarz, wie sie beim Auftauchen erschienen. Sie begannen, sich etwas aufzulösen, wandelten sich in verschiedene Graustufen. Auch drang immer wieder etwas Licht hindurch. Dieses Auf und Ab änderte die Lichtintensität dauernd. »Wir sind deine täglichen Begleiter, fürchte dich nicht vor uns, denn wir brauchen dich, damit wir uns auflösen können« erklärten sie. »Wir repräsentieren zwar die unangenehmen Seiten doch wir gehören zu dir.«

Bis zum jetzigen Zeitpunkt schienen die Wolken für mich etwas Fremdes, doch durch die Aussage, dass sie zu mir gehörten,

> empfand ich plötzlich Sympathie für die Grauen. Ich hatte den Eindruck, hier bewegen sich mein Misstrauen, die Mutlosigkeit, die Angst, die Scham auch der Stolz und die Eitelkeit vor meinen Augen auf und ab, hin und her. Ich fühlte mich plötzlich zum Grauen hingezogen, denn sie verkörperten etwas Konkretes, während das Licht so unendlich und unfassbar war. Für mich unerreichbar...

Negative Gefühle wollen ans Licht, dadurch müssen sie zuerst in unser Bewusstsein dringen können. In jedem Menschen herrscht eine Kraft mit der einzigen Zielrichtung: ins Licht, hin zur Leichtigkeit und Freude und zur Liebe.

Das Prinzip, all seine Aspekte anzunehmen, um Ganzheit zu erlangen, gilt im Leben vor wie auch nach dem Tod. So werden unsere Gefühle und Gedanken immer mehr zu Licht. Das Licht durchdringt immer mehr unsere Gedanken und Gefühle. Das Licht ist immer in uns, doch wir müssen uns zu ihm hinarbeiten, uns für das Licht öffnen.

Immer mal wieder das eigene Gewissen überprüfen

Ein reines Herz zu haben ist auf allen geistigen Dimensionen, die uns erwarten, zentral. Es ist das »Ticket« für die höheren Dimensionen. Obwohl es uns möglich ist, auch nach dem Tod unser Herz zu klären, brauchen wir nicht so lange zu warten. Tun wir es heute schon, es wird uns erleichtern. Das folgende Ritual kann weiterhelfen.

Auf dem Sterbebett – Reiseritual für ein großes Herz

Stellen Sie sich mit geschlossenen Augen vor:

Sie liegen auf dem Sterbebett. Ihre letzte Stunde ist gekommen. Sie möchten sterben, doch Sie spüren, dass gewisse Dinge noch nicht geklärt sind. Bitten Sie alle Leute, mit denen Sie nicht im reinen sind, zu sich. Auch diejenigen Leute, die mit Ihnen nicht im reinen sind.

Stellen Sie sich vor, eine Tür geht auf und jemand kommt zu Ihnen ans Sterbebett. Wenn Sie genau hinschauen: Wer ist es, der Sie besucht? Sie werden überrascht sein, wer kommt und wie viele es sind! Hören Sie den Menschen zu, sprechen Sie sich aus. Lassen Sie die inneren Bilder auf sich wirken.

Können Sie beim besten Willen die andere Person noch immer nicht verstehen, bitten Sie diese, sie selbst werden zu dürfen. Dadurch treten Sie in die Fußstapfen des andern und können aus seiner Perspektive heraus die Person verstehen.

Für den Fall, dass Sie Vermittlungshilfe brauchen, bitten Sie Gott oder die Tiefenimagination darum. Eine Person, ein Wesen oder (Kraft-)Tier wird daraufhin auftauchen, das Rat weiß. Wenden Sie sich an diesen Helfer und fragen Sie ihn, was er Ihnen zu sagen oder zu zeigen hat. Befolgen Sie den Rat. Sollten Sie ihn nicht verstehen, fragen Sie nach und teilen Sie ihm alle Ihre Gefühle mit, bis Verständnis entsteht und im optimalen Falle Liebe und Freude zwischen Ihnen wieder fließen kann.

Üben, auf die innere Stimme zu hören

Was immer Sie nach Ihrem Tod erleben werden, eines treuen Begleiters können Sie gewiss sein: Ihrer inneren Stimme. Ihre innere Stimme, gespeist von einem höheren Bewusstsein, wird Sie sicher durch alle Situationen führen. Üben Sie schon vor dem Tod, mit dieser inneren Stimme in Kontakt zu treten und auf sie zu hören. Üben Sie das jeden Tag. Horchen Sie bei Unsicherheiten tief in sich hinein und lauschen Sie auf eine Antwort. Diese Antwort kann sich in Form eines Wortes, eines Satzes oder auch eines Bildes zeigen, das Ihnen erscheint, wenn Sie Ihre Augen geschlossen halten. Sollten Sie das Bild oder das Wort nicht verstehen, fragen Sie direkt beim Bild oder beim Wort nach. Es kennt die Antwort. Fragen Sie nach, bis Sie wirklich verstehen, was Ihre innere Stimme meinte. Diese innere Führung kann Ihnen niemand nehmen, auch nicht der Tod.

4
Sterbende begleiten – innere Reisen helfen weiter

Wechseln wir den Fokus und konzentrieren wir uns auf die Sterbebegleitung. Was brauchen Menschen, die Sterbende begleiten? Was brauchen die Sterbenden selbst? Wie kann man erfahren, was sie brauchen, wenn die Sterbenden nicht mehr ansprechbar sind? Die Tiefenimagination weiß Rat. Ich habe aus meiner Praxis und aus meinem eigenen Leben ein paar Beispiele zusammengestellt. Überschaue ich die Fälle, fällt mir etwas besonders auf: Die Tiefenimagination rät immer und dringlich, die Fürsorge nicht zu übertreiben und gut für sich selbst zu sorgen. Besonders berührt mich, wie hilfreich die Tiefenimagination nicht nur für die Begleitenden, sondern auch für die Sterbenden ist. Oft erleichterte sie das Sterben immens, da sie genau wusste, wo in den Sterbenden Not bestand und was sie genau brauchten. Diese Hilfe geschah wohlbemerkt auf energetischer Ebene und war äußerst effizient.

Vorzeichen des Todes – der lange Prozess des Rückzugs

Als meine Mutter auf die 90 zuging, eröffnete mir die Tiefenimagination, sie wolle sterben und ich solle sie in diesem Prozess begleiten. Obwohl ich dieses Buch schon fast fertig geschrieben hatte, merkte ich, dass ich nicht wusste, wie und mit welchen Worten ich meine Mutter konkret unterstützen sollte. Sie war noch fit in Kopf und Körper, nur ab und zu sehr müde. Also begab ich mich auf eine Reise nach innen, um zu erfahren, worin genau meine Aufgabe bestand.

»**Hallo, ist da** etwas, das mir zeigt, wie ich meine Mutter begleiten soll? Ich habe keine Ahnung, was ich tun muss…« Ich sehe ein Wesen mit Flügeln.

Engelwesen: »Sag deiner Mutter, dass der Tod etwas Schönes ist und sie sich vor nichts zu fürchten braucht.«

Ich habe den Eindruck, dass das Engelwesen etwas liest, eine Zeitung oder ein gefaltetes Blatt Papier. Ich wusste nicht, dass

Engel lesen. Ich sehe, dass es die Zeitung verkehrt in der Hand hält, die Buchstaben auf dem Kopf. – Was soll das?

Patricia (P): »Was studierst du? Ich finde das eigenartig, dass du Zeitung liest...!«

Engelwesen: »Lass alle Sorgen los. Solange sie das Tagesgeschehen noch interessiert, ist sie noch nicht so weit.« Ich denke: Ja, Mutter liest noch täglich die neusten Meldungen. Sie ist also noch nicht so weit. Weshalb wurde ich denn aufgefordert, sie zum Tod zu begleiten?

Engelwesen: »Lerne die Zeichen zu erkennen, wenn jemand wirklich bereit ist zu sterben.« Ich höre das Wort »Rückzug vom Weltgeschehen«. »Beerdigung vorbereiten«. – Das tat sie bereits. »Erbe vorverteilen.«

Engelwesen: »Was nun noch fehlt ist das Loslassen. Von ihrem Sohn. Und ihrer Tochter. Das fällt ihr am schwersten.«

P: »So wie ich sie erlebe, könnte sie leicht noch zehn Jahre leben. Wieso soll ich sie unterstützen zu sterben, wo sie doch noch so gut dran ist?«

Der Engel liest wieder. Er sagt, es fehlen noch ein paar Punkte.

Ich sehe Mutter in der Küche hantieren. Hat sie Flügel? Oder ist da ein Flügelwesen? Ich sehe es nur höchst undeutlich. Ich höre die Information, sie werde einen Herztod haben.

E: »Sei freundlich und herzlich. Bring ihr nichts mehr mit. Das ist es vorläufig. Es braucht noch etwas Zeit, aber sie ist auf dem Weg. Es wird ein langer Weg, bis sie vor allem deinen Bruder loslassen kann. Und auch dich. Komm wieder, wenn du Fragen hast. Ich werde dich führen.« »Ok, danke.«

Wie wir unsere Kräfte während der Sterbebegleitung nähren können

Deborahs Schwiegermutter lebte zusammen mit ihrem Mann in Deborahs Nachbarwohnung. Sie war krank. Ihr Mann war nicht geeignet, auf ihre Nöte und Sorgen bezüglich ihrer Krankheit einzugehen, so wendete sie sich jeweils an ihre Schwiegertochter. Deborah mochte ihre Schwiegermutter sehr und war bereit, sie auf ihrem Weg bis zum Tod zu begleiten. Dafür gab sie sogar ihre Arbeitsstelle auf. Sie begab sich in eine Warteposition und blieb innerlich stehen. Sie wollte zur Verfügung stehen, wenn sie gebraucht würde. Doch eine Frage beschäftigte sie: »Habe ich genügend Kraft für die Sterbebegleitung?« Mit dieser Unsicherheit kam sie in meine Praxis.

Achten Sie darauf, wie die Tiefenimagination auch hier wieder das Sterben einer Person in eine Atmosphäre des Friedens und der Fröhlichkeit verwandelt. Auch die Angehörigen dürfen fröhlich sein. Wären wir Menschen mehr mit der tieferen Ebene des Lebens verbunden, wäre der Tod mit Sicherheit eine fröhlichere Angelegenheit, mit viel Leichtigkeit verbunden.

So wurde Deborah auf ihrer Reise von innen unterstützt:

Deborah sah eine Holztür und öffnete sie. Dahinter befand sich ein Innenhof mit einem Garten. Es war ein schöner Ort, den sie von einer Verwandten her kannte, nur war er jetzt etwas größer.

Patricia (P): Frage diesen Garten, was hier geschehen soll.

Garten: Ruhe und Frieden... Einfach nur sein...

P: Spürst du die Ruhe und den Frieden?

Deborah: Ja. Doch ich warte immer auf etwas... Dass es weitergeht... dass etwas kommt...

Garten: Warte nicht! Sei einfach da.

Deborah weint: Ich sehe mich und die Schwiegermutter Hand in Hand im Hof. Wir genießen den Garten. Sie ist eine große

Gartenfreundin. Es ist so friedlich. Doch wenn ich uns so zuschaue, macht es mich traurig. Ich sehe nun ein Gebäude. Wir laufen daran vorbei nach hinten. Ich sehe uns, doch ich bin wie außerhalb. Wir entfernen uns aus meinem Blickfeld. Die beiden gehen um die Ecke, hinter das Haus. Die Schwiegermutter geht nun alleine weiter. Ich bin immer noch im Garten. Die Stimmung ist friedlich und sonnig. Ich bin allein im Hof... und fühle mich verloren...

P: Schaue dich um, ob eine Unterstützung auftaucht.

Deborah weint: Meine Kinder und mein Mann kommen! Die Kinder springen auf mich zu und umarmen mich. Wir gehen zusammen zurück; in die andere Richtung als die Mutter ging.

Ich sehe nun, was außerhalb der Holztür ist. Da ist eine Mauer. Ich sehe eine grüne Landschaft, Feldwege. Es ist die Zeit, wo der Löwenzahn blüht... Wir laufen zusammen auf diesem Weg. Ich fühle mich gelöst; es ist eine fröhliche Stimmung.

Viele Monate später erzählte mir Deborah, wie sehr diese Reise sie unterstützt hatte. Sie sagte: »Ich weiß noch alles ganz genau. Die Reise wirkt noch stark in mir. Diese friedliche Stimmung… Vor allem half mir, dass die Schwiegermutter am Schluss alleine weiterging; ich sah nicht, wohin sie ging. Ich merkte dadurch, dass es mich nicht so sehr brauchte, dass ich trotz der Begleitung meinen eigenen Weg gehen kann. Ich wartete ständig, damit ich da sein konnte, wenn ich gebraucht würde. Ich merkte, dass ich sie wohl begleiten kann, aber ich muss mich dadurch nicht aufgeben. Ich nahm sogar wieder eine Stelle an!«

Warum wir Sterbende innerlich nicht mehr erreichen

Im ersten Kapitel (Seite 226), das die Lehre des Engels für die Sterbebegleitung meiner Mutter dokumentierte, haben wir gesehen, dass Rückzug vom Weltgeschehen ein Anzeichen für die Bereitschaft ist, zu sterben. Dass der Rückzug innerlich noch lange weitergehen kann, sehen wir im gleich anschließenden Fall. Interessant dabei finde ich, was wir dabei über einen dementen Zustand erfahren, der durchaus in einer natürlichen und zielorientierten Bewegung ist, und wie einmal mehr alles einen Sinn hat, auch wenn wir diesen von außen betrachtet nicht verstehen. Gehen wir jedoch eine Dimension tiefer, wird uns dieser klar.

Es kann einen unter Druck setzen, erschöpfen und äußerst frustrieren, wenn man Sterbende trotz allen Bemühungen und guten Einfällen emotional nicht mehr erreichen kann. Wie können wir uns selbst und den Sterbenden in seiner Lage unterstützen? Und können wir vielleicht sogar nachvollziehen, was in ihm geschieht? Zum Beispiel so:

Was in den Sterbenden geschieht

Aus Irmgards Reise: Ich sehe ein weiß-schwarzes Tier; ich kann nicht genau erkennen, was es ist. Ich sage ihm: »Ich sehe dich nicht recht!« Es sagt: »Das ist hier so. Es ist an der Grenze zwischen Leben und Tod, und da sieht man nicht so gut.«

Irmgard (I): »Wie kann ich meine Patin im Übergang zwischen Leben und Tod begleiten?«

Tier: »Erzähle mir von der Patin.«

I: »Sie hört nichts mehr, sie mag nicht mehr von den Lippen ablesen. (Sie ist seit der Kindheit gehörlos.) Ich glaube, es ist ihr alles egal, was in dieser Welt geschieht; es ist alles nicht mehr wichtig. Sie ist dement. Sie möchte sterben, bevor meine Mutter (ihre ältere Schwester) stirbt.

Wie kann ich sie unterstützen? Kann ich das überhaupt?«

Tier: »Du weißt: Das Herz wird nicht dement...«

I: »Ja, das weiß ich, aber ich weiß nicht, wie ich ihr Herz erreichen kann.«

Tier: »Sie ist auf dem Weg in einem dunklen Tunnel. Man weiß nicht, wie lang dieser Tunnel ist.«

I: »Aber ich kann ja nicht zusammen mit ihr durch diesen Tunnel gehen...!«

Tier: »Das musst du nicht, aber du kannst dich im Herzen mit ihr verbinden.«

I: Ich versuche nun, diese Verbindung herzustellen... Doch da ist etwas, das mich daran hindert... Es ist wie eine Mauer vor meinem Herzen. Es ist vermutlich die Frustration vom letzten Mal, wo sie so aggressiv gewesen war und ich dadurch so frustriert... Durch das Aussprechen dieser Frustration hat sich die Mauer etwas entfernt. Langsam verbindet sich ihr Herz mit meinem. Ich spüre viel Achtung vor ihrem Lebensweg. Was sie alles durchstehen musste! Ich sagte ihr, dass ich staune, wie sie ihr Leben geschafft hatte: »Ich danke dir für dein Dasein, auch in der ganzen Verwandtschaft.«

Patricia (P): Wie reagiert sie auf diese Wertschätzung?

I: Ich sehe nur ihr Herz. Es ist belebter nun und heller. Anfangs war es distanziert, nun ist es lebendiger. Es ist wie ein leichtes Lächeln darin, nicht mehr so starr.

Es ist eigenartig. Ihr Herz ist nun schön, belebt und leuchtet ein klein wenig. Doch mein Herz ist wie vertrocknet.

P: Sag das dem schwarz-weißen Tier.

Tier: »Bist du bereit, sie loszulassen? Sie auf ihrem Weg gehen zu lassen?«

I: »Ich bin schon bereit, sie sterben zu lassen. Was mir Mühe macht, ist diese Phase vorher. Sie hat gar nicht mehr viel vom Leben jetzt.«

Tier: »Das beurteilst *du* so. Doch in dieser Zone, in der sie sich nun befindet, kann man das nicht mit den üblichen Maßstäben beurteilen. *Du* musst es nicht beurteilen und wissen; es reicht, mit deinem Herzen mit ihr in Verbindung zu bleiben.«

P: Frag doch mal das Tier, was in ihr nun Wichtiges geschieht als Vorbereitung auf den Tod. Darfst du darüber etwas erfahren?

Tier: »Sie erlebt es anders als du. Es ist einfach so wie es ist.«

Irmgard beobachtet: Ihr Herz ist nun wie in eine Zwiebel hineingegangen. Schicht um Schicht umgibt es. Diese Schichten geben ihr den Abstand, den sie braucht. Um gehen zu können. Zu erfahren, dass sie diesen Abstand braucht, hilft mir, ihr Verhalten anders einzuordnen.

Tier: »Ja, du musst dir auch keine Vorwürfe machen, wenn du sie nicht mehr erreichen kannst mit dieser Welt. Sie bereitet sich auf das Neue vor.«

I: »Genügt es, wenn ich mit ihr mit meinem Herzen verbunden bleibe?«

Tier: »Ja, verbunden bleiben ist gut. Aber auch vertrauensvoll bleiben, dass etwas Neues wächst.«

I: »Es nimmt mich natürlich wunder, was das Neue ist!«

Tier: »Du weißt doch, was aus einer Blumenzwiebel werden kann...«

I: Ich sehe, wie aus der Zwiebel nun der Spross wächst. Er wächst um eine Kugel herum. In der Kugel sehe ich Regenbogenfarben. Ist das Leben denn danach so rund und ganz wie eine Kugel? Und schön? Eigenartigerweise ist nun ihr Herz in der Kugel; ihr Kern. Das Tier sagt, dass ich mir das (umgesetzt) gar nicht vorstellen könne.

Tier: »Am besten, du lässt es einfach, wie es nun ist.«

I: Ich sehe nun ein Bild, dass die Kugel mit dem Herzen meiner Patin in einem ganz großen Herz drin ist. Dieses Bild hatte ich schon bei der Reise zu meinem Bruder, der sich damals das Leben genommen hatte. Im großen Herz sind ganz viel Heiterkeit, Licht und Liebe. Ich sehe, dass im großen Herzen noch ganz viel andere Kugeln sind. Das große Herz hat sich nun geschlossen. Es erinnert mich an das Kitschbild von Jesus mit dem strahlenden Herz. Diese Strahlen; sie sind wie Sonnenstrahlen. Die Strahlen berühren mein vertrocknetes Herz. Es ist wie ein Aufatmen, als ob durch sie in meinem Herzen etwas lebendig wird. Das Vertrocknete war der Schmerz, meine Patin nicht zu erreichen.

Mein Herz verändert sich nun auch. Im Bild ist mein Herz nun wie eine Nuss. Das Vertrocknete ist die Nussschale außen herum, innen in meinem Herzen ist dieselbe Qualität wie im großen Herz, voller Liebe und Licht. Das Vertrocknete ist ein Schutzschild für das Herz. Eigenartig (sie lacht), ... da ist das Herz... darum herum die Schutzschicht... vom Herzen her kann ich in der Schutzschicht etwas lesen: »Das Ewige ist immer zu Hause in mir.« Das ist ein Spruch, den ich in meiner Meditationsecke habe. Es löst Traurigkeit aus, aber auch Freude... eine eigenartige Mischung. Berührt sein. Diese Helligkeit und die Liebe erfüllen mich. Als ob dieses Bewusstsein über die Ewigkeit in mir erwacht. Nicht nur im Kopf, sondern direkt in meinem Körper. Es ist hell, leicht, belebt, wohltuend. Es füllt mich aus. Es ist vibrierend, wie wenn aus dieser Energie heraus alles *werden* könnte. Das Schöpferische, das in einem Samen steckt. Eine unbändige Kraft, wie wenn sich ein Same durchdrängt, aufspringt, sich durchbohrt... diese Lebenskraft. Wie verdichtete Möglichkeiten, die auf allen Seiten experimentieren. Wie eine ganz hohe Schwingung, in der aus dem Feinstofflichen etwas Grobstoffliches wird. Das Tier... es ist gar kein lebendiges Tier mehr... es ist wie... verblasst... (ringt nach Worten)...

Das Gespräch danach:

Irmgard: Die Patin, die in die Zwiebel hineinging, war sehr eindrücklich. Als ob Schicht um Schicht erforderlich gewesen wäre, um in etwas Neues hineinzukommen. Das nahm mir den Druck, sie innerlich erreichen zu müssen. Ihr Abwehren, das Lasst-mich-doch-einfach-in-Ruhe ist nun ganz in Ordnung. Der Kontakt zu ihr war *mein* Bedürfnis, nicht ihres. Für ihren Prozess ist er nicht nötig.

Der Rückzug dauerte ganze zweieinhalb Jahre.

Wie wir erfahren können, was der Sterbende braucht

Wie kann ich erfahren, was der Sterbende braucht, falls er nicht mehr ansprechbar ist oder seine Bedürfnisse nicht äußern kann? Erinnern wir uns einmal mehr an das Beispiel von *Kurt*. Ich konnte problemlos *gedanklich* mit seiner Seele sprechen. Seine Seele verstand sofort und reagierte unmittelbar. Ich konnte gedanklich mit ihm sprechen und seine Antworten innerlich empfangen. Genauso können wir uns gedanklich mit der Seele des Sterbenden austauschen. Das innere geistige Gespräch am Sterbebett kann weiterhelfen. Horchen wir innerlich hin. Direkt am Bett oder während einer inneren Reise. Ich gebe zwei Beispiele.

Unsicherheiten am Sterbebett – Antworten von innen

Erika erzählt: »Ich hatte ein sehr intensives und wunderbares Verhältnis zu meiner Mutter. Das ist eigentlich erstaunlich, denn mein Bruder und ich wuchsen ohne Körperkontakt zu unseren Eltern auf. Sie kannten dies schon aus ihrer eigenen Kindheit nicht. Als meine Mutter im Sterben lag, hatte ich das starke Bedürfnis, sie in meine Arme zu nehmen. Ich war jedoch sehr gehemmt und fühlte mich unsicher, ob ich meine Mutter (83 Jahre alt) am Schluss wenigstens streicheln dürfe oder nicht. Sich zu umarmen, war bei uns ja tabu. Ich hatte sie am Schluss an der Hand und der Wange gestreichelt. Ich merkte, wie sie ruhiger und entspannter wurde, und dies tat dann auch mir gut. Auch teilte ich ihr schweren Herzens mit, dass sie gehen dürfe und wir sie nicht zurückhalten würden. Dass mein Bruder und ich alles in ihrem Sinne regeln werden. Der anwesende Priester hatte uns zuvor erklärt, unsere Mutter hätte ihm gesagt, dass sie uns doch nicht einfach so plötzlich im Stich lassen dürfe. Er erklärte uns, wir sollen ihr mitteilen, dass wir bereit seien, sie zu verabschieden.«

Ihre innere Reise:

Ich sehe meine Mutter wieder auf dem Sterbebett. Ich frage sie, ob sie gestreichelt werden will. Mutter: »Es ist für mich ganz wichtig, dass ich dich spüren kann. Nicht am Kopf, aber am Arm oder an der Hand.« Ich sitze an ihrem Bett. Hilflos. Was soll ich noch tun? Ich frage: »Mutter, hast du noch einen Wunsch?«

Mutter: »Nein. Es ist gut so wie es ist.« Ich höre nochmals Mutters Worte vom Vorabend: »Ich hatte ein schönes Leben gehabt. Ich hätte gerne noch weiter gelebt. Ihr habt gut nach mir geschaut.«

Wie präsent und wahrnehmend die Hand oder der ganze Arm einer dahinscheidenden Person ist, selbst wenn diese ein hohes Alter erreicht hat, hatte ich während eines Experiments ja selbst erlebt (Kapitel »Tod Hochbetagter«, Seite 119).

Angst vor dem Alleinsein

Die Mutter meines Lebenspartners lag im Sterben. Sie war nicht mehr ansprechbar und erkannte uns nicht mehr. Da ich bereits vielfach erfahren hatte, wie hilfreich und erleichternd innere Reisen für den Sterbeprozess sind, habe ich mich, ebenfalls bei einem Treffen der Jahresgruppe, für sie hingelegt und um geistige Unterstützung gebeten. Dabei sah ich einen Vogel. Er sagte mir: »Du wirst gebraucht!« Obwohl sie im Pflegeheim gut aufgehoben war, erfuhr ich von ihm, dass sie Angst hatte, allein zu sein. Sie brauchte Geborgenheit. So verloren kann man nicht loslassen, das war mir schnell klar. Der Vogel packte sie und flog kurz mit ihr in einen Tunnel aus Licht. Dann flog er sie zurück an ihren vorherigen Aufenthaltsort. Ich begriff, dass sie bereits einen kleinen Ausflug in ihre Zukunft gemacht hatte, um diesen neuen, hellen, freundlichen Ort kennenzulernen. Offenbar reichte dies aus, um die Angst vor dem Alleinsein zu verlieren, sich geborgen in sich selbst zu fühlen und vertrauensvoll loszulassen. Sie verließ zwei Wochen später friedlich ihren Körper; nicht allein – eine Betreuerin des Heimes spürte den richtigen Zeitpunkt und leistete ihr Gesellschaft.

Alles Gute auf deiner Weiterreise!

Bei ihrer Beerdigung war sie übrigens mit dabei. Ich spürte ihre verdichtete Energie eine kurze Weile neben mir, wo es einen freien Platz gab.

Sie kann einfach nicht sterben! Hilfe, ich bin überfordert!

Todkranke und sterbende Menschen über lange Zeit zu begleiten, geht an die Substanz. Wie können wir uns und die Sterbenden dabei unterstützen? Ein weiteres, sehr beeindruckendes Beispiel über die Kraft der Tiefenimagination: Annika (55) erzählt: »Ich bin überfordert mit dem nur langsam voranschreitenden Sterbeprozess meiner Mutter, der sich seit zwei Jahren hinzieht. Alle bewegen sich um sie herum, nur sie selbst bewegt sich nicht. Ich weiß nicht, ob ich das überlebe; wir Nahestehenden gehen dabei fast zugrunde; ich, ihr einziges Kind, als erste. Vor allem die Wachen während der Nacht machen mir zu schaffen. Auch tagsüber bin ich mindestens einmal bei ihr im Pflegeheim, dies alles neben meiner normalen beruflichen Tätigkeit.«

Ihre innere Reise zur Unterstützung für sie selbst und für die Situation:

Eine Waldohreule fliegt Annika vor das Fenster des Sterbezimmers. Sie betrachten das ganze von außen. Das gibt ihr eine neue, etwas distanziertere Sichtweise auf das Geschehen.

A: Das ganze von außen zu betrachten, befreit mich etwas. Ich sehe die Mutter auf dem Sterbebett; sie ist alleine im Zimmer.

P: Frag, ob auch für deine Mutter ein Krafttier erscheinen soll?

A: Ich sehe einen Schwan... Alles ist verschissen im Zimmer... Er sitzt panisch in einer Ecke...

Ich erinnere an dieser Stelle noch einmal an das Beispiel von *Kurt* und seinem Adler, der nicht mehr fliegen konnte. Geht es einem Krafttier schlecht, geht es einem Seelenanteil von uns schlecht. Krafttiere können diesen Anteil von uns spiegeln, repräsentieren, sie sind eng mit ihm verbunden. Die Panik des Schwans sagt uns also etwas über den Seelenzustand von Annikas Mutter. Gleichzeitig ist das Krafttier aber auch die Lösung des Problems. Das werden Sie gleich sehen.

P: Frage den Schwan, was er braucht.

Schwan: »Wasser.«

A: Der Schwan beruhigt sich. Er ist nun bei Mutter und versucht, sie in Bewegung zu bringen. Er beißt sie überall... Es ist schrecklich, zuzuschauen...

Tiefenimagination: »Du brauchst diesem Todeskampf nicht zuzuschauen!«

A: Ich bin froh! Es reicht mir, den Kampf zwischen meiner Mutter und dem Schwan zu *hören*...

P: Frag deine Eule, was deine Aufgabe ist?

Eule: »Kümmere dich um dich selbst. Schau gut nach dir.«

A: »Das ist schwierig...!«

P: Frag die Eule, was der erste Schritt dazu ist?

Eule: »Mach einen Spaziergang.«

A: »Aber ich muss doch bei Mutter sein...!«

Eule: »Mach dir keine Sorgen! Es reicht, wenn du eine Stunde pro Tag bei ihr verweilst.«

A: Unterdessen sitzt die Mutter verjüngt am Bettrand... »Ich frage mich, wie sie nur aus diesem Zimmer hinauskommt? Wie kann sie bloß sterben?«

P: Bist du bereit, dies einer höheren Intelligenz zu überlassen?

A: Gerne.

Zwei Tage später erhielt ich eine SMS von Annika.

Mutter ist gestern Nacht in Anwesenheit von uns allen, die sie in den letzten Wochen so intensiv begleitet haben, still gestorben. Alle waren berührt, wie schön, ja wirklich schön und jugendlich sie ausgesehen hat. Ich bin müde, dankbar und traurig.

Plötzlich konnten sie sterben – Systemischer Zusammenhang

Immer mal wieder kommt es vor, dass Sterbende sehr lange nicht hinübergehen können. Manchmal aus ganz praktischen Gründen, wie aus Sorge, ob die Hinterbliebenen dies oder jenes alleine schaffen. Weshalb jemand nicht sterben kann, kann aber auch einen ganz anderen Hintergrund haben, einen, auf den man rational nie käme. Welche Fäden hinter der Bühne gespannt sind und die Sterbenden am Leben halten, entdeckten wir eines Tages rein zufällig. Ariane, Mutter mehrerer Kinder, kam aus Sorge um ihren 19jährigen Sohn in meine Praxis. Es belastete sie, wenn ihr Sohn (19) zu viel trank. Hier ihre eigenen Worte:

»…*Zu viel* ist ein relativer Begriff. Er trinkt ab und zu am Samstag, und auffallend ist, dass er dann am Sonntag Schuldgefühle hat und mich provoziert. Vermutlich übertreibt er, wenn er mir erzählt, welche Mengen er getrunken hat. Und doch habe ich Angst, er könnte Alkoholiker werden. Mein Umfeld kann dies nicht ganz verstehen; es findet, dass fast alle Jungen in dem Maße trinken. Woher kommt meine Angst? Als ich die Familie meines Mannes kennenlernte, fasste ich einen Entschluss: Ich wollte keinen Alkohol mehr trinken. Er und seine Geschwister wie auch seine Mutter hatten unter dem Alkoholismus des Vaters viel zu leiden gehabt. So wollte ich ein Gegengewicht setzen, unsern Kindern vorleben, dass man auch ohne Alkohol glücklich sein kann. Und ich vermisste ihn nicht.«

Niemand hätte auch nur ahnen können, was ihre innere Reise Erstaunliches bewirken würde…

Von den Polen in die Mitte gefunden – zwei Verwandte konnten durch die Entspannung einer Dritten sterben

Arianes Reise:

Ich befinde mich in einer zweigeteilten Landschaft. Links im Bild ist alles trocken, farblos, grau bis düster. Rechts ist eine farbige, flammende, sonnige Landschaft, die mich an die Weinberge der Pyrenäen erinnert.

In der linken Bildhälfte erscheint eine Tante von mir, die als Nonne asketisch lebte. Rechts sitzt ein alter Weinbauer, Alkoholiker, dem ich vor langer Zeit einmal begegnet war. Die Landschaft verwandelt sich nun in ein Bild von Rudolf Steiner, das aus meiner Erinnerung aufsteigt. Links Violett und Blau, rechts Orange und Rot. Die Mitte ist in Grün gemalt. Es zeigt die Christuskraft in Grün zwischen den armanischen und luziferischen Kräften und Polen links und rechts. Aus der grünen Mitte wird eine sich immer schneller drehende Scheibe, die sich allmählich in eine nach oben drehende Wirbelsäule verwandelt und die beiden Seiten in sich hineinzieht. Die Säule wird riesig, dreht sich von einer Wüstenfläche in warmem Braun bis in den Himmel. Ich stehe vor dieser Wirbel-Licht-Säule. Rechts neben mir erscheint ein Bär. Ich kenne ihn von anderen inneren Reisen. Jetzt bin ich ein drei- bis vierjähriges Kind. Der Bär rollt mir einen Ball zu. Er lacht und sagt: »Vergiss nicht zu spielen! Bleibe auf dem Boden!« Er spielt mit mir Ball. Am Himmel kreist ein Adler... Er bleibt oben und schaut auf uns. (...)

Nach ihrer Reise bekundete Ariane ihre neu gefundene Mitte: »Ich brauche mich nicht zu sorgen. Unser Sohn findet den Ausgleich in sich, und auch ich werde wieder einmal ein Glas Wein trinken.« Wir verabschiedeten uns. Kurze Zeit später erhielt ich diese Mail:

»Liebe Patricia, vielleicht interessiert dich dies. Erinnerst du dich an meine Reise? Die zwei Extreme von Familienenergien. Das Spannungsfeld, das mich und somit auch meinen Sohn belastete... Am Dienstagnachmittag war ich bei dir. Am Abend kam die Nachricht, dass mein Schwiegervater (Alkohol) bald sterben wird, Nierenversagen. Er war 84, seit langer Zeit am sich Zurückziehen, und doch blieb er. Gestern Nachmittag durfte er friedlich einschlafen. Kurz danach kam die Nachricht aus dem Wallis. Mein Priesteronkel war mit 98 Jahren am selben Nachmittag nach langem, langem Warten auch gestorben. Er verkörperte mit meiner Nonnentante (vor Jahren verstorben) das katholische, saturnische Prinzip. Auch er entschlief ohne Stress. Stell dir vor, diese zwei unterschiedlichen Vorfahren unserer Familien sind gemeinsam auf die Reise gegangen.

Dies kann geschehen, wenn sich etwas entspannt und klärt…

In herzlicher Verbundenheit

Ariane«

5
Heilung und Hilfe für die Hinterbliebenen – Was Verstorbene uns lehren

Wie Sie sich in Ihrer Trauer von innen unterstützen lassen können – ein Reiseritual

Wollen wir die Verstorbenen auf ihrer Weiterreise nicht behindern, sollten wir sie loslassen. Doch das ist oft leichter gesagt als getan. Wie können wir uns selbst dabei unterstützen, da wir sie so sehr vermissen?

Kurzanleitung für eine Reise nach innen

Legen Sie sich in einem Moment, in dem Sie für 20, 25 Minuten wirklich ungestört sind, auf den Rücken oder in einen bequemen Sessel. Schließen Sie die Augen und entspannen Sie sich. Atmen Sie ruhig und tief ein und aus. Ents+pannen Sie vor allem Ihre Stirn und Ihr Gesicht. Fühlen Sie Ihre Arme, Hände, Beine und Füße und entspannen Sie auch diese.

- Formulieren Sie Ihr Anliegen. Rufen Sie zum Beispiel innerlich: »Hallo, ist da ein Bild, ein Wesen oder ein Krafttier, das mich in meiner Trauer, in meinem Schmerz, in meiner Unsicherheit, in meiner Abhängigkeit, in meinen ungedeckten Bedürfnissen und im Alleinsein unterstützt?«

  Geben Sie dem Bild alle Zeit, aufzutauchen.
- Wenn Sie innerlich etwas sehen – auch wenn Sie es nur erahnen oder fühlen –, begrüßen Sie es und fragen Sie es, was es Ihnen zu sagen oder zu zeigen hat. Sehen Sie lange Zeit nichts, nur schwarz, grau oder ein paar Flecken, begrüßen Sie das Nichts, die Schwärze oder die Flecken, und fragen Sie diese.
- Horchen Sie innerlich, was es Ihnen sagt. Der erste Impuls ist die Antwort. Wenn Sie diese nicht genau verstehen, fragen Sie nach. Interpretieren Sie nichts, sondern fragen Sie direkt beim Bild nach, bis Sie es verstehen. Wenn Sie zu interpretieren beginnen, besteht die Gefahr, dass Sie innerhalb Ihres

Denkmusters verharren. Die Tiefenimagination jedoch wird Sie aus einer weit größeren Perspektive heraus führen, lehren und unterstützen. Die Antwort der Tiefenimagination kann auch in Form weiterer Bilder geschehen.

- Teilen Sie dem Bild mit, was Sie fühlen oder welche Bedenken Sie haben und schauen oder horchen Sie, wie die Tiefenimagination darauf reagiert.
- Stockt die innere Reise, fragen Sie die Tiefenimagination oder das Bild, was es von Ihnen braucht. Erfüllen Sie den Wunsch.

Die Tiefenimagination spricht in ihrer eigenen Sprache – das ist die Sprache der Bilder. Nicht immer versteht man diese Bilder in ihrer Aussage. Das macht nichts, lassen Sie sie einfach in Ihnen wirken. Mir selbst hilft es, ein Aufnahmegerät auf oder nahe neben mich zu legen, welchem ich alles diktiere, was ich sehe, höre oder was in mir geschieht. So kann ich am Schluss die Reise eins zu eins abschreiben oder mir die Essenzen nochmals anhören.

Was in der Trauer um das Kind am meisten geholfen hat

Fünf Jahre war es her, seit Caroline ihre Tochter Lilian durch einen Autounfall verloren hatte. Sie rief mich damals aus Deutschland an, um sich via Telefon und mittels Tiefenimagination unterstützen zu lassen. Für dieses Buch beschrieb sie das Geschehene nochmals aus ihrer Erinnerung mit den Worten, dies habe ihr damals am meisten geholfen. Die verstorbene Tochter Lilian kennen Sie übrigens bereits. Sie haben sie im Kapitel »Tod eines Kindes« (Seite 82) kennengelernt und dabei erfahren, wie es ihr fünf Jahre nach dem Unfalltod ging. Caroline: »Ich weiß noch gut, wie ich mich damit gefühlt habe und was die geistige Reise mir gegeben hat. Die Situation war die, dass es Freitagabend war und ich an diesem Tag in der Klinik spürte, dass es Lilian nicht schaffen würde; sie war den fünften Tag im künstlichen Koma. In meiner Verzweiflung habe ich dich dann angerufen. Ich stand so unter Schock und sah nur zu, jeden Tag zu funktionieren, in der Hoffnung, Lilian möge es schaffen. In diesem Zustand hatte ich empfindungsmäßig wenig Zugang zu ihr, die mit so vielen Schläuchen bleich und unbeweglich in ihrem Bett auf Intensiv lag. Durch diese geistige Reise konnte ich Verbindung mit ihr aufnehmen. Was für ein Geschenk!«

Eine große Braunbärin erschien und war meine Fragenbeantworterin und Ratgeberin. Es ging um das Warum und ob Lilian wirklich sterben würde. Die Braunbärin war weise und ganz ruhig, und vielleicht ging es gar nicht so sehr um Antworten auf Fragen, als vielmehr um ihre Wärme, Stärke und ihr Dasein für mich.

Ich erinnere mich auch nur wenig an ihre Antworten. Was ich noch ganz genau weiß, ist Folgendes: Ich war im Zwiegespräch mit Lilian, und wir versprachen uns, in einem nächsten Leben wieder als Mutter und Tochter zu inkarnieren und es dann richtig gut miteinander zu haben. Als Bild sah ich eine silberne Schnur als Verbindung in Zukunft zwischen uns beiden, wie vom Himmel auf die Erde reichend.

Und die wunderbarste Erfahrung dieser Traumreise war, dass sich Lilian und ich (unsere feinstofflichen Körper, unsere Seelen) innigst umarmten – ich spüre sie noch heute dabei – dann wurde sie wie von hinten weggezogen oder ging zurück. Ich interpretierte das so, dass sie wohl wirklich sterben würde. Trotz des Schmerzes war es eine wertvolle Hilfe, weil ich so auf ihren Tod vorbereitet war…

Häufiger Rat der Tiefenimagination nach dem Tod von Angehörigen

Verlieren wir eine geliebte Person, kann mit ihr ein Teil in uns absterben. Wir merken dies vielleicht durch Trauer, Apathie oder

Interesselosigkeit. Wir werden antriebslos, erschöpft. Der Sinn des Lebens geht verloren, wir werden hart oder verschließen uns. Wir verspüren keine Motivation mehr, gut für uns zu sorgen. Manchmal wagen die Betroffenen nicht mehr, sich voll ins Leben zu begeben, aus Angst vor einem weiteren Verlust oder weshalb auch immer. Es ist ein *Muss* innerlich zu reisen, spätestens, wenn jemand gestorben ist. Dies ist ein beherzter Rat von mir!

Im Zusammenhang mit diesem Buch hatte ich auf meiner Website nach Personen gesucht, die bereit waren, zum Thema Tod innerlich zu reisen. Viele Menschen hatten sich gemeldet. Ich staunte, wie viele, auch junge Menschen, schon früh mit dem Tod konfrontiert worden waren. Aufschlussreich war, wie die Tiefenimagination auf die Auswirkung des Verlusts jeweils reagierte. Immer gleich und doch anders. Sie unterstütze die Betroffenen individuell und mit klaren Botschaften, in die Fülle und Freude des Lebens zurückzukehren, und zwar voll und ganz. Ein Beispiel:

Marcel ist Vater von zwei kleinen Jungs. Er lebte zusammen mit seiner Frau auf einem Berg. Im Alter von elf Jahren verlor er durch einen Unfall seine Mutter, als er dreizehn war, starb sein Vater. Von beiden Elternteilen konnte er sich nicht verabschieden. Er wuchs mit seinem Bruder bei der Stiefmutter auf. Ausschnitte aus seiner geistigen Reise:

Eine Schildkröte führte Marcel auf eine Bergspitze. Es tat ihm gut, die Weite zu sehen und zu spüren. Er fühlte sich frei.

Schildkröte: »Ich war immer bei dir!«

Marcel: »Warum habe ich das nicht gemerkt?«

Schildkröte: »Der Schmerz war zu groß.« Die Schildkröte führte Marcel in die alte Wohnung, die in der Kindheit sein Zuhause war. Es war unangenehm für ihn. Alte schmerzhafte Erinnerungen kamen hoch.

Schildkröte: »Nur wenn dir diese Gefühle nochmals bewusst werden, kannst du beurteilen, wie das andere ist.« Damit meinte sie das freie Gefühl auf dem Berg.

Schildkröte: »Die Erinnerungen an das Alte nehmen wir zusammen mit. Nun ist nichts mehr da, was dich im Hier und Jetzt zurückhält. *Geh weiter!* Du hast gute Kinder und eine liebe Frau. Hast du das nicht gesehen? Du hast es nicht gesehen aus Angst, es zu verlieren. Das, was du liebst, bringt dich ins Leben zurück! Lebe!«

Nach einem Vortrag suchte mich einmal eine ältere Frau auf. Ich hatte den ganzen Saal mit über zweihundert Personen auf eine Reise nach innen angeleitet. Sie erzählte mir am Schluss kurz ihre Reise, die sie verunsichert hatte. Ihr Mann war vor ein paar Jahren gestorben. Sie lebte noch immer in Trauer. Ich erfuhr, dass sie glaubte, traurig sein zu müssen; etwas in ihr erlaubte ihr nicht, wieder fröhlich zu sein. Während der inneren Gruppenreise im Saal hatte sie einen Baum gesehen. Auf der einen Seite trug er Früchte, auf der andern Seite war er verdorrt. Der Baum wünschte sich von ihr, wieder auf beiden Seiten Früchte tragen zu dürfen. Er forderte sie auf, fröhlich und lebendig zu sein und das Leben zu genießen. Diese Botschaft verwirrte sie, brachte sie aus dem Konzept. Ich beruhigte sie: Die Aufforderung von innen sei klar gewesen, sie dürfe wieder leben, sie dürfe wieder aufblühen! Meine Worte erleichterten sie. Offenbar musste sie es auch noch von außen hören, um ihrem Innern ganz zu vertrauen.

Das Phänomen, trauern zu müssen – manchmal über viele Jahre hinweg – habe ich in der Praxis öfter angetroffen, selbst bei jungen Frauen in Bezug auf ihre Großmütter oder -väter. Die Betroffenen glaubten, wenn sie nicht mehr trauerten, würden die Verstorbenen vergessen. Die Tiefenimagination forderte sie jeweils auf, sich zu öffnen, aus der Schwärze auszutreten. Man kann Verstorbene im Herzen tragen, auch wenn man längst wieder lebensfroh ist! Und nicht zuletzt: Den Verstorbenen geht es besser, wenn es den Hinterbliebenen gut geht. Je leichter und je mehr sie im Frieden sind, um so leichter und friedvoller können es auch die geschiedenen Seelen haben. Diese Wechselwirkung haben wir in vielen Fällen aus dem Kapitel »Einblicke in das Weiterleben und Hilfestellungen« (ab Seite 70) gesehen.

Schuldgefühle nach dem Suizid

»Hätten wir es verhindern können? Warum hatte er nichts gesagt?« Diese und ähnlich quälende Fragen kennen wohl viele, die einen Menschen durch Freitod verloren haben. »Warum hat sie mir nicht Lebewohl gesagt?« Eveline verlor zwei ihrer fünf Geschwister, Geri und Klaus. Klaus hatte sich das Leben genommen, Geri verstarb an einem Hirntumor. Evelins innere Reise zu ihren Schuldgefühlen:

Ich bin im Wald. Meine lieben bekannten Krafttiere, die Bärinnen, der Hase und die Taube, sind im Kreise vertreten. Ich schaue, ob mein Bruder Klaus auch da ist [Klaus hatte sich umgebracht]. Rechts und links von mir ist je ein großes Loch. Ich begreife, dass die beiden Löcher mit meinen beiden Brüdern zu tun haben. Der um zwei Jahre ältere Geri starb mit 51 an einem Hirntumor, der ein Jahr jüngere Klaus mit 55 an Suizid. Über mir sind die drei anderen Geschwister, die noch leben. Ich bin mit ihnen nicht verbunden. Ich spüre den Schmerz.

Geri wollte leben und konnte nicht, Klaus konnte leben und wollte nicht. In meinem Herz entsteht ein Riss. Um mein Herz herum ist das Gefühl, keinem von beiden helfen zu können. Schmerzhaft ist auch, dass ich mit keinem der beiden Brüder darüber sprechen konnte. Wenn ich Geri besucht hatte, war es wie ein Theater. Nachdem bekannt wurde, dass er sterben wird, war er gereizt und aggressiv, später bekam er diesen traurigen Blick. Ich sage ihm nun innerlich, dass sein trauriger Blick mir heute noch wehtut. Und dass wir nicht darüber sprechen konnten, was wirklich war. Geri möchte ich segnen. Ich sage ihm all das. Geri war ein lustiger Bruder!

»Geri, ich danke dir für diese Zeit!« Ich konnte mit ihm in der Kindheit Pferde stehlen. Der Kontakt verlor sich später etwas. Als ich ins Kloster wollte, hatte er mich hingebracht und am Schluss wieder abgeholt. Er schaute zur Mutter. Als ich schwanger war, stand er zu mir. Er ist der Pate unserer Tochter. Mir kommt all das nun in den Sinn. Es tut mir sehr weh, dass ich ihm während seiner Krankheit nicht hatte helfen können. Als Vater starb, hatte er mich in die Arme genommen. Er hatte nie davon gesprochen, was ihn bedrückt hatte. Ich würdige, was gewesen war. »Geri, ich wünsche mir, dass du mich mit deinem Licht begleitest.« Ich spüre, dass es für ihn klar ist, dies zu tun. Das Loch auf dieser Seite füllt sich mit Licht auf. Ich verabschiede mich nun von ihm. Er sagt, er sei immer da.

Ich gehe nun mit meiner Aufmerksamkeit zu Klaus. Ich bin wie eine Insel und schwimme in der Schwärze. Es ist wie ein riesiges Loch. »Klaus, ich verstehe nicht, weshalb du das alles überspielt hast, abgelenkt vom Eigentlichen.« Ich rufe das in die Dunkelheit hinein... Ich fühle mich schuldig, dass ich seinen Selbstmord nicht verhindern konnte. Der Schmerz, dass er nicht sagen konnte, in welcher Not er sich befand. »Klaus, bis jetzt habe ich versucht, deine Entscheidung zu akzeptieren. Nun merke ich, dass da noch ein Stachel in mir steckt.«

Der Stachel hat sich nun zu einem Berg verwandelt. Ich laufe der Spur von Klaus nach. Ich laufe hinter ihm her. Dabei erinnere ich mich an unsere gemeinsame Zeit. Mein dritter Bruder und ich hatten von seinem Schokoladenhasen genascht... Er war so gutmütig und phlegmatisch... Er war sehr musikalisch, dirigierte ein bekanntes Orchester mit Stab und Frack... Der Religionslehrer bestrafte ihn, weil er einem Mädchen die Hose heruntergezogen hatte... Er ließ vieles mit sich geschehen und ließ sich ausnützen. Er war kein Geschäftsmann. Es wollte seiner Frau alles bieten und verschuldete sich dabei. Vieles war mehr Schein als Sein. Wenn ich ihn fragte, wie es ihm wirklich gehe, hatte er sich herausgeredet.

Ich sage ihm: »Klaus, es tut mir weh, dass du dich uns nicht anvertraut hattest!«

Wir schauen uns nun an. Er sieht, wie groß mein Schmerz ist, dass ich nicht Anteil nehmen konnte.

Klaus: »Ich wollte euch nicht belasten!«

Ich sehe seine Situation: Schulden, Tinnitus, nicht darüber sprechen können. Er konnte nachts nicht mehr schlafen. Er war kränker als er es zugegeben hätte.

Klaus: »Es gab keine Lösung. Bitte verstehe das.«

Eveline: Ich sage ihm, wie schwer es für Mutter war. Für uns alle, für seine Frau und die beiden Kinder...

Patricia: Willst du ihn fragen, ob du er werden darfst, um ihn aus seiner Sicht verstehen zu können? – [Energetisch in die Fußstapfen einer andern Person zu steigen, ist eine Möglichkeit, sie aus ihrer Sichtweise heraus besser zu verstehen. Beim inneren Reisen fragt man dazu die Person zuerst um Erlaubnis. Als Reisende fühlt man sich dadurch als diese Person und kann ihre Gefühle, Entscheidung und Handlung direkt nachvollziehen.]

Eveline: »Ich getrau mich nicht!«

Klaus: »Das tut mir weh. Aber ich kann es verstehen.«

Eveline: Ich mache ihm ein Kreuz auf die Stirn. »Klaus, ich schütze und segne dich. Wir beten alle für dich, damit du deine Ruhe und deinen Frieden findest.«

Klaus: »Ich bin im Licht«!

Eveline: »Aber unsere Beziehung ist nicht im Licht...« Ich sehe, dass Klaus nun im Licht ist, von dem er gesprochen hat. Von ihm kommt das Licht zu meiner Mutter, zu meinen drei andern Geschwistern und zu mir... Der Schmerz im Herzen löst sich... Die Narbe und der Riss heilen... Das Licht sagt mir: »Nimm dir Zeit, damit die Wunde in deinem Herzen heilen kann.« Ich merke, dass wir durch das Licht miteinander verbunden sind. Ich wünschte, das Licht würde das Loch neben mir füllen, das noch immer gefüllt ist mit Traurigkeit. Das Licht ist nun grün. Die eine Seite des Lochs ist nun grün, die andere gelb. Ich bin eingebettet in diesen zwei Farben. Ich fühle mich nicht mehr wie eine Insel. Ich sehe ein großes Herz, in dem alle Platz haben. Verstorbene und Lebende, also auch die anderen Geschwister. Über das Licht ist es einfacher, zu den Lebenden eine Verbindung zu finden... Ich bedanke mich.

Den schrecklichen Anblick des Antlitzes loswerden

Sterbende schauen am Schluss nicht immer schön aus; sei dies nach einer Obduktion, um den Hergang eines Unfalles nachzuvollziehen, nach einem Suizid oder ganz einfach dadurch, dass man den Verstorbenen die dritten Zähne zu früh entfernt hatte. Claudia litt sehr unter Letzterem. Sie klagte:

Mich quält beinahe jeden Abend und auch in der Nacht das Bild, das mir von Mutter am Schluss geblieben ist: Sie lag an jenem Tag, als sie starb, in ihrem Spitalbett mit geschlossenen Augen auf dem Rücken. Ich erschrak zutiefst, als ich ins Zimmer trat und ihren geöffneten runden Mund ohne Zähne sah. Ich dachte: »Was habt ihr mit meiner Mutter gemacht?« Sie sieht so entwürdigt aus. Außerdem plagt mich, dass sie alleine war, als sie starb. Sie starb nämlich, nachdem wir alle bei ihr und nach Hause gegangen waren. Es ist furchtbar für mich, dass sie alleine sterben musste. Wir dachten, wir hätten noch Zeit. Die Ärzte prophezeiten, dass sie erst etwa in ein bis zwei Tagen sterben würde. Sie schlief jedoch noch in derselben Nacht ein, als die Ärzte mit uns sprachen.

Claudia: »Mutter, der letzte Eindruck von dir ohne Zähne, du mit offenem Mund, quält mich! Es schaut schrecklich und entwürdigend aus!«

Mutter: »Ich möchte nicht, dass du dieses Bild so von mir hast.«

Patricia: Bitte um Unterstützung.

Claudia: Eine Eule ist da...

Eule: »Ich schließe ihr den Mund. Immer wenn du das Bild der Mutter mit offenem Mund vor dir siehst, kannst du mich rufen, und ich schließe ihr wieder den Mund.«

Claudia sieht, wie die Eule mit ausgebreiteten Flügeln der Mutter über den Hinterkopf und die Wange streicht. Die Mutter entspannt sich dabei und öffnet dadurch ihren Mund nicht mehr. Spannend!

Claudia erzählt: Der Körper der Eule liegt nun neben dem Kopf meiner Mutter, der Flügel über ihren Mund gespreizt und schläft.

Eule: »Deine Mutter starb nicht alleine! Ich war immer ganz dicht bei ihr.« (Claudia weint.)

Eule: »Deshalb starb sie so ruhig und entspannt. Das war auch der Grund, weshalb sie nicht noch ein oder zwei Tage warten wollte, wie die Ärzte vorausgesagt hatten. Ich blieb noch lange Zeit danach bei ihr. Ich blieb so lange dort, bis sich die Seele entfernte.«

Patricia: Wie ist das für dich?

Claudia: Ich fühle mich tief beglückt. Ich habe so ein großes Bedürfnis, die Eule aus Dank zu umarmen. (...)

Ungute Gefühle nach dem Abschied – eine neue Sichtweise

Mona erzählte: »Mein Vater starb vor drei Jahren. Meine Mutter hatte meinen Vater zwölf lange Jahre gepflegt; sie wollte das so. Er war kein einfacher Patient... Die Pflege erschöpfte meine Mutter völlig. Eines Tages hatte mein Vater gewünscht, dass wir alle zu ihm ins Spital kommen. Meine Mutter hatte wohl gefühlt, dass er bald sterben wird, und doch auch nicht, denn sie dachte daran, ihn nach dem Spitalaufenthalt erneut nach Hause zu nehmen. Das machte mich wütend. Ich wollte nicht, dass meine Mutter durch die Pflege selber zugrunde geht. Wir alle, auch die Ärzte, dachten nicht, dass die Todesstunde schon so nahe ist. Die Geschwister waren bereits schon wieder nach Hause gegangen; meine Mutter und ich blieben noch. Schließlich bat mich meine Mutter: »Ich wäre froh, wenn du dich von ihm verabschieden würdest und ihm sagtest, dass er dir wichtig war.«

Das war das erste Mal das offizielle Grüne Licht zum Gehen. Sie delegierte das an mich. Ich dachte, ja, das mach ich, aber ich habe es nur halbherzig getan. Ich hielt ihn und sagte, er müsse sich nicht an der Erde halten, er dürfe auch gehen. Ich hatte Mühe, ihm das zu sagen. Eigentlich wollte ich sagen: »Geh doch endlich!« – Aber das konnte ich ja nicht. Es macht mich traurig, dass ich nicht ehrlicher sein konnte. Ich fühlte mich sehr ambivalent. Ich weiß heute noch nicht, wie ich das hätte mitteilen sollen. Es ist wie ein Knoten in mir, den ich bis heute nicht lösen konnte. Ich fühle mich nicht gut damit und habe ein schlechtes Gewissen. Monas Reise, die ihre erste war:

Mona: Ich sehe eine Krähe. Sie schaut zu mir hoch. Sie zwinkert mir zu. (Mona muss lachen.) Die Krähe hat so etwas Kumpelhaftes! Sie sagt etwas wie: »Nimm es doch nicht so ernst!« – Aber das kann doch nicht sein! (Mona stutzt und lacht.) Ich glaube sie meint, dann haben wir nun ein Problem! Komische Krähe! Sie hat so was Schalkhaftes! (Mona lacht.) Die Krähe sagt: »Wir müssen das genauer überlegen.« Die Krähe läuft immer hin und her. Die Krähe sagt: »Es wird klarer, wenn wir herumfliegen. Setz dich auf mich.« Wir fliegen. Alles ist klein unter uns....

Wir nähern uns dem Spital, wo mein Vater starb. Wir befinden uns nun vor seinem Fenster und schauen hinein. Er liegt im Bett, ich bin bei ihm, allein. Die Mutter wartet draußen im Gang. Wenn man das Bild vom Fenster aus anschaut, sieht es eigentlich sehr friedlich aus... Die Krähe sagt: »Wenn *du* ihm noch etwas sagen willst, dann sag ihm das jetzt. Deine Mutter soll ihm ihre Sachen selber sagen!«

Mona: Ich sehe die Mutter im Gang vor dem Zimmer. Ich sage Vater nochmals danke. Durch die Tatsache, dass wir vor dem Fenster hocken, ist es wie... ich glaube, die Krähe wollte mir einfach das friedliche Bild zeigen... Der Auftrag der Mutter, den ich nicht erfüllen konnte ...

Krähe: »Du hast zu viel von deiner Mutter übernommen. Der Wunsch, dass er stirbt, war nicht dein Wunsch, das war der Wunsch deiner Mutter; und auch deines Vaters.«

Patricia: Wie ist das für dich, wenn du merkst, dass es ihr Wunsch war und nicht deiner?

Mona: Sie übergab mir etwas, das nicht meines war. Ich hatte das nicht gemerkt… Nun kommt eine Erinnerung hoch: Sie fragte mich nachher: »So, hast du es ihm gesagt?« – Ich sagte: »Ich glaube, ich konnte ihm nicht alles sagen…« Sie ärgerte sich darüber. Aber ich kann ja nicht für sie reden, ich kann nur für mich reden. Eigentlich war ich friedlich bei meinem Vater, wenn auch ohne viele Worte… Ich habe das Gefühl, dass die Krähe durch unsere Außenschau mir die ganze Situation nochmals zeigt, damit mir auffallen konnte, wie eigentümlich der Vorgang war. Ich hatte das damals nicht gemerkt! Ich dachte, ich müsse dem Wunsch meiner Mutter Folge leisten. Eigentlich hatte ich damals dem Vater meine Sache gesagt. Nun steht die Krähe wieder vor mir. Sie fliegt davon. Ich bedanke mich bei ihr.

Mona fühlte nach der Sitzung, dass sie den Abschied gut gemacht hatte. In Frieden bei ihm gewesen zu sein und ihm zu danken, nur das war es, was sie im Moment des Todes mit dem Vater teilen wollte. Das schlechte Gewissen, kein gutes Sprachrohr der Mutter gewesen zu sein, löste sich auf.

Dass Mütter oder auch Väter ab und zu die eigene Verantwortung an ihre Kinder abgeben, passierte auch im Leben des nächsten Falls. Durch innere Reisen können wir die übernommene Verantwortung wieder zurückgeben und ein Verhältnis richtigstellen.

Innere Reise zum Tod der Schwester

Wie schon gesagt empfehle ich es sehr, nach dem Tod eines verwandten oder nahestehenden Menschen innerlich zu reisen, um Unbewusstes (oder auch Bewusstes) zu klären oder zu bereinigen oder auch nur, um die verstorbene Person auf der neuen Dimension nochmals anzutreffen. Gemäß meiner Erfahrung bringt dieser Kontakt viel Erleichterung, für beide Seiten. Oft selbst da, wo man es nicht einmal erwarten würde. Ich rate es ernsthaft allen Hinterbliebenen.

Monika nahm diesen Rat ernst und ließ sich von mir auf eine Reise nach innen begleiten. Schon nach kürzester Zeit war sie überrascht. Die Vorgeschichte, mit ihren eigenen Worten:

Meine Schwester hatte sich mit meinen Eltern, vor allem mit dem Vater, verkracht und den Kontakt zu beiden abgebrochen. Sie wollte meine Mutter nur noch sehen, wenn der Vater davon nichts erfahren würde. Schließlich brach sie auch den Kontakt zu meiner Mutter ab, weil diese den Vater immer wieder verteidigte. Nach und nach brach sie selbst den Kontakt zu uns Geschwistern ab. Da sie in der Nähe einer Schwägerin wohnte, haben wir trotzdem hin und wieder von ihr gehört. Wir haben gewusst, dass sie schwer krank war. In dieser Zeit hatte ich mich oft gefragt, ob ich einfach mal bei ihr vorbeigehen sollte, doch ich habe dieses Vorhaben nie ausgeführt. Ich hatte das Gefühl, dass ich sie gut verstehen könnte und wir im Grunde genommen sehr ähnlich waren. Nach der Nachricht von ihrem Tod machte ich mir Vorwürfe, sie nicht aufgesucht zu haben. Durch die innere Reise ist mir klar geworden, dass ein Gespräch oder ein Treffen nicht möglich gewesen wäre und dass ich nichts anderes hätte tun können. Das war eine große Erleichterung und Befreiung für mich.

Monika (M): Ich sehe nur weiß.

Patricia (P): Frag doch mal, ob da jemand ist, der dich führt?

M: Da ist die große Energie meiner Schwester.... Ich merke gerade, dass ich mir selbst Vorwürfe mache.

P: Sag ihr das.

M: Ich verstehe nicht, was sie sagt. Sie ist einfach nur da und zeigt mir, dass es ihr jetzt gut geht.

P: Wie ist das für dich?

M: Eine große Last ist weg... Meine Schwester lacht mich an und winkt mir zu. Es ist mehr ein Gefühl, als dass ich es sehen kann. Sie ist dort, wo sie sein wollte. Sie sagt, es wäre nicht gegangen, dass wir zusammen gesprochen oder uns gesehen hätten...

P: Frag sie, ob das jetzt möglich ist?

M: Ich merke, dass es ausreichend ist, wenn ich ihre Energie spüren kann.... Die Schwester sagt nun: »Du hättest mich gar nicht besuchen müssen, es wäre nicht deine Aufgabe gewesen.«

M: Ich hab das noch nie so bewusst wahrgenommen, dass ich solche Schuldgefühle habe...!

Schwester: »Unsere Mutter hat uns viel auferlegt. Gib ihr das wieder zurück.«

M: »Was genau?«

Schwester: »Die Verantwortung, die sie auf dich abgewälzt hatte.«

M: »Wie kann ich das tun?«

Schwester: »Verschnüre sie in ein Päckchen und übergib sie ihr.«

M: »Das gibt aber ein schweres Paket. Das kann Mutter gar nicht tragen!«

Schwester: »Sie lernt das, ich helfe ihr.«

M: Ich habe das Paket immer noch in der Hand... Ich sehe, wie meine Schwester ein unsichtbares Band zerschneidet, das das Paket immer wieder zurückgeholt hat. Das Paket steht jetzt vor der Mutter. Sie trägt es nicht. Sie schaut entgeistert, wirkt ganz gebückt...

Mutter: »Ich kann das nicht tragen!« Nach einiger Zeit nimmt sie es doch auf, dreht sich weg und geht mit dem Pack weg. Sie murmelt dabei: »Ja, eigentlich hast du ja recht. Das ist meines.«

Monika: Mir wird es plötzlich sehr warm. Es fühlt sich an, als ob ich mehr Platz in mir drin hätte.

Mutter: »Ich bin froh gewesen, dass du das für mich eine Zeitlang getragen hast!«

Monika: Komisch. Das müsste mich doch wütend machen, aber ich fühle keine Wut... Die Schwester ist mit meiner Mutter gegangen. Ich sehe goldenes Licht. Das Licht sagt: »Es braucht keine Wut. Du hast dadurch auch viel gelernt, und dadurch bist du das geworden, was du jetzt bist. – Genieße es einfach!«

Ich sehe weit weg die Mutter an der Kiste herumhantieren. Meine Schwester ist auch da. Sie besprechen und verhandeln, was sie mit der Ware tun sollen.

Es ist ein gutes Gefühl, das von weitem zu sehen und nicht das Gefühl zu haben, ich müsse ihnen helfen. Ich muss nichts dazu beitragen. Ich bin sehr erleichtert.

Schwester: »Es war mir eine Ehre!«

Wann ist der Kontakt zu Verstorbenen sinnvoll, wann nicht?

Wie sinnvoll ist der Kontakt zu Verstorbenen und wann ist es besser, sie in Ruhe zu lassen? Diese Fragen haben Sie sich sicher schon selbst gestellt. Da es für die Verstorbenen wie auch für die Hinterbliebenen entscheidend sein kann, wollte ich bei der Antwort auf Nummer Sicher gehen. Ich ließ mich, wie üblich, von innen beraten. Wann ist es sinnvoll und wann soll man auf jeden Fall die Finger davon lassen? Dazu das Interview mit der tiefen Imagination:

Ich höre jemanden schreien, wie wenn er von einer Felskante herabstürzt. Ich höre: »In diesem Fall soll man nicht rufen. Es hat etwas mit dem Zeitpunkt zu tun. In der ersten Zeit nach dem Tod ist es wichtig, ihn loszulassen, auch wenn man selber innerlich abstürzt.«

Patricia (P): Was soll man dann tun? Woran soll man sich halten?

Imagination(I): An sich selbst. An die Krafttiere. An die Tiefenimagination. An Gott.

P: Wie kann man merken, dass der Verstorbene die Durchgangszone hinter sich gelassen hat und an einem guten Ort ist? Dann kann man ihn ja auch mal um etwas bitten…

I: Die Krafttiere werden es sagen, wann der Zeitpunkt okay ist. Die Verstorbenen müssen freiwillig kommen. Es muss ihre Entscheidung sein, zu kommen oder nicht. Man muss sie ganz frei lassen. Den Halt kann man in sich selbst finden. Das, was die Verstorbenen für uns tun, ist eine Ergänzung, ein Geschenk.

P: Dann soll man also nicht mit den Verstorbenen sprechen?

I: Doch, das kann man schon. Aber sich nicht an sie klammern. Sie gehen lassen. Ihnen sagen, dass sie hier nicht gebraucht werden. Dass eigene Kräfte zur Verfügung stehen. Ihnen danken, sie würdigen, aber sie innerlich loslassen. Das ist entscheidend. Ihnen verzeihen. Ihnen sagen: »Du konntest nicht anders, ich verzeihe dir. Ich bin dir nicht mehr böse. Du darfst ins Licht gehen.« So kann man mit den Verstorbenen sprechen. Sie nicht um Hilfe bitten.

P: Und wenn man kleine Kinder hat? Darf man sie bitten, diese zu beschützen?

I: Nein. Es muss auf freiwilliger Basis geschehen. Man darf sie nicht zu sich hinziehen. Man muss warten, bis die Seelen aus dem Astralen hinaus sind. Man muss ihnen diese Zeit lassen. Das kann sehr unterschiedlich lange dauern. Loslassen. Sie segnen. Die Verstorbenen merken von allein, wenn sie gebraucht werden. Man muss sie gar nicht darum bitten. Der sicherste Weg ist, sich an die Tiefenimagination zu wenden. Dadurch nimmt man niemandem Kraft und bindet niemanden an sich. Wenn ein Verstorbener etwas von uns braucht, zeigt sich das auf der geistigen Reise. Wie bei deinem Vater, als er sich während einer inneren Reise ungebeten Raum verschaffte, um von dir zu hören, dass du ihn liebst. Dadurch konnte er auf seinem Weg weitergehen. (Vergleiche Kapitel »Die eigenen Grenzen erweitern«, Seite 28)

Dazu eine Bemerkung: Ich nehme den Kontakt zu Verstorbenen auf zwei verschiedenen Ebenen wahr. Die eine ist ein inneres Bild vom Verstorbenen. Es kann sein, dass er es nicht energetisch ist, sondern eine Gedankenform, eine Vorstellung. Diese ist sehr wertvoll. Sprechen Sie mit ihm, fragen Sie, was er Ihnen zu sagen oder zu zeigen hat und was er sich von Ihnen wünscht. Ein solcher Kontakt kann für beide heilsam sein. Die Chance eines solchen Kontakts via Tiefenimagination ist die Bereinigung der Beziehung. Die andere

Ebene ist die verstorbene Seele selbst, als Energieform. Die eine Ebene kann in die andere hinüberfließen.

Wie sich Verstorbene uns zeigen

Als Menschen

Es ist gut zu wissen, dass wir auch nach dem Tod eines Menschen (oder auch Tieres) mit ihm verbunden sind. Verstorbene zeigen sich uns ab und zu spontan bei inneren Reisen oder auch unverhofft im Alltag, um uns zu unterstützen. Interessant finde ich, wie sie sich zeigen können. So habe ich Verstorbene in gewohnter Menschengestalt, in Tiergestalt oder im Zusammenhang mit Pflanzen gesehen. Dass sie dabei auch »handgreiflich« im guten Sinne werden können, fand ich besonders speziell.

So befahl mir ein Verstorbener, der sich meist überdimensional groß in eckiger Form präsentierte, einmal eindrücklich mit weit ausladender Gestik, mich um seine hinterbliebene Frau zu kümmern. Er packte geistig meinen Bürostuhl und schob ihn dicht an den Schreibtisch, wie um zu zeigen: »Los, schreib ihr! Unterstütze sie!« Das tat ich gerne. Ich adressierte eine Mail an seine Frau, diese beendend mit der Frage: »Sag mal, war dein verstorbener Mann in seiner Gestik sehr ausdrucksstark und energievoll?« Worauf sie antwortete: »Ja klar, er war Schauspieler...!«

Eine Witwe träumte jede Nacht von ihrem kürzlich verstorbenen Mann, der am unteren Bettrand stand und sie anschaute. Sie wusste nicht, was tun, und erkundigte sich beim Pfarrer. Dieser riet ihr, ihrem Mann zu sagen, er solle ins Licht gehen. Sie tat es. Der Traum wiederholte sich nicht mehr.

Eine andere Möglichkeit wäre gewesen, den Verstorbenen direkt zu fragen, weshalb er komme, was er ihr noch zu sagen habe und was er sich von ihr wünsche. Dabei muss man innerlich hinhören. Der erste Impuls oder das erste, was einem dabei in den Sinn kommt, ist seine Antwort. Diese kommt oft schneller, als man denken kann. Zweifeln Sie, ob die Antwort vom Verstorbenen kommt oder nicht, fragen Sie einfach nochmals nach.

Ich habe anklingen lassen, dass sich uns Verstorbene in inneren Reisen auch als geistige Tierwesen zeigen können. Ich will Ihnen kurz einen Fall schildern.

In Tiergestalt

Ich durfte während fünf Jahren einen zu Beginn etwa 45jährigen Mann mit Down-Syndrom begleiten. Er suchte alle zwei Wochen alleine meine Praxis auf, um zu »träumen«, wie er das geistige Reisen nannte. Zu Beginn plagte ihn am meisten, dass seine Eltern längst verstorben waren, er also Waise war. Er vermisste sie enorm, er weinte und sehnte sich nach ihnen. Auf der inneren Reise erschienen »Millionen von Schmetterlingen«, wie er deren Zahl begeistert bezifferte. Auch Wale und Delfine tauchten auf, doch bei den Schmetterlingen rief er klar aus: »Das ist meine Familie!«

Immer wieder tauchten in den geistigen Reisen diese Schmetterlinge auf und gaben ihm das Gefühl von Heimat, von Anwesenheit seines Vaters und seiner Mutter, seiner ganzen Familie. Die schmerzhafte Sehnsucht nach den Eltern löste sich auf, er erlebte ihre Anwesenheit direkt in sich.

Ich habe lange nicht begriffen, dass sich hinter Krafttieren Verstorbene befinden können. Das Licht ging mir erst durch dieses eine Erlebnis wirklich auf.

Jahrelang begleitete mich geistig ein Nashorn; es war eines meiner wichtigsten inneren Beschützer und Lehrmeister. Ich hatte mir darüber nie besondere Gedanken gemacht. Eines Tages begann ich, geistig zu meinen Ahnen zu reisen. Jedes Jahr wurde mein geistiger Ahnenkreis etwas größer, ich lernte sie bis zwei, drei Generationen zurück kennen und schätzen. Plötzlich fiel mir auf, dass alle Großeltern aufgetaucht waren, alle, bis auf's Grosi, meine Großmutter väterlicherseits, zu der ich zu Lebzeiten den engsten Kontakt hatte. Ich wunderte mich.

Eines Tages durchstreifte ich in Luzern den Wald, in dem meine Großmutter und ich ab und zu während meiner Kindheit geruhsame Nachmittage verbracht hatten. Sie legte sich oft zusammen mit der scheppernden Melodika in ihre selbstgenähte Hängematte, während ich aus Moos Zwergenhäuschen baute und dem Vogelgesang lauschte. Es war dieser Ort, der meine Großmutter und mich angenehm verband. Zu Hause reiste ich innerlich an genau diesen Ort. Ich sah ihn geistig vor mir, und dann – ich kam aus dem Staunen nicht mehr heraus – stampfte aus dem Wald ein *Nashorn* daher! Mit einem Schlag war mir klar: Das Grosi hatte sich jahrelang um mich gekümmert – in Form eines Nashorns –, und ich habe es in keinster Weise geahnt...!

Mittlerweile ist es für mich normal geworden, dass sich Verstorbene in Tiergestalt zeigen. So erschien bei einer Klientin ihr verstorbener Großvater als Dachs. Die Klientin lebte in der Vorstellung, sie müsse die Rolle des Großvaters als Vermittler in der zerstrittenen Familie übernehmen. Diese Aufgabe überforderte sie. Als sie innerlich gezielt mit dem Großvater Kontakt aufnehmen wollte, zeigte er sich als Dachs. Immer und immer wieder forderte er sie auf, *ihr* Leben zu leben. Es befreite sie enorm und machte sie glücklich.

Es braucht keine innere Reise, um auf Verstorbene zu treffen. Sie können sich genauso in Träumen zeigen. Aus Ritas Traum:

Ein großes Tagbett mit farbigen Kissen tauchte auf. Darauf saßen oder lagen durcheinander viele Verwandte: Geschwister, Eltern, Tanten, Onkel, Großeltern und so weiter. Ich betrachtete die Szene von außen. Ganz vorne am Fußende des Bettes lag meine Großmutter. Ich beobachtete, wie sie langsam vom Bett herabrutschte, weil sie kaum Platz hatte. Sie lag nun vor dem Bett auf einem schmalen Teppich.

Ich hatte Erbarmen mit ihr, ging zu ihr hin, bettete sie auf ein weiches Schaffell und legte zusätzlich ein Hasenfell unter ihren Kopf. In diesem Moment verwandelte sie sich in eine Katze – weiß und rötlich getigert, mit grünen Augen.

In Pflanzengestalt

Nachdem wir in den vielen geistigen Reisen zum Leben nach dem Tod erfahren haben, dass die Seelen auf ihrem Weg ins Licht sinnbildlich zu keimender und sprießender *Natur* werden, ist es im Grunde genommen nicht allzu weit entfernt, wenn sie sich uns in eben dieser Form zeigen, auch wenn dies zuerst überraschen mag. Zeigen sie sich als Blumen, zeigen sie ihre gegenwärtige Energie.

> **Wieder spüre ich**, dass ich mit meinem Herzzentrum, mit meinen Ahnen in Kontakt bin. Es zeigt sich ein weißes Blümchen, ein Schneeglöckchen, und ich sehe seinen ätherischen Teil. Das Schneeglöckchen gibt mir das Gefühl der Reinheit und Frische. Ich erkenne es als meine Urgroßmutter...
>
> »Warum sehe ich dich in Form einer Blume?« frage ich sie. »So nimmst du bei mir die Veränderung wahr, wie ich jetzt energetisch wirke.« [Ausschnitt aus dem folgenden Kapitel]

> **Nun sehe ich** Blumen! Hm... – Das sind meine Ahnen! Sie sind so erdverbunden gewesen... Sie sind wie auf einem Planteten... Auf einem Blumenplaneten... (...)

Was uns verstorbene Ahnen lehren

Ich hatte schon ein paarmal betont, wie wichtig es sei, nach dem Tod eines geliebten Menschen innerlich zu reisen. Ein weiterer Grund, dies unbedingt zu tun, ist, dass ein Teil von uns mit ihm sterben kann. Dies gilt auch für Kinder!

Hier die Lehre der Ahnen und der Heilungsprozess von Verena. Leider hatte sie diese Reise erst mit sechzig gemacht. Doch besser jetzt als nie.

Wie ein abgestorbener Teil wieder lebendig wurde

> **Ich befinde mich** neben dem Wasserfall. Dies ist der Ort, an dem ich meine (geistigen) Ahnen schon früher einmal getroffen habe.

Im Vergleich zu früher sehe ich jetzt den Wasserfall, den Canyon und den Fluss, der durch den Canyon fließt, recht deutlich. Gleichzeitig sehe ich auch die Geisteswelt. Ich spüre meine Ahnen. Etwas in mir hat sich seit dem letzten Mal verändert, so dass ich unmittelbarer mit ihnen in Kontakt treten kann. Ich begrüße die Ahnen und frage, was sie mir sagen oder zeigen möchten. Sofort höre ich: »Sei dir deiner geistigen Natur bewusst! Höre auf, dich mit dem Körper zu identifizieren!«

Ich spüre die Anwesenheit meiner Urgroßmutter. Unser Kontakt ist lebendig geworden. Sie sagt mir: »Sieh, ich lebe!« Durch ihre Worte entsteht von ihr zu mir ein kraftvoller Energiestrom des Friedens und der Sorglosigkeit. Ich höre: »Viele Sachen sind unwichtig, doch sie scheinen dir sehr bedeutsam. Lasse das alles! Lebe in Frieden mit dir selbst.« Der Energiestrom des Friedens und der Sorglosigkeit dauert an. Er durchdringt verschiedene Phasen meines Lebens. Es ist, als sage meine Urgroßmutter damit: »*Das* ist das wahre Leben. Spüre es!« Ich begreife, dass ich mit meinen Begrenzungen mir selber Stress erschaffe. In diesem Augenblick öffne ich mich dem kraftvollen Lebensfluss. Obwohl ich das schon lange weiß, beginne ich es wie neu zu verstehen: Ich bin ein Mensch und *gleichzeitig* ein geistiges Wesen. Meistens erlebe ich mich bloß als Mensch, nicht als geistiges Wesen. Jetzt ist es an der Zeit, dass sich diese Reihenfolge ändert!

Ich spüre in meinem Brustkorb die Herzenergie. Sie ist durch einen Lichtstrahl mit einem Punkt über meinem Kopf verbunden. Ein Pfefferminzblatt liegt auf meiner Brust. Sein Duft verbreitet sich, bringt mir Klarheit und reinigt mich. Mit der Zeit beginnt mich sein Duft deutlich als geistiges Wesen zu definieren. Sein Duft verbreitet sich weiter... Ich atme tief den erfrischenden Duft ein. Ich merke, wie ich mich dabei anders wahrnehme. Ich spüre: Ich bin eine Seele, die mit der Geburt einen physischen Körper bekommen hat und dadurch ein Mensch geworden ist. Jetzt kann ich den ätherischen Teil des Blattes beobachten. »Wir sind beide geistige Wesen«, sagt mir das Pfefferminzblatt. Durch den Lichtstrahl bin ich weiter mit einem Ort über meinem Kopf verbunden.

Ich erinnere mich an den Tod meiner Urgroßmutter, an die Liturgie in der Kirche und an die Beerdigung. Ein Kreuz, dessen oberer Teil rund war, versinnbildlichte die Ewigkeit. Ich fühle mich tief erleichtert. Die ganze Zeit seit Urgroßmutters Tod war ich belastet durch die schreckliche und falsche Erkenntnis, dass sie nicht mehr existiert. Jetzt aber kann ich sie wieder spüren! Von ihr habe ich die Sensibilität für die geistige Welt bekommen. Auch sie hatte eine »offene Tür« für Verstorbene, wie sie mir sagt. Doch durch ihren Tod habe ich diese Tür verschlossen. Das, was natürlicherweise in mir offen war, habe ich nach ihrem Tod zwingend versucht, geschlossen zu halten.

Wieder spüre ich, dass ich mit meinem Herzzentrum mit meinen Ahnen in Kontakt bin. Es zeigt sich ein weißes Blümlein, ein Schneeglöckchen, und ich sehe auch seinen ätherischen Teil. Das Schneeglöckchen gibt mir das Gefühl der Reinheit und Frische. Ich erkenne es als meine Urgroßmutter. »Warum sehe ich dich in Form einer Blume?« frage ich sie. »So nimmst du bei mir die Veränderung wahr, wie ich jetzt energetisch wirke.«

Ihr ätherischer Teil kommt zu mir, durchdringt meinen ätherischen Teil. Nun trennen sich diese beiden Teile von mir. Ich spüre, dass sich in mir etwas reguliert, etwas, das durch ihren Tod noch im Ungleichgewicht war. Nach einiger Zeit trennen sich beide ätherische Teile voneinander und kommen zu uns zurück. Ich fühle mich verjüngt.

Ich frage meine Urgroßmutter: »Was ist da eben geschehen?« Sie sagt: »Ein Teil von dir wurde wiederbelebt. Es ist der Teil, der mit meinem Tod gestorben ist.« Ich sehe, wie sie neben dem Wasserfall steht. »Ich lebe. Hier kannst du mir immer begegnen.«

Vom Wert der verstorbenen Ahnen für unsere Gesundheit

Unsere Ahnen sind nicht nur unsere Vorfahren, mit deren Blut wir verwandt sind, sie sind auch unsere Wurzeln. Wie es für Wurzeln üblich ist, nehmen sie etwas auf und möchten es nach oben weitergeben, an uns Nachfahren. Dies können gute Eigenschaften sein, Talente, wertvolle Erfahrungen, die uns an Leib und Seele dienlich sind. Hier der Bericht von Hildegard:

> **Ich trat durch** einen Tunnel. Als ich am andern Ende herauskam, sah ich auf der rechten Seite große, weite Wiesen mit ein wenig Wald. (...) Auf einmal sah ich viele Menschen – auch Tanten und Onkel. Sie riefen mir zu:
>
> »Endlich bist du bei uns, du gehörst zu uns!« Ich begrüßte die verstorbenen Verwandten und fragte sie nach einer schwarzgekleideten Frau, dich ich schon öfter auf inneren Reisen getroffen hatte. Ich wollte wissen, ob meine Vermutung stimmte und sie eine Ahnin von Vaters Seite sei.
>
> Die Verwandten führten mich zu der mir bekannten Höhle, wo die schwarzgekleidete Frau etwas braute. Sie wartete dort bereits auf mich: »Endlich!« empfing sie mich, »vor über einem Jahr wollte ich's dir übergeben, aber es war zu früh. Jetzt hast du alles, was du brauchst und bist auch bereit. Du hast den Kräutergarten, den Wald, die Insekten und sonstigen Tiere, alles, was du brauchst. [Wir ziehen in einem knappen Jahr in den Südschwarzwald, wohnen abgelegen direkt am Wald und bekommen einen wunderbaren Kräutergarten!] Ich werde all mein Wissen an dich weitergeben, denn es muss weitergehen.«
>
> Sie zeigte mir, wie sie als junge Frau begonnen hatte. Sie zog von zuhause weg in eine alte Holzhütte, und vor dieser saßen wir nun. »Ja, die Liebe zu Hunden hast du auch von mir.« [Hildegard leitet seit Jahren eine Hundeschule.] Die Frau war Heilerin und die Menschen belohnten ihre Dienste mit Esswaren. Sie war eine

äußerst zufriedene und vom damaligen Leben reich beschenkte Frau. Sie lebte ganz abgeschieden und war trotzdem nicht einsam. Weiter erklärte sie mir: »Beim Sammeln und Trocknen der Pflanzen bist du eins mit der Natur, ein menschlicher und unbezahlbarer Reichtum.«

Es war wunderbar, mit ihr zusammen zu sein, ich wäre gerne länger bei ihr geblieben. Zum Abschied umarmten wir beide uns innig. Ich versprach ihr, bald wiederzukommen.

Die nächste Reise:

Die Ahnin – inzwischen weiß ich, dass sie Catharina heißt – wartete bereits auf einer Bank vor ihrer Holzhütte. Sie sah viel älter aus, als in der ersten Reise. Es scheint, dass inzwischen ein paar Jahre vorübergezogen sind. Ich erkannte ihr spitzes Kinn, das auch meine Großmutter hatte. Also weiß ich inzwischen auf welchem Ahnenzweig ich bin [väterlicherseits]. Ich setzte mich zu ihr auf die Holzbank. Sie verlangte von mir, mich in Schweigen und Ruhen zu üben. Es fiel mir schwer, ich gab mir aber große Mühe. Wir saßen schweigend und lange da.

Als ich sie irgendwann fragte, ob ich für sie etwas tun könne, sagte sie zu mir: »Deine Aufgabe ab heute ist, dich im Ruhen zu üben. Setze dich jeweils hin, fokussiere dich auf deine Sinne, werde ruhig und beobachte mit geschlossenen Augen alles, was du hörst, alles, was du riechst, alles, was du spürst. Tue es für uns beide, dann wird alles gut.«

Vier Monate später:

Die Neugier packte mich und ich begann mich für Kräuter, Salben und Tinkturen zu interessieren. Inzwischen bekam ich die fantastische Gelegenheit, dass mich eine Heilkräuterfachfrau in verschiedene Geheimnisse aus der Kräuterheilkunde des Mittelalters einweihte. Das Eintauchen in diese einzigartige Welt beglückte mich. Seitdem bin ich wöchentlich unterwegs und sammle. Endlich kann ich Catharinas Rat befolgen, denn beim Sammeln werde ich tatsächlich ruhiger, laufe ohne Hektik, beobachte, bin besonnen, sehe, spüre, höre und rieche den Wald in einer ganz neuen, zeitlosen Dimension. Ich bin jeweils mit der Natur wie verschmolzen. Werde ich fündig, spreche ich mit den Blumen oder Tannen und danke ihnen aus tiefem Herzen für alles, was ich von ihnen erhalte. Selbst meine beiden Hunde, die mich immer begleiten, halten Stille und suchen Kräuter, die sie mögen. Ich bin oft erstaunt, wie gezielt sie ihre Kräuter wählen. Inzwischen landen in meinem Kräuterkorb nicht nur unsere, sondern auch jene Kräuter, die meine Hunde mögen. Früher, bei meinen zügigen Spaziergängen, blieb dafür keine Zeit. Ich bin meiner Ahnin Catharina unendlich dankbar für die Geduld und ihr stetes Ermahnen. Ich habe, was meine Herzkrankheit betrifft, gute Fortschritte erzielt.

Späte Versöhnung mit dem verstorbenen Vater

Wie jemand ist, fühlt und denkt, zeigt sich im Negativen wie im Positiven manchmal erst nach dessen Tod. Nachdem der Mensch den Körper verlassen hat und in der Astralwelt weiterlebt – der Dimension der Gefühle, Wünsche und Begierden –, gibt es nichts mehr zu verbergen, was man vorher noch vertuschen, verschweigen oder verdrängen konnte. In der Welt der Gefühle dominieren die Gefühle. Alle Gefühle. Wie alle Phasen, die wir in den sterblichen Körperhüllen ausleben, sind sowohl die Astral- wie auch die Mentalwelt (der »niedere« Himmel) eine Zone des Lernens. Wir werden natürlicherweise mit unseren Gefühlen konfrontiert. Selbst in den höheren geistigen Gebieten geht es stetig darum, zu verzeihen und das Herz zu öffnen.

Versöhnung und Wiedergutmachung ist manchmal zu Lebzeiten nicht möglich. Geistige Helfer unterstützen die verstorbenen Seelen dabei.

Wie ein verstorbener Vater sich doch noch um seine Tochter kümmerte

Liliane (60 Jahre alt) hatte ihren Vater nie richtig gekannt. Sie sahen sich zu Lebzeiten ganze vier Male. Er verließ sie und ihre noch junge Mutter, als Liliane zwei Jahre alt war, und gründete etwas später eine neue Familie. Das letzte Treffen war mit dreißig und von seiner Seite so ablehnend und hart für sie, dass sie dachte, sie sei tot für ihn. Als sie einundvierzig war, starb er, ohne dass es zu einer Annäherung oder Versöhnung gekommen wäre.

Liliane hatte vor Jahren mein erstes Buch »Frage dein Krafttier« gelesen und die darin beschriebenen Tipps, wie man innerlich reisen kann, ausprobiert. Das geistige Reisen gelang ihr. In der inneren Reise war ein Hirsch aufgetaucht. Sie sagte: »Der Hirsch war wie ein Stellvertreter für meinen Vater; Ausdruck für ihn. Er hatte mir gesagt, dass mir der physische Kontakt zu ihm fehle und immer gefehlt hatte. Er forderte mich auf, ihn zu berühren. Seine Gegenwart ermöglichte es mir, ihn und damit meinen Vater zu spüren, auch wenn es ›nur‹ im Geist war.«

Eine Woche später besuchte Liliane einen Workshop von Mary, einem Medium. Ihr verstorbener Vater hatte sich während des Workshops bei Mary gemeldet. Er teilte ihr mit, dass er wisse, dass er viel zu kurz in seiner ersten Familie präsent gewesen sei und dass Liliane der physische Kontakt zu ihm fehle. Das Medium war nach dieser Botschaft aufgestanden und trat auf Liliane zu mit den Worten:

»Ich komme zu dir, um dich zu umarmen. Es ist dein Vater, der dich damit umarmen möchte, nicht ich. Ich mache das stellvertretend für ihn, damit du ihn physisch spüren kannst.« So hatten sie sich umarmt, es war einmalig! Liliane erzählt: »Ich war danach sehr aufgewühlt und stark bewegt. Erst am Abend, als ich zu Hause war, wurde mir mit einem Mal klar, dass ich dieselbe Botschaft wie in meiner ersten inneren Reise mit dem Hirsch nochmals von Mary erhalten hatte. Ich fragte mich: *Wer ist der Hirsch?* Wusste der Hirsch bereits damals, was ich durch Mary bald erfahren würde? Oder wusste mein Vater, was der Hirsch mir beibringen wollte? Welche Koinzidenz! Zufällig war das nicht, das war mir klar.

Ich bin dankbar dafür, dass sich mein Vater oft medial meldet. Auch jetzt gerade, wo ich von ihm berichte, spüre ich seine Nähe. Dank der inneren Reisen habe ich gelernt, ihn direkt wahrzunehmen und zu spüren. Er war auch kürzlich auf meiner inneren Reise sehr präsent. Er hatte seine Aussage, die mich in unserem allerletzten Gespräch so sehr verletzt hatte (›Ich will keinen Kontakt mehr mit dir, keine Briefe, keine Telefonate…‹) zurückgenommen. ›Das ist nicht mehr gültig!‹ hatte er mir mitgeteilt. Und ich spürte, dass er das wirklich so meinte.«

So entsteht Verzeihen wie von selbst. Sie sind inzwischen Freunde geworden.

Schlusswort

Wie immer auch Ihre eigene Situation ausschaut – haben Sie eine nahestehende Person verloren, begleiten Sie Sterbende oder stehen Sie vor dem eigenen Tod – Sie haben Tröster und Mutmacher und die Möglichkeit, im Nachhinein etwas zu klären, und Sie tragen eine große Sicherheit in sich: Die Unterstützung Ihrer eigenen tiefen Imagination. Sie weiß jederzeit, was Sie brauchen und kann es Ihnen geben. Sie unterstützt, führt und stärkt Sie, unabhängig davon, wie Ihre Lage und Ihre Gefühle auch sind. Sie brauchen sich nur auf diese tiefe Ebene in Ihnen selbst einzulassen, sie anzuzapfen; zu schauen, welche Bilder auftauchen, zu horchen, was sie Ihnen sagt, und zu fühlen, was es in Ihnen bewirkt. Die tiefe Ebene der inneren Bilder ist immer erleichternd und lösungsorientiert. Als Hinterbliebene kann sie uns so den Kontakt zu unseren Liebsten wieder herstellen und uns zeigen, wie unser Leben nun »allein« weitergehen kann, als Sterbende kann sie uns auf den Übergang vorbereiten und ihn erleichtern und als Sterbebegleitende wird sie uns stärken und, wenn es sein soll, gleichzeitig die Sterbenden beruhigen und sie ermutigen, den Weg nach Hause in die geistigen Welten unter die Füße zu nehmen. Was immer wir brauchen, wir alle tragen die Unterstützung bereits jetzt in uns – auch Sie.

Und was Ihr eigenes Weiterleben nach dem Tod betrifft: Was immer Sie auch erleben werden, wo immer Sie sich auch befinden werden, lassen Sie sich von innen und von aussen lichtwärts führen!

Adressen

Wenn Sie sich für Einzelreisen oder für die dreijährige Ausbildung zur Tiefenimaginations-Therapeutin (unter anderem mit dem vertieften Thema Tod) interessieren, melden Sie sich bei der Autorin:
Patricia Rüesch, Weinmarkt 11, CH-6004 LUZERN
Tel: 0041 (0)41 210 55 79, pat.rueesch@bluewin.ch
www.tiefenimagination.ch, **www.krafttier-heilarbeit.ch**

Weitere Websites allgemein für Tiefenimagination (Workshops und/oder Ausbildung)
E. S. Gallegos: **www.deepimagery.net** und **www.esgallegos.com**
Christian Lerch: **www.christian-lerch.ch**
Raffaella Mayana Romieri: **www.Tiefenimagination.net** und **www.DeepInnerSpace.net**

Von derselben Autorin

Die Autorin leitet Sie an und zeigt Ihnen, wie Sie sich einfach und wirkungsvoll von der Ihnen innewohnenden Weisheit helfen lassen können. Mit Schweizerakzent gesprochen von Patricia Rüesch; Reise nach innen mit Stille, Didgeridoo und Trommel

Rüesch Patricia

CD: Frage dein Krafttier

Durch innere Bilder die eigene Kraft finden

CD zu bestellen bei Patricia Rüesch:
Pat.rueesch@bluewin.ch
Download bei www.rex-buch.ch

Lisa und ihr Hund Freezy sind ängstlich. Fürchtet sich Lisa, wird sie winzig klein, und Freezys Rücken erstarrt aus Angst zu Eis. Auf einer Wanderung verirren sich die beiden. Bei einem Zwergenhäuschen begegnen sie dem Wichtelzwerg Alex. Dieser lebt dank seiner Krafttieren munter mitten im Wald. Doch Lisa kann diese Tiere nicht sehen. Verrät ihr Alex den Trick, die eigenen Krafttiere zu entdecken und so gestärkt ihren (Seelen-)Weg zu finden? Mit einer kurzen Anleitung für Kinder, ihre eigenen Krafttiere zu entdecken.

Rüesch Patricia/Breakspeare Andrew

Lisa entdeckt ihr Krafttier

ISBN 978-3-7252-1001-5

Zu bestellen bei Patricia Rüesch:
Pat.rueesch@bluewin.ch,
oder in jeder Buchhandlung

Hörbuch für Kinder, als CD oder zum Download

In einer Geschichte werden Tina und Leon zu ihren Krafttieren geführt. Ergänzt mit Musik zum Träumen und einer Anleitung zur Reise nach innen.

Rüesch Patricia

Frag mal dein Krafttier

Reisen nach innen für Kinder – Hörbuch

Zu bestellen bei Patricia Rüesch:
Pat.rueesch@bluewin.ch
Download bei www.rex-buch.ch

NEUE ERDE im Buchhandel

Neue Erde ist ein kleiner unabhängiger Verlag, und der unabhängige Buchhandel ist unser natürlicher Partner. Wir unterstützen die Initiative »buy local«.

Sollte es Lieferschwierigkeiten bei den Büchern von NEUE ERDE geben, lassen Sie immer im VLB (Verzeichnis lieferbarer Bücher) nachsehen, im Internet unter **www.buchhandel.de**

Alle lieferbaren Titel des Verlags sind für den Buchhandel verfügbar.

Auch mobil können Sie, zum Beispiel mit LChoice, unsere Bücher beim örtlichen Buchhändler kaufen.

Sie finden unsere Bücher auch auf unserer Homepage **www.neue-erde.de** oder in unserem Gesamtverzeichnis, welches Sie gerne hier anfordern können:

NEUE ERDE GmbH
Cecilienstr. 29 · 66111 Saarbrücken
info@neue-erde.de